BUR
Rizzoli

Francesco Gungui

Canti delle Terre Divise

# PURGATORIO

BUR
Rizzoli

Pubblicato in accordo con PNLA/Piergiorgio Nicolazzini Literary Agency

ISBN 978-88-17-08622-6

Prima edizione Fabbri Editori: aprile 2014
Prima edizione Best BUR: aprile 2016

Realizzazione editoriale: studio pym / Milano

# Purgatorio

# 1

All'inizio era solo una sagoma sfocata, poi un'ombra netta di cui si distinguevano i primi colori: il bianco della spiaggia, il verde della vegetazione e il rosso delle rocce.

I contorni divennero più nitidi e mostrarono il profilo di un'alta montagna, che svettava solitaria in mezzo al mare. Maj si voltò verso Alec.

Il vento soffiava piano e spingeva dolcemente l'imbarcazione a riva. In silenzio osservavano l'isola materializzarsi. Jorgos salì in coperta camminando a quattro zampe, non si sentiva sicuro sulla barca, gli mancava la terraferma, il senso di stabilità delle pietre e dell'erba, gli mancavano gli odori a cui era abituato e l'oscurità dei cerchi infernali. Più si avvicinavano, più il tempo e lo spazio riprendevano consistenza.

Una larga spiaggia di sabbia bianchissima punteggiata di palme incorniciava la base della montagna, mentre alcuni massi scuri spuntavano dal bosco come grossi artigli.

«Terra...» sussurrò Alec. Poi si girò verso Maj.

Lei sorrise appena, senza staccare gli occhi dalla montagna.

Alec gettò l'ancora a una ventina di metri dalla riva e si assicurò che fosse ben agganciata al fondale.

«È questo il posto?» chiese Maj. «È qui che voleva portarci?»

In quelle due settimane di navigazione si erano affidati esclusivamente al computer di bordo, le cui coordinate erano già state impostate, e la loro speranza era riposta in un breve video in cui il padre di Alec forniva le indicazioni per raggiungere una terra, della quale però non svelava il nome. Il messaggio era ermetico, non era chiaro a chi fosse rivolto, ma lasciava comunque supporre che l'uomo temesse che persone sbagliate potessero vederlo.

«Non lo possiamo sapere, ma adesso non ha importanza» rispose Alec, guardando la terraferma che in quel momento per lui significava la salvezza. Attraverso l'acqua cristallina si scorgeva il fondale sabbioso, un granchio camminava non lontano da due stelle marine di un rosso acceso. Il profumo del mare si mischiava a quello della vegetazione.

«Tutto bene, Jorgos?» domandò Alec, notando che il compagno fissava esitante la superficie. «Riesci a nuotare fino a riva?»

«Non lo so. Non lo capisco.»

«Stai vicino a me, se non ce la fai, ci sono io.»

«È pericoloso.»

«No, dobbiamo solo nuotare, ci vorrà un minuto.»

Jorgos fece un respiro profondo, poi si voltò, ma alle sue spalle non c'era altro che il mare. Chiuse gli occhi e inspirò nuovamente, trattenne l'aria nei polmoni e la soffiò fuori con tre rapidi sbuffi dal naso.

«Non è molto diverso dall'Inferno» disse Alec, «è sempre terra, alberi e fiumi, credo.»

Jorgos aveva la fronte corrugata in un'espressione di diffidenza.

«Vedrai che a terra starai meglio» aggiunse Alec, anche se non era convinto che quelle parole sarebbero state di conforto all'amico. Jorgos ignorava i termini con cui gli uomini definivano la vita: stare bene, stare male, avere paura. In lui tutto era istinto, e l'istinto non includeva il pensiero.

«Ci sono degli animali» fece Jorgos. Il suo volto per un attimo si illuminò, mise bene a fuoco l'isola, poi si tuffò maldestramente, buttandosi in avanti e prendendo una panciata. Ad Alec sembrò un cane che si tuffava da un molo.

Alec e Maj si scambiarono un'occhiata. «Andiamo?» le chiese.

Mentre le loro mani si stringevano, si accorse di come le loro esistenze fossero ormai indissolubilmente unite, come le loro radici così lontane si fossero intrecciate all'Inferno, a cui erano sopravvissuti. Davanti a loro adesso c'era la vita. Non dovevano fare altro che saltarci dentro.

«Aspetta» disse Maj, trattenendolo per un braccio.

«Che c'è?» e notò che gli occhi di lei erano lucidi.

«Tu mi hai portato fin qui, tu mi sei venuto a prendere all'Inferno» cominciò Maj esitante, «io non so cosa ne sarà di noi, non avevo un'idea precisa del futuro prima di incontrarti. Ora però quell'idea è legata a te.»

Maj afferrò più forte la mano di Alec, ma distolse lo sguardo dal suo viso. «Giurami che staremo sempre assieme, giurami che non mi lascerai mai.»

Alec le accarezzò la guancia e le si mise di fronte, perché lo guardasse negli occhi. «Non avrei fatto tutto questo se non avessi voluto tenerti sempre con me.»

«Sono successe tante cose.»

«I miei sentimenti per te non sono cambiati, Maj. Io ti amo, e prima di conoscerti non sapevo nemmeno cosa significava amare... come fai a sapere cos'è l'amore, se non l'hai mai provato? Adesso lo so, ed è solo grazie a te. È quello che sento, sono le sensazioni che mi trasmetti, è perché mi fai desiderare di vivere, quando per me la vita non ha mai contato molto, è perché mi fai sentire al centro dell'universo anche se sono... su un'isola deserta, e dai un senso a ogni momento, solo per il fatto che siamo assieme.»

Maj gli sfiorò le labbra con un bacio, sigillando quelle parole che esprimevano emozioni per cui credeva non ci fosse un nome.

Si tuffarono assieme e sott'acqua si guardarono per pochi istanti prima di riemergere. Nuotarono l'uno accanto all'altra fino a dove si toccava. Da lì avanzarono a piedi, fermandosi sul bagnasciuga, al confine tra il mare e la terra.

Maj si strizzò la maglietta e la arrotolò sul davanti. Indossava ancora la divisa da amazzone, i pantaloni corti e la T-shirt ormai logora. Il sole le illuminava la pelle bagnata nascondendo le ferite, i lividi, i segni della sua storia recente, quella della ragazza del Paradiso condannata all'Inferno. I capelli lunghi e folti le ricadevano sulle spalle. Sembrava una statua, una roccia scolpita dal vento e dalle onde.

Guardandola, Alec ripensò al loro primo incontro nella piscina della villa di Maj, in Paradiso, quando lui era un semplice lavorante. I suoi lineamenti erano cambiati, si erano fatti più duri, come il suo sguardo, le sue espressioni, i sorrisi che non celavano mai completamente il dolore.

«Ce l'abbiamo fatta» esclamò Alec osservando l'isola. «Ce l'abbiamo fatta!» ripeté, stavolta urlando.

Maj sorrise, mentre i pensieri negativi e le paure si dileguavano. Lui si avvicinò e la abbracciò con forza.

«Cosa facciamo?» chiese lei. In quel momento la terra rappresentava il tempo, ma soprattutto il futuro. Era un foglio bianco, un crocevia di strade infinite.

«È meglio se nascondiamo la barca. Quando eravamo al largo ho visto delle insenature poco più giù, lungo la costa.»

«Dov'è Jorgos?»

Alec si voltò verso il bosco: Jorgos era in ginocchio, aveva appena finito di vomitare. Gli fece un cenno con il braccio, ma lui lo ignorò, si avvicinò a un albero e si arrampicò.

«Occupiamoci della barca, poi penseremo a Jorgos» disse Alec, «non credo stia male, ma sicuramente non vuole tornare in acqua.»

Alec guardò di nuovo Maj. Il sole le stava asciugando la pelle, lasciando riaffiorare i ricordi dei giorni infernali, le bruciature, le lunghe ferite degli artigli delle arpie.

Risalirono sull'imbarcazione e la portarono fino a riva, in una baia a un paio di chilometri da dove l'avevano ancorata. C'era una stretta insenatura che formava un golfo naturale parzialmente coperto dalle palme, che in quel punto arrivavano fino al bagnasciuga. La legarono lì, fissandola ai tronchi e alle rocce con le funi.

Ci volle mezz'ora per tornare da Jorgos, che era ancora arrampicato sul grande albero nodoso, come se fosse la sua nuova dimora.

«Come stai?» gli chiese Alec.

Lui non rispose, ma il suo sguardo era più lucido e vigile. C'era solo uno strano particolare. Continuava a strofinarsi il naso.

«Che c'è? Ti sei fatto male?» domandò Maj.

«No, no» disse lui, tenendo entrambe le mani sul naso. Dopo un attimo starnutì.

«Mi sa che sei malato» fece Alec.

«Io non mi ammalo.»

«Forse all'Inferno, ma se vomiti e starnutisci...»

Jorgos starnutì ancora e dalle narici gli colò una striscia di muco che tolse con il dorso della mano, girandosi verso la vegetazione per non farsi vedere.

Alec e Maj si voltarono in direzione del bosco che, in quel momento, non dava l'idea di essere un luogo pericoloso e ostile, ma una casa in cui si poteva stare al sicuro. Mangiarono parte delle poche provviste rimaste e impiegarono il resto della giornata per costruire un rudimentale rifugio con rami, rocce e fronde secche delle palme, proprio sul confine tra la spiaggia e gli alberi. Ricoprirono le pareti con sabbia e terra, che inumidirono affinché diventasse una palta compatta. Alec si arrampicò sulle palme per raccogliere alcuni cocchi di cui bevvero il latte e mangiarono la polpa.

La notte calò all'improvviso, non appena il sole scomparve dietro la montagna, ma sia Alec sia Maj sentivano la vita ricominciare.

Accesero un fuoco e per un po' rimasero in silenzio ad ascoltare i rumori del mare, lo sciabordio delle onde e il vento che sibilava tra gli alberi. Alec era seduto con la schiena appoggiata a un tronco e teneva Maj tra le braccia. La luce rossa del falò illuminava i loro corpi e l'ingresso della capanna alle loro spalle.

«Forse è così che dovrebbe essere il Paradiso» disse Maj.

«Un'isola deserta sperduta in mezzo al mare?»

«Un'isola deserta assieme alla persona che ami.»

Alec la strinse a sé, sentendo il suo calore e il suo profumo. Le diede un bacio sul collo, mentre lei si girava piano verso di lui. Il fuoco creava una piccola cupola di luce sopra di loro. Maj si alzò in piedi ed entrò nella capanna, dove Alec la raggiunse. A terra, sopra la sabbia, avevano formato un giaciglio con le frasche, i teli e le coperte che c'erano sulla barca. Maj si sedette a gambe incrociate e afferrò la mano di Alec tirandolo a sé.

«Mi sei mancata» le sussurrò.

Lei sorrise, ma allo stesso tempo gli rivolse uno sguardo interrogativo. «Ti sono mancata?»

«Sì» disse Alec, arrossendo.

«Ah, certo» fece Maj prendendogli il volto tra le mani. «Mi sei mancato anche tu.»

Nella luce soffusa, si spogliarono dei pochi indumenti che gli erano rimasti, pochi stracci che però sembravano pesanti come un'armatura di ferro, perché racchiudevano il loro viaggio.

Maj si sdraiò e Alec le si avvicinò in ginocchio, di fronte al suo corpo perfetto, travolto dal desiderio.

Le fiamme accompagnavano i loro movimenti, i corpi si sfiorarono prima di incontrarsi di nuovo. Maj inspirò con forza e lui sentì il suo seno premergli sul petto, la baciò in fronte, sul naso, sulle labbra, sul collo, seguendo i brividi della sua pelle.

«Ti amo» disse Maj.

Poi la vita ricominciò a scorrere.

«Avremo mai qualcosa di più di questo momento?» chiese un attimo dopo.

«Forse no, ma di sicuro potremo averlo ancora. Avremo tutti i momenti che vogliamo, basterà rimanere assieme.»

«Restiamo qui, in questa capanna, rimaniamoci per sempre.»

«Va bene.»

«O almeno un anno o due... mi sembra che il tempo che abbiamo non sia abbastanza per tutto ciò che provo. Non voglio che più niente si metta tra me e te.»

«Se l'Inferno non è riuscito a dividerci, non credo che nessun altro sarà in grado di farlo.»

Attraverso l'ingresso della capanna Alec vide che il cielo era illuminato dalle stelle e ripensò a quando erano scappati, a quando Jorgos aveva visto quei puntini luminosi per la prima volta in vita sua e aveva chiesto cosa fossero.

Chiuse gli occhi su quell'immagine, mentre Maj si era già addormentata con la testa appoggiata sul suo petto. Avrebbe voluto baciarla ancora, fare di nuovo l'amore con lei, costruire un muro attorno a quella felicità perché nessuno potesse intromettersi. Si addormentò cullato dal respiro di lei e dal crepitio delle ultime braci.

Riaprì gli occhi che il sole non era ancora sorto, ma il cielo aveva cominciato a schiarirsi. Si stupì vedendo Maj già in piedi.

«Che succede?» domandò uscendo dalla capanna.

Jorgos, arrampicato su una palma, guardava l'orizzonte. Nel mare erano comparse delle luci, e si udivano anche voci lontane che sovrastavano appena il suono della risacca. Dopo qualche minuto spuntarono tre barche, navigavano puntando un'insenatura a poco più di un chilometro dal loro rifugio. Altre persone arrivavano dal bosco dirette verso la riva.

La sagoma di un grande hovercraft sbucò da dietro un promontorio che delimitava la baia. Sul fianco era ben visibile il cerchio infuocato con i quattro raggi: il simbolo dell'Oligarchia.

Alec e Maj si guardarono. «Ci hanno trovato.»

# 2

L'hovercraft si stava avvicinando alla spiaggia. Non era piccolo come quelli dell'Inferno, che servivano per il trasferimento dei dannati e le operazioni di controllo; questo ricordava i mezzi che le guardie usavano nei posti di blocco sparsi nei quartieri di Europa.

Alec e Maj si acquattarono dietro una duna di sabbia per osservare lo sbarco.

«È un hovercraft dell'esercito» disse piano Alec. «Ha il simbolo dell'Oligarchia sul fianco.»

«Dici che ci hanno seguito?»

«Non lo so, ma è possibile.»

«Forse hanno trovato la barca.»

«No, secondo me siamo più vicini a Europa di quanto crediamo.»

L'hovercraft raggiunse la riva e dal portellone anteriore scesero una trentina di uomini, con indosso la divisa delle guardie oligarchiche. Sulla spiaggia nel frattempo si era radunato un gruppetto di persone in abiti civili.

«Chi sono?» chiese Maj.

«Non ne ho idea. Guarda quelli sulla spiaggia, sembrano dei naufraghi.»

Due uomini uscirono dall'hovercraft e caddero in ginocchio

sulla sabbia, uno di loro la baciò. Gli altri invece cominciarono a trainare il mezzo a riva con grosse funi. Alec conosceva bene quei veicoli: di forma esagonale, ricoperti da una lamiera lucida, erano in grado di fluttuare a un metro dal suolo o dall'acqua. Di certo un hovercraft non avrebbe avuto bisogno di essere trascinato come un vecchio peschereccio.

Una donna che teneva in braccio un bambino comparve sulla spiaggia.

«Ci sono dei civili con loro» fece Alec. «O forse erano già qui.»

«Ma da dove saltano fuori?» domandò Maj.

«Non lo so. Torniamo al nostro rifugio.»

Davanti alla capanna Jorgos era in posizione d'ascolto: il petto e la testa in avanti per cogliere i nuovi odori.

«Dobbiamo andarcene» affermò Alec. «Prima che ci trovino.»

«Loro non vengono qui» ribatté Jorgos con tono sicuro, «vanno alla montagna, vogliono salire.»

«Come fai a dirlo?»

«Sono soltanto di passaggio, sono diretti da un'altra parte.»

«Questo non ci aiuta molto, cosa significa un'altra parte?»

Jorgos si voltò verso Alec e lo squadrò. «Non serve sapere altro. Non devi andare lì.»

Alec lo guardò stupito e pensò che se si fossero trovati ancora all'Inferno gli avrebbe certamente obbedito. Qui però era diverso.

«Io vado a vedere» disse Alec. «Voi state qui.»

«Andiamo assieme» fece Maj.

«No, potrebbero arrivare altri mezzi, da qui riuscite a controllare il mare. Dobbiamo stare all'erta, se succede qualcosa torniamo subito alla barca.»

«Dobbiamo andarcene?» chiese Maj.

«Se necessario sì» rispose Alec voltandosi verso la montagna. «Evidentemente non siamo ancora arrivati.»

Poi si addentrò nella vegetazione, salì per un centinaio di metri e si nascose dietro una roccia, da cui era in grado di vedere meglio quello che stava accadendo sulla spiaggia.

Diverse persone si abbracciavano, sembravano contente. Tra quelle che erano già sull'isola, c'era chi parlava in maniera concitata indicando ora il bosco, ora il mare. Alec avanzò ancora e, mimetizzate tra i cespugli e le fronde delle palme, notò quelle che all'inizio gli parvero semplicemente delle assi di legno. Avvicinandosi cautamente si accorse che si trattava in realtà di un'imbarcazione, probabilmente un peschereccio, lungo almeno dieci metri.

«Chi sei?» domandò una voce alle sue spalle. Alec si voltò di scatto. Davanti a lui c'era una donna, doveva avere trent'anni o poco più, i capelli biondi e lisci tagliati in un caschetto corto, il viso leggermente tondo e la pelle arrossata dal sole. Lo fissava con due grandi occhi azzurri. In mano aveva una lancia con la punta di cristallo, simile a quelle delle amazzoni a Dite. Anche i pantaloncini corti, gli stivali neri e la maglietta con un'ampia scollatura facevano pensare che quella donna appartenesse alla grande rete di ribelli che aveva il quartiere generale nella città.

«Sei con loro?» chiese lei indicando con un cenno della testa le persone sulla spiaggia attorno all'hovercraft.

«No. Sono solo.»

«Quando sei arrivato? Perché li stai spiando?»

«Non lo so.»

Qualcosa si mosse tra i cespugli. «Laura!» urlò una voce.

Alec intuì che quello era il suo nome. Poco lontano da loro, più in alto, comparve un uomo magro, piuttosto giovane, il volto scavato e i capelli raccolti sulla nuca con un elastico.

«Da dove arrivi?» chiese la donna ad Alec, mentre l'altro si avvicinava scendendo lungo il crinale della montagna.

Lui non rispose e lei gli puntò contro la lancia.

«Da Europa.»

La donna lo scrutò dalla testa ai piedi, soffermandosi sulle braccia scurite dal sole su cui però erano ancora evidenti le cicatrici e le bruciature.

«Vai all'accampamento. Non devi stare qui da solo.»

«Ma tu chi sei? Dove sono?»

«Mi stai prendendo in giro?»

«No.»

«Ascolta, prendi la ragazza e il bambino, se sono con te, e andateci, là abbiamo acqua e cibo. Qui ci sono soltanto banditi e pirati.»

«Io non ho visto nessuno.»

«Sanno che gli conviene stare alla larga da questo posto.»

«Dov'è l'accampamento?»

«Alla quinta baia a partire da qui» rispose la donna indicando con la lancia la direzione da seguire.

«Perché ci sono le guardie?» chiese. «Ci sono altri hovercraft?»

«Che domande sono? Fai quello che ti ho detto e basta.»

«Ma siamo a Europa? Perché ci sono i mezzi dell'esercito?»

La donna scosse la testa con un'espressione contrariata,

ignorando la domanda. «Va' da loro. Prendi le tue cose e porta con te i tuoi compagni. Lasciate questa spiaggia.» Detto ciò, lanciò un'occhiata al peschereccio nascosto sotto le frasche. «Sei entrato?»

«No.»

«Giuralo.»

«Lo giuro.»

«Allora vattene ora!»

Alec si alzò e fece per correre via, ma lei lo trattenne. «Ehi, aspetta, come ti chiami?»

«Perché?»

«Hai una faccia che ho già visto, da dove arrivi?»

«Da Europa» replicò Alec sicuro.

«Ho idea che ci incontreremo ancora» disse. «Buona fortuna.»

Alec rimase a guardarla mentre l'uomo alle sue spalle l'aveva quasi raggiunta. Poi corse giù per la collina fino al campo.

Pochi minuti più tardi Alec, Maj e Jorgos stavano camminando sulla sabbia diretti al grosso hovercraft. Da vicino, riverso su un lato e parzialmente arrugginito, non faceva più paura, sembrava il cadavere di uno squalo sospinto a riva dalle onde. Non c'era più nessuno in quel punto, perciò proseguirono seguendo le indicazioni della donna. Il paesaggio si ripeteva uguale: il mare cristallino, la spiaggia bianca, il bosco che si arrampicava sulla montagna. Superata la quarta baia comparve l'accampamento, un insieme di tende e capanne abbarbicate sopra un promontorio alto una cinquantina di metri e circondato da una folta pineta.

Man mano che si avvicinavano, diventavano più evidenti i

segni della presenza dell'uomo: ceneri dei falò, scie di imbarcazioni trascinate a riva, assi di legno e resti di grandi reti da pesca.

Un sentiero scavato nella roccia saliva verso la cima della collina, dove ora s'intravedevano fili di fumo che s'innalzavano tra le tende. Poi svoltava nella pineta per sbucare infine sulla sommità del promontorio. Lì c'erano decine di tende, forse cinquanta o più. Partivano da quel punto e scendevano verso una larga baia che non era visibile da dove erano sbarcati. Raccolte attorno ai fuochi c'erano molte persone, che arrostivano carne oppure cuocevano qualcosa in ampi pentoloni. Donne, uomini e bambini entravano e uscivano dalle capanne fatte con teli e frasche.

Mentre camminavano in mezzo a loro, si accorsero che nessuno faceva caso a loro.

In una specie di spiazzo si trovava un ospedale da campo e un grande container, da cui due uomini prelevavano sacchi di tela che distribuivano alle donne in attesa.

Un uomo con la divisa da guardia dell'Oligarchia si avvicinò. «Tutto bene?» chiese con aria amichevole.

«Sì, tutto bene» rispose Alec incerto.

«Siete nuovi?»

«Sì, credo di sì.»

«Avete una barca o qualcosa?»

Alec attese un attimo prima di rispondere. Non sapeva con chi stava parlando, non sapeva dove si trovava e non era certo di potersi fidare. «Abbiamo una barca.»

«Bene, possiamo andare a pescare assieme un giorno, se volete. Noi siamo arrivati qui con quel vecchio hovercraft scassato che ormai ha tirato le cuoia.»

«L'hovercraft... è rotto?» chiese Alec titubante, rendendosi conto che la sua domanda doveva suonare piuttosto stupida, ma aveva bisogno di far parlare l'uomo sperando che gli fornisse involontariamente informazioni utili.

«Sì, è rotto, prima o poi lo aggiusteranno, ma adesso sta lì. Io l'avevo detto che era in uno stato pietoso, e noi eravamo troppi, ma che fai? Lasci giù le persone?»

«Quanti eravate?»

«Io e cinque soldati: siamo quelli che hanno rubato il mezzo. Poi si è aggiunta un po' di gente, più a sud, sotto le Alpi li stanno cacciando a calci... Be', passiamo alle cose serie, voi quando partite?»

Alec e Maj si scambiarono un'occhiata, senza sapere cosa dire.

«Un gruppo di noi parte già domani» continuò l'uomo, «non vuole aspettare, ha troppa fretta. Io starò qui ancora qualche giorno, non voglio partire stanco, la gente poi torna indietro ed è peggio, io voglio arrivare lassù e basta.»

«Partiremo anche noi tra qualche giorno» improvvisò Alec pensando che la cosa migliore fosse assecondare le parole dell'uomo, nonostante gli risultassero incomprensibili. «Anche noi... vogliamo riprendere le energie.»

«Be', fate bene, il viaggio fin qui è lungo, da dove arrivate?»

«Dall'Inferno» rispose Jorgos all'improvviso.

Calò il silenzio. Un vecchio che stava passando di lì con una grossa fascina di legna si fermò e li fissò.

«Venite dall'Inferno?» chiese l'uomo. «Mi state prendendo in giro?»

Nessuno dei tre parlò. Lo sconosciuto li osservò con attenzione.

«Arriviamo da Europa» disse secco Alec. «Scusa il nostro amico, non sta bene e straparla.»

L'uomo non poté ribattere perché all'improvviso da dietro il container sbucarono decine di persone. Alec riconobbe la donna con i capelli a caschetto che aveva incontrato poco prima. Ce n'erano molte altre, vestite come le amazzoni ma, oltre alle lance con i cristalli affilati dei ribelli di Dite, alcune di loro avevano anche pistole e fucili.

«Sono loro» affermò la donna del bosco.

«Sei sicura?» chiese un uomo che era con loro. Aveva all'incirca cinquant'anni e teneva un grosso mitra a tracolla.

«Sono arrivati con la barca, sono quelli che avevamo avvistato. Sono loro.»

Alec e Maj si guardarono spaventati ma, prima che potessero fare o dire qualsiasi cosa, Jorgos era già scattato verso gli alberi. Alec capì che questa volta avrebbe fatto bene a fidarsi del suo istinto.

«Attenzione, il bambino sta scappando!» urlò qualcuno.

Jorgos venne agguantato da due uomini con le pistole e le divise dell'Oligarchia.

Alec sentì un brivido corrergli lungo la schiena. Si lanciò verso di loro e afferrò Jorgos per un braccio, ma fu subito strattonato e buttato a terra. Non fece in tempo a rialzarsi che l'altro gli fu addosso e gli bloccò le braccia dietro la schiena.

«Che volete? Lasciatemi stare!» gridò Alec, il volto schiacciato a terra. Con la coda dell'occhio vide Maj. Si dimenò ancora, ma ora quattro mani lo tenevano saldamente al suolo.

In quel momento un'ombra si allungò sopra di lui. Non poteva vedere a chi appartenesse, udì solo i passi pesanti.

«Sei tu, Alec?» chiese una voce rauca, profonda.

Alec si sentì perso, confuso. Si guardò attorno come un animale in gabbia.

«Cosa volete da noi?» domandò, divincolandosi ancora.

«Lasciatelo andare.»

Non appena fu libero, Alec scattò in piedi. Davanti a lui c'era l'uomo con cui aveva parlato Laura poco prima. Indossava una tunica grigia di tela grezza, i pantaloni della divisa delle guardie oligarchiche e, oltre al mitra a tracolla, teneva in mano una grossa pistola.

«Sei tu Alec, vero?» chiese una seconda volta, ma senza guardarlo negli occhi.

«Chi sei? Perché conosci il mio nome?»

«Scusa per i modi bruschi, non era nostra intenzione» continuò l'uomo, «qui non è facile usare sempre le buone maniere.»

«Ma qui dove?» sbottò Alec. «Dove siamo?»

L'altro non rispose. Nessuno parlava, tutti attendevano in silenzio.

Solo in quell'istante Alec si accorse del monte che si innalzava alle spalle dell'accampamento. Si trattava di un cono ripido fatto da rocce sconnesse, tra cui affiorava una sparuta vegetazione e qualche altipiano che formava delle scalinate naturali. Dalla base del monte fino alla vetta, si susseguivano a distanza regolare mura di mattoni, cornici ordinate che diventavano via via più strette.

Improvvisamente il cielo si annuvolò. Non erano nubi nere come quelle dell'Inferno, ma blu, grigie e bianche, e sembravano cariche d'acqua. L'ombra virò il colore del mare dall'azzurro al verde, ma qua e là raggi di sole si facevano strada nella spessa coltre, calando sulla terra come lunghe colonne dorate. Una illuminò la cima del monte, e gli uomini e le donne radunati nello spiazzo si voltarono verso quella direzione.

Alec percepì una tensione potente nei loro sguardi, un anelito che non sapeva spiegare, che non aveva mai visto in nessuno a Europa.

Poi tornò a fissare l'uomo davanti a sé, che scuoteva piano la testa con un sorriso appena accennato.

«Papà?»

«Sei davvero tu?» La sua voce era incrinata dalla commozione.

Nell'accampamento era sceso il silenzio, nonostante fossero accorsi a decine per assistere a quello che stava accadendo. C'erano uomini, vecchi, donne e bambini, c'era chi indossava logore divise da guardia oligarchica, chi abiti normali, e i più piccoli erano coperti da pochi stracci o magliette sporche di erba e fango.

Alec fece un passo avanti. Gli occhi del padre erano lucidi, le occhiaie scavate, la pelle rossa e bruciata dal sole.

«Papà?» disse piano e allungò un braccio, senza riuscire a raggiungerlo, quasi temesse che la sua immagine, a contatto con la mano, potesse svanire all'improvviso.

L'uomo annuì. Si avvicinò e gli appoggiò le mani sulle spalle, come se avesse paura di fargli male, come se davanti a lui ci fosse ancora un bambino. Con una mano risalì lungo il collo, fino alla mandibola.

«Non ci vedi?» domandò Alec con un filo di voce.

Il padre fece cenno di sì con il capo. «Sei un adulto» disse, mentre il suo palmo scivolava sul volto, sfiorava gli occhi, il naso, le guance.

Alec si accorse in quel momento della leggera patina opaca che gli velava lo sguardo. Appena sotto gli zigomi partivano due cicatrici che arrivavano fino a metà guancia.

L'uomo lo strinse in modo brusco, con un movimento maldestro. Poi lo scostò da sé e accennò un sorriso, che ad Alec ricordò quando era bambino e, davanti al camino acceso, il padre gli narrava storie di guerre e avventure. Storie di uomini fieri armati di spade costruite con le lamiere, donne guerriere con lunghe lance fatte di legno e vetro, storie di viaggi in mezzo al mare e terre sconosciute. Alec allora non poteva immaginare che suo padre gli stesse semplicemente raccontando la sua vita.

«Benvenuto in Purgatorio» gli disse, voltandosi verso la montagna.

# 3

Joseph era uscito di casa nel pomeriggio, sfruttando il passaggio che aveva scoperto nei magazzini seminterrati e che gli permetteva di lasciare la città grattacielo senza dover superare i controlli. I suoi genitori non volevano che andasse in giro per le strade di Europa da solo e, se fosse passato dagli ingressi principali, i custodi lo avrebbero registrato. Non c'era nessuna legge che vietasse di scendere a terra né ai minorenni, né tantomeno ai cittadini adulti, si trattava di una consuetudine che la maggior parte dei suoi compagni di scuola rispettava volentieri, preferendo rimanere tra le mura sicure del grattacielo, spingendosi al limite nei complessi accanto, attraverso i ponti e i camminamenti.

La settimana precedente era arrivata la cartolina con la convocazione dell'esercito per la prima visita di controllo e l'abilitazione. Joseph aveva una corporatura robusta, anche se non era molto alto, e faceva attività sportiva da sempre. Aveva un carattere impulsivo che, unito alla sua tendenza all'azione, mascherava una sensibilità troppo spiccata che lo rendeva instabile e spesso ansioso. Tuttavia era più che idoneo, come il fratello maggiore, che prestava servizio da due anni nelle truppe di marina del Mediterraneo.

Joseph però non voleva fare quella fine.

Per questo aveva cominciato a scendere in strada. Per cercare un'alternativa. E alla fine l'aveva trovata.

Attraversato il quartiere residenziale, dove si concentrava la maggior parte dei grattacieli, giunse al posto di blocco che consentiva l'accesso al quartiere Gotico. Qui la guardia di servizio passò il rilevatore sull'anima, il microchip impiantato nel petto, confrontò rapidamente il volto del ragazzo con la foto sul display e con un cenno del capo gli disse di passare.

Non c'erano molte persone a quell'ora, gli operai dovevano ancora rientrare dagli stabilimenti industriali del porto che davano lavoro a quasi diecimila persone, mentre chi coltivava i campi fuori dall'area urbana sarebbe tornato a notte fonda con le corriere che trasportavano gli stagionali o i giornalieri.

Joseph si inoltrò nel fitto reticolo di vie alle spalle della Cattedrale del Mare quando il sole era già tramontato, ma il cielo era ancora chiaro.

Una volta raggiunto il luogo prestabilito, si assicurò che non ci fossero pattuglie in giro e si sistemò la felpa nera attorno alla faccia, lasciando scoperti solo gli occhi. Poi appoggiò lo zaino a terra, tirò fuori i barattoli di vernice e due grossi pennelli e cominciò a disegnare velocemente, guardandosi spesso attorno per essere certo che nessuno lo osservasse. Il cuore gli batteva all'impazzata, gli tremavano le gambe e anche un po' le mani, ma si controllò, non gli importava avere paura. La paura, gli aveva detto la sua professoressa, è il punto di partenza.

«Cosa disegni?» chiese una voce facendolo sobbalzare.

Si girò di scatto pronto a correre via, quando si accorse che era una bambina.

«Mi hai fatto prendere un colpo, chi cavolo sei?»

«Scusa.»

«Vattene» le disse e riprese a colorare il muro con la vernice nera, delineando una figura umana.

«Se ti vedono le guardie, sei fregato.»

«Sei ancora qui?»

«Non hai paura che ti scoprano?»

«No.»

Joseph finì il contorno e prese la vernice bianca. Dopo un minuto il lavoro era quasi completato. Uno spesso tratto nero definiva un corpo, mentre l'interno era tutto bianco, con pochi segni a indicare il viso e l'abbigliamento: il colletto della camicia, la cintura dei pantaloni. L'immagine era nel complesso molto stilizzata e Joseph pensò che gli era venuta bene. Ora doveva solo scrivere la parola.

Con il pennello tracciò la M e la O.

«Sembra un uomo.»

«Te ne vai o no?» fece ancora il ragazzo e la fulminò con lo sguardo.

«Io forse so che cos'è.»

«Ah sì? Buon per te, però adesso lasciami stare.»

La bambina non se ne voleva andare, ma lui la ignorò e dipinse la V e la I.

Una luce rossa illuminò per un attimo la via. Joseph si voltò, mentre un hovercraft compariva da dietro un edificio abbagliando con i fari il disegno. Il ragazzo agguantò lo zaino e cominciò a correre. Il mezzo accelerò e attivò la sirena intermittente.

«Fermati! A terra!» La voce metallica della guardia risuonò

attraverso i due altoparlanti ai lati del mezzo. «Alza le braccia e sdraiati!»

Il ragazzo non si fermò. L'hovercraft scattò in avanti travolgendo un cumulo di rifiuti e abbattendo con la fiancata i resti del muro di una casa. Poi indietreggiò di qualche metro e ripartì. Cinque guardie lo seguivano a piedi con i fucili puntati.

In fondo alla via Joseph intravide le rovine di un vecchio edificio.

«Fermi! Voi due!» urlò una guardia. Una raffica di mitra si abbatté sulla strada, Joseph udì i proiettili rimbalzare sull'asfalto accanto a lui. Si voltò un istante, in tempo per vedere la bambina correre a pochi metri di distanza, poi saltò dentro una porta parzialmente ostruita dalle macerie, ritrovandosi in un'ampia sala coperta di detriti e braci spente.

Una seconda raffica di munizioni centrò la parete, Joseph scappò più veloce che poté, incurante dei vetri rotti e dei ferri arrugginiti che fuoriuscivano dai muri del palazzo abbandonato.

Le guardie irruppero nella casa facendosi largo tra le macerie. «Sono andati di là!» urlò una di loro.

«Fate il giro voi» ordinò un'altra, «li blocchiamo dalla parte opposta.»

Joseph si gettò da una finestra che si affacciava su una via deserta. La bambina era dietro di lui, lo seguiva schivando gli ostacoli con agilità. I loro sguardi si incrociarono per un attimo.

«Vattene!» gridò il ragazzo. «Così ci prendono tutti e due!» Mentre pronunciava quelle parole si rese conto che quella che aveva davanti era veramente una bambina, che adesso era in pericolo quanto lui.

«Dài, seguimi! Però muoviti» le disse, anche se in fondo, forse, non ce ne sarebbe nemmeno stato bisogno.

Il rumore dei loro passi rimbombava sulle pietre che lastricavano la strada, ma in lontananza si sentivano anche quelli delle guardie che si avvicinavano. Svoltarono a destra, superarono due incroci, sbucando infine in una via affollata di persone e bancarelle di frutta e verdura. Il ragazzo smise di correre e fece cenno alla bambina di imitarlo: dovevano mimetizzarsi tra la folla, così non li avrebbero trovati. Poi imboccò una stradina molto meno frequentata. Cercava di camminare tranquillo, ma gli tremavano le gambe e avvertiva una strana sensazione alle ginocchia, come se ci fosse dentro un liquido ghiacciato. Inspirò ed espirò più volte.

«Perché hai fatto quel disegno?»

Joseph la guardò incredulo. «Te ne devi andare! Non hai visto cos'è successo? Sai cosa ci facevano, se ci prendevano?»

«Sì, lo so.»

«Finivamo all'Inferno, tutti e due. Mandano anche te, cosa credi?»

«Fai parte del Movimento?»

Il ragazzo la prese per le spalle. «Ascoltami bene, non so chi sei, né cosa vuoi, ma non dire sciocchezze, non pronunciare quella parola, e lo dico per te, non seguire gente che non conosci in questo quartiere, non sono tutti come me.»

«E tu come sei?»

Il ragazzo squadrò la piccola. Non aveva certo l'aria di una spia, sembrava decisamente una ragazzina qualsiasi, forse un po' suonata. «Dammi retta, vattene a casa.»

Lei sembrò finalmente capire che non avrebbe ottenuto

niente insistendo, per cui si fermò. Lui riprese a camminare, poi, dopo una decina di metri si voltò, vide che la bambina era immobile, le fece un cenno di saluto e proseguì.

Se l'era vista brutta, ma ce l'aveva fatta. Aveva portato a termine la sua missione.

Aveva disegnato quello che ormai, in tutta Europa, era considerato il simbolo dell'opposizione all'Oligarchia. Non sapeva come si chiamava il ragazzo di cui tutti parlavano, ma pensava che doveva avere un gran coraggio per mettersi da solo davanti alla parata dell'Oligarchia. O forse era semplicemente pazzo. Ma quella follia dava forza a tutti loro, alle migliaia di ragazzi che stavano aderendo al Movimento.

Svoltò a destra in un piccolo slargo coperto da cumuli di macerie. Aggirò i ruderi di un vecchio pozzo di un'epoca dimenticata, e raggiunse una scala di pietra che scendeva sotto il livello del terreno, terminando di fronte a una porta di ferro.

Bussò con la mano aperta e attese pochi secondi.

La porta si aprì.

Due uomini sui trent'anni lo squadrarono, poi gli dissero di entrare.

Lo fecero spogliare davanti a loro e ispezionarono lo zaino, dentro al quale trovarono la latta con la vernice e la felpa nera.

«Cos'è questo?» chiese uno dei due tirando fuori un sacchetto di carta marrone stropicciato.

«Un panino» disse Joseph ripensando al pranzo che gli aveva preparato la madre e che lui non aveva ancora mangiato. «Lo potete tenere, se volete.»

«Ehi, non siamo qui a fare l'elemosina, per chi ci hai preso?»

«Non lo so, era per dire.»

Solo a quel punto lo fecero rivestire.

«Posso riavere il mio zaino?» chiese Joseph.

«Lo prendi quando torni.»

Le norme di sicurezza del Movimento erano severissime, per evitare che una delle loro riunioni venisse scoperta. Per lo stesso motivo non avevano una sede fissa. Lo scantinato dell'area distrutta del quartiere Gotico era stato un vero colpo di fortuna. Gli hovercraft non riuscivano ad arrivare fin lì e le guardie a piedi raramente si spingevano dentro i vicoli.

Joseph scese un'altra scala, ritrovandosi nel vecchio parcheggio sotterraneo. C'erano una quarantina tra uomini, donne e ragazzi, ma la maggior parte delle persone non aveva più di trent'anni. Erano riuniti al centro di uno dei piani. Per terra, in mezzo a loro, avevano disegnato una mappa approssimativa della città con il tratto rosso di alcune vecchie tegole.

Non appena lo vide arrivare, Jamila, la sua professoressa, gli andò incontro. «Com'è andata?» gli chiese.

«Bene.»

«L'hai fatto dove ti ho detto?»

«Sì, nel vicolo, alle spalle della chiesa, è arrivata una pattuglia però, non sono riuscito a scrivere Movimento... ho scritto solo Movi.»

«Movi? Non è male, potrebbe diventare il nuovo nome» scherzò lei.

«Mi dispiace, ma sono dovuto scappare.»

«Fa niente. Il disegno basta. Ormai lo sanno tutti cosa vuol dire e chi siamo.»

Joseph si unì al gruppo attorno alla mappa che raffigurava

i quartieri centrali di Europa, quelli dove si trovavano la sede centrale dell'esercito e i palazzi di rappresentanza.

«Io dico che dovremmo passare all'azione» stava spiegando un uomo con una folta barba castana. «Possiamo fare molto di più di semplici atti dimostrativi.»

«Chi è lui?» domandò Joseph a Jamila, che gli era rimasta accanto. «Non l'ho mai visto.»

«È Primo, è arrivato da poco, viene dall'Inferno.»

«Dall'Inferno? Com'è possibile?»

«C'è agitazione anche là, c'è stata un'evasione, massiccia, gli anarchici hanno abbandonato Dite.»

Joseph era più o meno a conoscenza di ciò che accadeva nella città infernale di Dite. Sapeva che da decenni il sesto cerchio era stato destinato ai prigionieri politici e questo era stato il motivo per cui proprio lì si erano creati due gruppi compatti che si opponevano all'Oligarchia e che avevano dato vita a una rete di solidarietà per accogliere i nuovi condannati. Da una parte c'erano le amazzoni, dall'altra gli anarchici.

«Quindi Primo è un anarchico?» chiese Joseph.

«Non un anarchico, è il capo degli anarchici.»

Joseph lo guardò più attentamente, il corpo asciutto e teso che sembrava un fascio di nervi, gli occhi scavati, ma la voce era chiara e limpida.

«Prima o poi ci dovremo scontrare con loro» stava dicendo, «dovranno avere paura anche loro.»

«Io sono d'accordo con Primo» fece un ragazzo basso sulla ventina. «Le armi le abbiamo e tra l'esercito serpeggia il malcontento, basterebbe avere l'appoggio di qualche pattuglia.»

«Se sono qui è grazie ai disertori» intervenne Primo. «Loro ci hanno fatto uscire dall'Inferno.»

«Ma come facciamo?» chiese una voce. Gli occhi di Joseph saettavano da un volto all'altro. Gli pareva così strano che tutta questa gente avesse qualcosa di tanto importante in comune con lui. Ognuno rischiava la propria vita per un obiettivo, eppure, fino a qualche giorno prima, molti di loro nemmeno si conoscevano.

«Possiamo far saltare in aria un hovercraft o due, ma l'Oligarchia quanti ne ha? Mille solo qui, nei quartieri, pronti a farci fuori.»

«Ma che significa? È ovvio che sono più forti di noi, guarda dove siamo, è un parcheggio, no?»

Jamila osservò Joseph, sorrise, e poi si fece avanti. E lui pensò che se lei avesse avuto dieci anni in meno magari le avrebbe chiesto un appuntamento. Era magrissima e alta, con lineamenti taglienti, naso aquilino, mento e zigomi un po' pronunciati e labbra sottili. Indossava jeans stretti e una maglia rossa e larga che le arrivava appena sotto la vita, con sopra una vecchia giacca da uomo. In testa portava un piccolo cappello nero.

«Non siamo pronti per agire con le armi» disse avanzando in mezzo al cerchio, «e forse non lo saremo mai, dobbiamo far leva sulle coscienze dei cittadini, degli uomini e delle donne, questa è la nostra superiorità.»

La sua voce ferma e profonda zittì subito quelle degli altri. Joseph la guardò con ammirazione.

«Dobbiamo continuare a lavorare sulle persone, loro sono il Movimento. Un ragazzo si è sacrificato, è andato all'Inferno, per permettere tutto ciò. Ma non ha lanciato una bomba, non ha sparato ai soldati. Ha allargato le braccia. Ha detto basta.» Mentre pronunciava queste parole la donna imitò il gesto del giovane, per ricordare a tutti i presenti da cosa aveva avuto origine il Movimento e come mai, dopo tanti decenni di rassegnazione, i cittadini avevano trovato la forza di reagire. «Le idee di tutti, ma una sola volontà unita!»

Era uno degli slogan del Movimento. A quelle parole seguì un lungo applauso con i pugni chiusi, la manifestazione silenziosa del consenso durante i raduni.

Joseph provò una sensazione positiva, sentì di far parte di qualcosa che si muoveva a grande velocità in una direzione ben precisa. La direzione della libertà e del riscatto, due parole che aveva appreso dalla sua insegnante.

I genitori ignoravano che lui avesse cominciato a partecipare alle riunioni del Movimento. La sua famiglia si poteva ritenere fortunata perché abitava in una delle città grattacielo dei quartieri residenziali. Chi viveva in quei settanta piani non si avventurava quasi mai per le strade di Europa, a eccezione delle guardie che lo facevano per lavoro e che lì, come all'Inferno, spesso ci rimettevano la vita. Joseph conosceva decine di amici che avevano perso il padre o un fratello in quella stupida guerra senza nemici, nella lotta contro i disperati, o negli avamposti a sud per strappare la terra a qualche villaggio di disgraziati e costruirci un nuovo quartiere Paradiso.

Anche lui sarebbe dovuto diventare una guardia dell'Oligarchia. E fin da bambino aveva pensato che quello sarebbe stato un giusto destino, avrebbe seguito le orme di suo fratello e, prima di lui, di suo padre.

Poi, un giorno, la sua insegnante aveva detto che ognuno

deve decidere la propria vita da solo. Basta ascoltare se stessi per capire che direzione prendere. Esistono azioni in grado di cambiare il corso della Storia. Non è necessario credere, i valori sono fragili, le convinzioni pericolose, servono atti concreti.

L'insegnante si chiamava Jamila e quelle parole avevano cambiato la sua vita.

La riunione si sciolse un'ora più tardi e, a piccoli gruppi e per vie diverse, i membri del Movimento abbandonarono il parcheggio.

Quando Joseph uscì dal cortile, la bambina era ancora lì ad attenderlo.

Lui scosse la testa, ormai un po' rassegnato. Si fermò un attimo, la guardò e quindi riprese a camminare. Lei gli corse dietro.

«Okay, ci rinuncio» fece Joseph e per un tratto procedettero l'uno accanto all'altra.

Si inoltrarono in una delle arterie principali, la via dove mesi prima quel ragazzo si era messo davanti alla parata dell'Oligarchia. C'erano diverse pattuglie e almeno un hovercraft ogni cinquanta metri. I palazzi ai lati della strada erano tutti uguali, le facciate bianche e gialle, le finestre in legno rosso scuro incorniciate dal marmo e i portoni monumentali degli edifici degli organi di potere.

Ma c'era qualcosa di strano. Se ne accorsero sia Joseph sia la bambina perché senza fermarsi rivolsero uno sguardo incuriosito a un'impalcatura di svariati metri in mezzo a un incrocio. La struttura di tubi di ferro arrugginiti circondava un grosso blocco di cemento: una statua. Dal punto in cui si trovavano si poteva scorgere solo la schiena, una schiena femminile in parte coperta da una tunica.

«Voglio entrare nel Movimento» affermò la bambina.

Joseph la fulminò con un'occhiata, ma non replicò.

«Hai capito?»

«Non dire quella parola qui» rispose secco lui, ma senza scomporsi.

«Va bene. Ma io voglio farlo.»

«Non sai cosa dici, quella cosa non esiste. E tu sei troppo piccola.»

«Certo che esiste, vi ho visto prima nel parcheggio.»

Joseph si girò verso di lei, questa volta quasi arrabbiato. Stavano passando accanto all'impalcatura, e due hovercraft erano fermi agli angoli delle strade.

«Ascolta, la devi smettere» mormorò. «Ci hai spiato? Perché mi segui? Lasciami stare o mi metti nei guai.»

La bambina lo osservò, immobile e impassibile. «Io conosco quel ragazzo.»

«Quale?»

«Quello che hai dipinto, con le braccia aperte, quello che si è messo davanti alla parata dell'Oligarchia.»

«Sì, già, figuriamoci. E dov'è che lo avresti conosciuto? All'Inferno?»

Udirono alle loro spalle uno sferragliare e si voltarono all'unisono. Gli operai stavano smontando il ponteggio, svelando la parte alta della statua.

Joseph la riconobbe immediatamente, le televisioni mostravano in continuazione il suo volto. Da alcuni giorni stavano sorgendo ovunque a Europa monumenti che raffiguravano una ragazza vestita da amazzone. Si diceva che fosse la fidanzata del nuovo oligarca e che i due sarebbero presto venuti in visita.

«Andiamo via» fece Joseph, sentendo il peso dell'enorme statua di cemento addosso.

«Conosco anche lei.»

«Tu sei matta. Come ti chiami? E come mai conosci tutta questa gente?»

«Mi chiamo Beth. Il ragazzo che hai disegnato è mio fratello.»

# 4

Quella sera Beth arrivò a casa in ritardo. Prima di imboccare il vicolo, che dalla strada asfaltata attraversava una fila di baracche, si fermò un istante a guardare la sua abitazione dall'esterno. I mattoni di cemento, il tetto di lamiera, le porte e le finestre fatte con tavole di legno inchiodate. Pensò che in fondo era fortunata, molta gente a Europa viveva in condizioni ben peggiori, per esempio negli accampamenti sotto i ponti della stazione.

Quando bussò alla porta erano da poco passate le otto e lei avrebbe dovuto rientrare alle sei. Attese qualche secondo, poi poggiò la mano sulla maniglia e la abbassò piano. Elena, sua madre, era in ginocchio davanti al camino e non l'aveva sentita.

Appena la vide, le andò incontro piangendo e la strinse in un abbraccio che era più forte di uno schiaffo. «Dove sei stata? Perché sei così in ritardo?»

Beth non rispose, lei allora la prese per le spalle, staccandola da sé in modo brusco, per osservarla dritto in faccia.

«Va tutto bene, mamma» cercò di tranquillizzarla.

Il volto di Elena, già segnato dagli anni e dall'eccessiva magrezza, era scavato dalla paura e dall'ansia. I capelli lisci e lunghi, raccolti sopra la nuca, le conferivano un'aria austera, mentre gli occhi piccoli e vispi facevano pensare a una vita che in passato doveva essere stata diversa.

«Perché sei in ritardo?»

«Sono rimasta a chiacchierare davanti a scuola, non mi sono accorta che era tardi.»

La scusa accampata da Beth sembrò placare la donna.

«Giurami che stai bene. Qualcuno ti ha fatto qualcosa?»

«Nessuno mi ha fatto niente, sto bene.»

«Non fare mai più una cosa simile.»

«Mamma, non ti devi preoccupare, non è successo niente.»

«Potevi essere morta, potevano averti rapito, continuano a fare rastrellamenti, anche qui, nel nostro quartiere. Da domani ricomincia il coprifuoco, lo hanno detto al telegiornale, tu non puoi... non puoi farmi morire di paura.»

La madre si portò le mani al viso e si asciugò le lacrime. Da quando Alec era stato condannato all'Inferno, viveva in uno stato di costante apprensione. Non era più soltanto un tratto del suo carattere, ma una vera e propria angoscia che non le dava tregua, un tormento sempre fisso nei suoi pensieri.

Per fortuna c'era la quotidianità: il pranzo e la cena da preparare, la spesa al mercato, la fila alla Cattedrale del Mare per ottenere un po' di elemosina e talvolta poche e veloci chiacchiere con le vedove del quartiere, per lo più donne che avevano perso il marito all'Inferno. Solo nel loro dolore cieco riusciva trovare un po' di pace.

«Mi dispiace, mamma» disse Beth. «Non volevo...»

«Fa niente. Mi importa che tu stia bene. Ma che non capiti più.»

Elena tornò accanto al camino, dove stava cuocendo dei panini in una pentola coperta. «Lavati le mani che mangiamo» disse, lo sguardo fisso sulle braci che diffondevano una luce arancione in tutta la stanza. Beth osservò la madre. Indossava sempre gli stessi vestiti, i jeans neri e stretti e una maglietta a maniche lunghe dello stesso colore. Ogni tre giorni, la sera, li lavava con cura nel lavandino del bagno e poi li faceva asciugare davanti al camino. Beth associava da sempre sua mamma a quell'odore affumicato, che le rimaneva addosso come una seconda pelle.

«Dài, sbrigati» la riprese la donna. «È quasi pronto.»

La bambina andò in bagno, si sciacquò le mani nel piccolo lavabo sbeccato e si guardò allo specchio. Aveva nove anni, ma sembrava più grande. L'espressione seria nascondeva i tratti infantili e il dolore le aveva già scolpito i lineamenti nei pochi anni della sua vita.

Tornata in cucina, si sedette al tavolo su cui la madre aveva allestito una modesta cena: due panini, un misto di verdure cotte e carne tritata che insaporiva con le erbe coltivate nel minuscolo pezzo di terra sul retro della casa. Non era molto, ma abbastanza: la vita aveva insegnato a Elena come arrangiarsi.

«Cosa pensi del Movimento?» chiese Beth.

La madre tenne gli occhi fissi sul piatto e continuò a mangiare in silenzio.

«Io penso che abbiano ragione» continuò Beth. Poi diede una prima forchettata, staccò un pezzo di pane e cacciò tutto in bocca.

«Posso accendere il televisore?» domandò.

La donna si limitò ad annuire. La bambina scese dalla sedia e accese il vecchio apparecchio accanto al camino. Dopo un ronzio di alcuni secondi lo schermo si illuminò. Stavano trasmettendo il telegiornale.

Il servizio mostrava una grande villa, con una terrazza che si affacciava su una collina di olivi oltre la quale il mare si estendeva fino all'orizzonte. Affacciati alla ringhiera della terrazza c'erano un ragazzo e una ragazza che sorridevano tenendosi per mano.

In primo piano comparve il volto di una giornalista.

*Marvin Kronous, il giovane oligarca, verrà in visita assieme alla sua fidanzata e futura moglie. La loro storia sta facendo il giro di Europa, ed è già il simbolo della nuova Oligarchia.*

Il telegiornale mostrò poi una ripresa aerea dei quartieri centrali di Europa. L'elicottero volava basso tra le città grattacielo, rivelando le statue da poco costruite nelle piazze. Alcune non erano ancora terminate.

*La popolazione rende omaggio al nuovo corso dell'Oligarchia e alla coppia che guiderà Europa fuori dalla crisi e dalla povertà.*

Le statue rappresentavano un giovane, con le braccia aperte e il mento alto e fiero, e una ragazza guerriera, con una lancia in mano e una tunica che le arrivava fino al ginocchio, stretta in vita da una cintura. L'espressione di lei era dolce, angelica. I monumenti erano alti più di cinque metri ed erano realizzati in cemento grezzo, senza fronzoli e orpelli, come se chi li aveva eretti avesse fretta di moltiplicarli.

«Ne stanno costruendo una anche qui» commentò Beth. «Sono tutte bugie, lo dice il Movimento, dicono che non è vera questa storia, io sono d'accordo con loro.»

«Ora basta!» sbottò la madre. «A questa tavola non si parla di Movimento! In questa casa non si parla di ribellione.» Il suo tono era duro, rassegnato e aggressivo allo stesso tempo. «Ho già perso un marito e un figlio all'Inferno...» sussurrò Elena, questa volta quasi tra sé. «Che madre è una donna che perde tutta la sua famiglia?»

«Io volevo solo...»

«No» la interruppe Elena. «L'argomento è chiuso, chiaro?»

Beth sentì lacrime di dolore e rabbia riempirle gli occhi. «Lo sai anche tu che è una bugia!» urlò. «Hanno rubato la sua storia!»

Alludeva alla storia che da giorni raccontavano tutti i notiziari ufficiali: il nuovo giovane oligarca che aveva salvato dalle fiamme dell'Inferno una fanciulla innocente dal volto angelico. Era stata confezionata ad arte e diffusa tramite decine di video e ricostruzioni che mostravano Marvin che correva nei cerchi del vulcano e la ragazza circondata da cerberi e arpie. Tuttavia in molti conoscevano la verità, ossia quella di una giovane del Paradiso condannata all'Inferno, e di un ragazzo di Europa che aveva sfidato l'Oligarchia per salvarla. Ciò che nessuno sapeva però era come fosse finita quella storia. Alcuni sostenevano che i due fossero morti all'Inferno, altri che l'Oligarchia li avesse fatti uccidere, infine altri ancora erano convinti che fossero riusciti a scappare. Erano soltanto ipotesi, niente di più. Solo di una cosa erano certi i cittadini di Europa e, tra di loro, in particolar modo quelli che aderivano al Movimento: i due innamorati si erano tolti il microchip dell'anima dal petto.

Un video pirata girato sulla cima del grattacielo delle amazzoni, a Dite, era circolato per qualche giorno. Pochi, ma sufficienti a gettare le basi del Movimento.

«Io voglio solo rivedere mio fratello» disse piano Beth, la voce rotta dal pianto.

Gli occhi di Elena si riempirono di lacrime. Poggiò la forchetta, si alzò e girò attorno al tavolo per abbracciare la figlia. «Scusa» le sussurrò in un orecchio. «Non era questa la vita che avevo in mente per te.»

«E non possiamo farci un'altra vita, allora?»

Elena levò lo sguardo al cielo e si perse in un passato che non aveva mai dimenticato e che era nascosto al sicuro in un angolo della sua mente che non visitava mai, come l'ultimo scaffale di uno sgabuzzino impolverato. C'era stato un periodo in cui anche lei aveva creduto nel futuro, ma in quel tempo lontano il marito le era accanto, assieme condividevano sogni e speranze. La loro vita di stenti aveva un senso, un obiettivo comune che era andato in mille pezzi quando lui era stato catturato dalle guardie dell'Oligarchia e lei era rimasta sola. Per anni i due figli le avevano dato il coraggio di resistere, ma cominciava a essere stanca, di una stanchezza che non può essere cancellata dal riposo, come il tempo che passa non può riaccendere un fuoco che si sta spegnendo. La speranza che un giorno il marito potesse ricomparire sulla porta di casa era la fiammella che teneva in vita quelle braci quasi spente.

Non poteva immaginare che quella fiamma, in Alec, avesse fatto divampare un incendio.

# 5

Alec non aveva più visto il padre dal giorno in cui, quattro anni prima, le guardie dell'Oligarchia si erano presentate a casa loro, a Europa, e lo avevano portato via. Quel momento drammatico era impresso nella sua mente come un tatuaggio, i suoni lontani della parata dell'Oligarchia, le urla di Beth che supplicava le guardie di lasciare in pace suo papà. Per lui quell'evento aveva segnato la fine della sua vita. Poi niente era stato più lo stesso e, anche se aveva continuato a vivere, era come se quegli anni trascorsi fossero solo l'eco lontana di quelli dell'infanzia.

A lungo aveva creduto che suo padre fosse morto. Aveva scavato una buca nella sua anima e ci aveva nascosto dentro il suo ricordo. Poi l'Inferno aveva riacceso la speranza, quando aveva trovato il video in cui il padre gli forniva le indicazioni per uscire da lì e raggiungerlo. Ma il messaggio era criptico, e non era nemmeno sicuro che fosse rivolto a lui, non definiva un luogo preciso dove andare e spiegava come ritornare a Europa nel caso in cui non fossero riusciti a raggiungere questa misteriosa destinazione, che per Alec rappresentava ancora una terra senza nome.

Ora lo rincontrava qui, su un'isola sperduta in mezzo al mare, e si chiedeva se tutto ciò avesse un senso, se, nelle vicende alterne di ogni vita, ci fosse un significato nascosto. O se forse non fosse il contrario: non c'era un senso né una direzione, ma solo volontà, tensione verso il futuro e speranza di sopravvivere abbastanza, perché ciò che c'era di misterioso al mondo avesse il tempo di manifestarsi.

«Cosa ti è successo?» chiese Alec vedendo che anche la pelle delle braccia di suo padre era bruciata in più punti e c'erano numerose cicatrici. «Da quando non ci vedi più?»

«Quattro anni ormai, ho perso la vista all'Inferno ma... non sono completamente cieco, distinguo luci e ombre.»

«Cosa ti hanno fatto?» domandò ancora Alec, osservando lo sguardo vacuo del padre. Le pupille erano azzurre, le iridi sfocate. Gli prese la mano e se la portò al viso.

«Alec...» disse l'uomo, inghiottendo un singhiozzo. «Avrei voluto cercarvi, tornare da voi... ma non potevo.»

«Cos'è questo posto?»

«Ti spiegherò tutto, ti spiegherò ogni cosa.»

Alec strizzò gli occhi, per trattenere la commozione davanti ai curiosi che si erano radunati al centro dell'accampamento. Guardò Maj, poi Jorgos.

«Qui mi chiamano Lando» disse il padre. «Loro, immagino siano Maj... e Jorgos.»

«Come fai a sapere i loro nomi?»

«Sappiamo tante cose qui» rispose Lando. Poi si voltò verso Laura, che subito gli si avvicinò e lasciò che lui le poggiasse una mano sulla spalla. «Laura è i miei occhi.»

«Dove ci troviamo?» chiese Maj, sollevando tra la folla bisbigli e commenti.

«In una terra libera» ribatté allargando le braccia.

«È il figlio di Lando» mormorò qualcuno.

«È il ragazzo che si è opposto all'Oligarchia.»

Alec si guardò attorno confuso, in molti sembravano averlo riconosciuto.

«Perché queste persone mi conoscono?»

«Tutti a Europa conoscono la vostra storia, è da lì che tanti arrivano. Venite, vi porto in un posto dove potrete risposare. Nel corso del tragitto parleremo.»

Lando si voltò e si incamminò. Al suo passaggio si aprì un varco tra la folla.

Alec, Maj e Jorgos lo seguirono lentamente, sentendosi addosso il peso degli sguardi della gente dell'accampamento. Dopo poche centinaia di metri nel bosco, giunsero in una radura dove c'era un hovercraft. Le fiancate di lamiera erano state rimosse, restava solo scheletro.

Lando si sedette accanto ad Alec e gli poggiò una mano sull'avambraccio, attraversato da una lunga ferita in rilievo. Maj e Jorgos si sedettero davanti a loro, assieme a Laura. Poi l'hovercraft partì fluttuando in mezzo alle fronde.

«Hai ancora i segni dell'Inferno» disse Lando con voce rotta dal pianto, «del mio Inferno.»

«Ah... queste» fece Alec guardandosi la pelle. «Non è colpa tua.»

«Sì, invece. Io ho disegnato i cerchi, io ho progettato gli ingranaggi delle macchine del contrappasso.»

Alec si osservò di nuovo il corpo come se non fosse il suo, l'Inferno lo aveva scolpito, rinforzato, ferito e modellato. «Quando ho saputo che eri un architetto dell'Inferno, mi sono chiesto perché lo hai fatto, perché ci hai mentito, come hai potuto...»

«È stato tanto tempo fa, una stagione della mia vita in cui ero un'altra persona.»

Alec ripensò alle creature che aveva incontrato nella sua discesa all'Inferno, ai cani a tre teste, ai minotauri, alla parlata animale del centauro e ai volti mostruosi dei grossi uccelli che chiamavano arpie. L'idea che quegli esseri fossero usciti dalla mente di suo padre lo elettrizzava e spaventava al contempo.

«Mi scuso ogni secondo, nei miei pensieri, con te, tua madre e Beth, con il mondo intero, per ciò che ho fatto. Sono morto due volte da allora. La prima quando ho capito l'orrore che stavo contribuendo a costruire, e ho deciso che mi sarei opposto all'Oligarchia. La seconda quando mi hanno scoperto e mi hanno portato via dalla mia famiglia, da te. Mi abbandonarono all'Inferno che ero mezzo morto, ma sopravvissi, riuscii a evadere assieme a un gruppo di disertori e condannati in fuga dall'Inferno. Con loro abbiamo trovato questa terra, tre anni fa ormai...» Lando lasciò in sospeso per un attimo quelle parole, perché sapeva che c'era una risposta a una domanda più urgente che Alec non aveva ancora pronunciato. «Avrei voluto tornare da voi... ma non potevo. L'Oligarchia sa che non sono morto, che sono riuscito a fuggire, ma ignora dove mi trovo. Tiene d'occhio voi, te, tua madre, Beth, perché sono convinti che un giorno o l'altro io, o qualcuno per me, verrà a Europa a prendervi.»

L'hovercraft sobbalzò e frenò di colpo, per poi avanzare lentamente nell'ultimo tratto di salita. Infine sbucò di fronte a un muro di mattoni, alto all'incirca due metri e mezzo. Lo costeggiò e si bloccò davanti a un arco realizzato con tronchi e contrafforti di pietra. C'erano decine di persone, raccolte in piccoli gruppi. Quell'arco, però, lo varcavano da sole.

«Chi sono?» chiese Alec.

«Pellegrini, come quelli che hai visto all'accampamento, solo che loro sono pronti a iniziare il cammino sulla montagna.»

«Dove vanno?»

«Dove stiamo andando noi adesso, ma loro percorreranno una strada più lunga. Tutti coloro che vogliono diventare cittadini devono affrontare il percorso di purificazione. Bisogna lasciarsi alle spalle l'Oligarchia, bisogna dimostrare di essere pronti a far parte di una nuova società.»

L'hovercraft si mosse piano verso l'arco e al suo passaggio i pellegrini si scostarono. Lando si alzò in piedi e invitò Alec, Maj e Jorgos a fare altrettanto. In questo modo potevano vedere chiaramente il monte attraverso il telaio scoperto del mezzo. Le mura in mattoni rossi incorniciavano la montagna, tagliando trasversalmente la foresta.

Poi l'hovercraft di colpo accelerò, inerpicandosi lungo una ripida rampa di pietra. Alec provò a guardarsi attorno, ma due fila di mura gli ostruivano la visuale.

«Perché noi non dobbiamo fare questo percorso?» chiese Maj.

«Ci sono cose più importanti adesso, cose che vi riguardano» rispose Lando, quindi inarcò le sopracciglia e scrollò appena la testa. «A ogni modo, nessuna di queste persone può dire di avere affrontato un sentiero duro come il vostro... comunque le rivedrai presto, tra una settimana o due al massimo.»

L'hovercraft cominciò a rallentare fino a fermarsi in uno slargo ai piedi di una cinta di mura più alte e possenti. Altri sette erano parcheggiati in una piazza rotonda lastricata di pietre.

«Non capisco» disse Maj. «Come fate ad avere questi mezzi?»

«Disertori, soldati. Sono in tanti qui» spiegò Lando. «Molti arrivano dall'Inferno, altri da Europa, alcuni ce li siamo procurati noi.»

L'hovercraft si accostò alle mura, dove un uomo alto e grasso, con un'appariscente pelata coperta di tatuaggi, diede ordine di aprire un enorme portone formato da tronchi tenuti assieme da lamiere e sbarre di ferro piegate e intrecciate. I due battenti si schiusero piano, svelando ciò che nascondevano.

La città era un mosaico di case colorate disposte su un pendio che saliva dolcemente verso una costruzione dalla forma cilindrica e sormontata da una grande cupola in pietra rossa, con attorno edifici che sembravano confondersi con la vegetazione. C'erano palme, banani, rampicanti con grosse foglie verdi e fiori carnosi che pendevano dalle finestre.

«L'Osservatorio» spiegò Lando. «Stiamo andando lì.»

Attraversarono un cantiere in cui stavano realizzando delle abitazioni tutte uguali: cubi alti cinque o sei metri su cui si aprivano, a distanze regolari, i semplici rettangoli di porte e finestre. Erano disposte su un percorso circolare e in salita, in modo che, a ogni incrocio, fossero visibili lunghi camminamenti concentrici. C'erano decine di mulini le cui ruote erano attivate da uno stretto canale che tagliava in due la città scendendo verso valle.

L'hovercraft procedeva piano tra i lavoratori, che trasportavano sabbia e tegole, e le impalcature costruite con robuste canne di bambù.

Superata questa zona, imboccarono un ampio viale lastricato. Qui le abitazioni erano terminate, i mattoni erano stati coperti dall'intonaco dipinto di rosso, verde e giallo. C'erano centinaia di persone che camminavano, uomini e donne di ogni età, bambini che giocavano a rincorrersi e ragazzi che chiacchieravano o leggevano seduti davanti alle case.

Alec non aveva mai visto nulla del genere. L'unica città che conosceva era Europa, ma con questa non aveva niente a che spartire.

Lando guardò suo figlio e sorrise: «Siamo arrivati».

Scesero dal mezzo in una piazza circolare sulla quale si affacciavano sobri edifici, come quelli che avevano visto fino a quel momento. Al centro svettava l'Osservatorio, che si sviluppava su più piani ed era avvolto dalla vegetazione. Palme, fiori e rampicanti lo ricoprivano, confondendo le forme artificiali con quelle naturali. Attorno, una serie di costruzioni più basse formava una corte quadrata su cui si apriva un portone di legno.

«Questa è l'agorà» spiegò Lando, «la piazza pubblica, è un luogo che appartiene a chiunque. L'Osservatorio è la casa della Polis, ma è anche sede della scuola, qui i ragazzi studiano e apprendono i testi antichi di filosofia, storia e letteratura. È il centro, il cuore della città. Per adesso vivrete qui, fino a quando non sarete in grado di costruire un'abitazione vostra. Se lo vorrete, naturalmente.»

Varcarono il portone di legno e si ritrovarono in una corte interna circondata da un porticato, con una fontana al centro.

«Puoi accompagnarli in una stanza?» chiese Lando a Laura, poi rivolgendosi ad Alec, «Laura è una delle nostre menti più geniali, farete presto la sua conoscenza, vi guiderà lei in questi primi giorni.»

La donna li accompagnò in una camera al secondo piano. Era spoglia, c'erano solo dei materassi a terra e una brocca d'acqua. Si affacciava all'interno sulla corte, all'esterno invece su un terrazzo, da cui si godeva la vista sulla città e sul pendio della montagna che digradava fino al mare.

Alec e Maj si scambiarono un'occhiata, senza sapere cosa dire.

«Io vado via» disse Jorgos.

Alec si voltò verso di lui, credendo di non aver capito bene. «Jorgos, che stai dicendo?»

«Vado via.»

«Ma dove? Perché?»

«Qui è pericoloso» rispose, facendo roteare gli occhi. «E voi dovete venire via con me.»

«Jorgos, io non penso che qui sia pericoloso» disse Alec. «Sei sicuro di quello che senti?»

Lui non rispose, si alzò in piedi e si avvicinò alla finestra, che tentò di aprire con un gesto rapido e secco. Annusò l'aria. «Ci sono dei morti, molti morti sulla montagna. Andiamo via, dobbiamo... dobbiamo tornare all'Inferno.»

«Ma sei sicuro?» gli domandò Alec. «Ragiona, cosa significa che dobbiamo tornare all'Inferno? Che succede? Sei certo di stare bene?»

Jorgos lo guardò e la sua espressione per la prima volta era spaventata. «No, perché non conosco questo posto.»

«Non siamo all'Inferno, non ci sono morti, è una città, possiamo vivere tranquilli, mangiare, riposare e rimetterci in forze, ne abbiamo bisogno.»

Jorgos annuì. Poi varcò la porta-finestra e uscì sul terrazzo. Lì strizzò gli occhi e tese le orecchie. «Le sentite queste urla?» sussurrò.

Alec e Maj si misero in ascolto, ma senza udire nulla, tranne il rumore del vento e le voci delle persone in piazza. Due gabbiani si appoggiarono sul davanzale emettendo i loro versi striduli e acuti.

«Cosa sono questi?» chiese Jorgos.

«Gabbiani» rispose Maj. «Sono loro che hai sentito. Non sono urla.»

Jorgos scosse la testa. Un secondo dopo uscì dalla stanza e scomparve.

# 6

Jorgos percorse la città verso valle: da quel lato era protetta da mura non molto alte, ma ben sorvegliate da gruppi di uomini, spesso giovani e raramente armati. Erano diversi dalle guardie che sorvegliavano i cerchi infernali, anche se alcuni indossavano le stesse divise, chi i pantaloni, chi la giacca, altri invece semplici abiti che ricordavano quelli degli anarchici di Dite, e tra loro c'erano anche delle donne, con pistole e mitragliatrici.

Costeggiò le mura ritrovandosi dal lato opposto del centro abitato, dove la cinta si interrompeva confluendo in una ripida scarpata, una distesa di rocce e cespugli che terminava direttamente in acqua. Solo un centinaio di metri di mare separavano l'isola di Purgatorio da un'altra terra altrettanto rocciosa ma meno scoscesa, oltre la quale si scorgeva un paesaggio collinare che si alzava via via verso l'interno.

A sorvegliare quel confine naturale c'era solo una decina di guardie distribuite lungo il crinale, per fortuna abbastanza distanti l'una dall'altra perché Jorgos potesse passare inosservato.

Se c'era una cosa che aveva capito all'Inferno, anche se a parole non avrebbe saputo esprimerla, era che gli uomini fissano i limiti altrui sulla base dei propri. Cominciò a scendere per la scarpata. La montagna era quasi verticale, ma lui procedeva veloce, gli erano sufficienti piccoli appigli. In breve arrivò a valle, scrutò il monte sull'altra costa e capì che era fuori dalla sua portata, così si incamminò lungo la riva, circumnavigando quella che adesso appariva chiaramente come un'isola.

Procedeva annusando l'aria, c'erano degli animali: qualche topo, alcuni cani selvatici e molti uccelli rapaci.

Decise che per un po' avrebbe proseguito correndo, come era abituato a fare all'Inferno, muovendosi simile a un'ombra silenziosa. La sabbia era fresca e liscia, ma ogni tanto la spiaggia era interrotta da promontori rocciosi che si spingevano nel mare come lunghe dita.

Giunse infine al rifugio in cui avevano dormito la prima notte. C'erano ancora i i resti del fuoco e la capanna. Sulla sabbia si sentiva il profumo dolce di Maj e quello ferroso di Alec.

Si fermò lì e guardò il mare, immenso. Strizzò gli occhi verso la montagna, scura, forte, intrisa di odori. Camminò fino al bagnasciuga, dove un'onda gli lambì i piedi. Scrutò di nuovo l'orizzonte, poi il monte. Non sapeva cosa fare. Non aveva un piano, né un obiettivo. All'Inferno aveva sempre le idee chiare. Non gli restava che proseguire, sarebbe andato avanti per qualche chilometro e poi sarebbe tornato indietro. Era così che aveva imparato a muoversi, definendo sentieri che solo lui conosceva.

A un centinaio di metri da lui c'era ancora il vecchio hovercraft, riverso sulla battigia. Sopra adesso c'erano tre bambini, due maschi e una femmina. Jorgos si avvicinò incuriosito. All'Inferno non ce n'erano di così piccoli.

Percepì nell'aria un profumo leggerissimo di sudore e cibo.

I tre si arrampicavano sul mezzo e si buttavano in acqua urlando e ridendo. Jorgos rimase a guardarli per qualche minuto finché loro non se ne accorsero.

«Che vuoi?» chiese un maschio.

«Niente.»

«Perché ci guardi?»

«Cosa state facendo?» domandò Jorgos.

«Giochiamo!» strillò la bambina e poi si tuffò.

«Cos'è?» fece Jorgos.

«Come cos'è?» ribatté il bambino.

«Giochiamo, cosa significa?»

Quello che aveva parlato si voltò verso i due compagni e sollevò le spalle. «Non sai cosa vuol dire giocare?»

«Forse no.»

Il piccolo scoppiò a ridere. «Non puoi non saperlo.»

In quel momento la bambina riemerse.

«Questo qui non sa cosa vuol dire giocare!» esclamò il maschio divertito.

Lei nuotò fino a riva e gli si avvicinò incuriosita. Jorgos rimase immobile mentre la bambina gli girava attorno.

«Da dove arrivi?» gli chiese.

«Dall'Inferno.»

«Veramente?»

«Sì. Sono nato lì.»

«E non si gioca all'Inferno?»

«Non lo so.»

«Se vuoi ti facciamo vedere, ti va?»

Jorgos fece spallucce e inspirò piano e a lungo. Il profumo del mare definiva uno spazio infinito, lo disorientava. L'unico punto di riferimento per lui era l'odore metallico degli hovercraft, in base al quale riusciva a circoscrivere quello dei tre bambini.

«Non siete pericolosi» osservò Jorgos. «Perché siete così piccoli?»

«Anche tu lo sei» replicò la bambina senza dare importanza a quella domanda. Poi si sedette sul bagnasciuga, raccolse della sabbia assieme all'acqua e la fece sgocciolare piano creando una specie di cono. «Per esempio, se prendi la sabbia così e fai una montagna, stai giocando.»

«Puoi fare un muro, o una galleria» intervenne il maschio scavando con due mani un solco.

«Oppure prendi la sabbia e la tiri...» Lei fece una palla di sabbia bagnata e la lanciò addosso a uno dei suoi amici, che ricambiò subito lo scherzo. Il terzo, che era rimasto in disparte, emise uno strillo e si tuffò, nuotando con movimenti frettolosi, come se fosse un cane, mentre gli altri ridevano. Poi cominciò a schizzarli calciando l'acqua con forza.

Jorgos indietreggiò. Annusò l'aria, dal bosco arrivavano odori di animali e di carne in putrefazione.

«Vado via» disse e se ne andò rapidamente.

«Ehi, guarda che puoi giocare con noi, se vuoi» urlò la bambina. Lui non si girò.

«Antipatico!» gridò ancora lei, ma Jorgos la udì appena, mentre raggiungeva l'ombra degli alberi che rinfrescava la sabbia liscia.

Continuò a camminare, rimanendo questa volta ben all'interno del bosco. Il mare appariva di tanto in tanto, piccole finestre blu tra le frasche. Superò due baie, aggirò il grande accampamento dove erano stati quella mattina, e avanzò per qualche chilometro, fino a uno più piccolo.

Sulla spiaggia c'erano tre tende, un falò di cui erano rimaste poche braci fumanti, odore di nepente e cenere. Tre uomini grassi erano sdraiati vicino all'acqua, mentre due donne e un tizio si abbracciavano appoggiati contro un albero.

Jorgos sapeva che aveva bisogno di fermarsi e mangiare qualcosa.

Nell'aria aleggiava il fetore dei maiali, e per terra c'erano diverse impronte. Mangiavano i rifiuti degli umani, probabilmente arrivavano di notte. Adesso dovevano essere vicini. Jorgos si inoltrò nel bosco risalendo il pendio per un centinaio di metri. Gli ci volle poco per trovare le tracce di un maiale selvatico. Lo seguì, quindi lo superò arrampicandosi su un albero e da lì gli lasciò cadere un grosso sasso sulla testa, stordendolo. Lo finì infilandogli una pietra appuntita in gola e tenendolo bloccato finché non morì dissanguato.

Mezz'ora più tardi era di nuovo all'accampamento, davanti al fuoco. Reggeva il maiale tra le braccia.

«Devo cuocere questo animale» disse come avrebbe fatto all'Inferno. Instaurare brevi rapporti per scambi e protezione reciproca era il modo migliore per assicurarsi alleanze utili.

Gli uomini si voltarono verso di lui.

«Cosa devi fare, ragazzino?»

«Devo cuocere questo animale.»

Uno si alzò in piedi. Aveva la barba lunga, la pelle lucida, barcollava.

Jorgos fiutò ancora l'odore del nepente, che conosceva bene. «Possiamo fare un baratto» continuò. «Se mi date il vostro fuoco adesso, io vi do metà animale.» Aveva imparato questa tecnica all'Inferno.

«Vuoi barattare, eh?» chiese l'uomo e scoppiò a ridere, seguito dagli altri e dalle donne. «E poi che fai? La scuoi tu questa bestia?» Si avvicinò e allungò una mano verso il maiale per prenderlo.

Jorgos indietreggiò.

«Ehi, che fai?» disse l'uomo. «Non vuoi più? Dài, dài, barattiamo... prego, il falò è tutto tuo.»

Jorgos poggiò l'animale a terra. Con una pietra incise il petto e i piedi dell'animale. Dopodiché cominciò a scuoiarlo con movimenti secchi e precisi sotto gli occhi allibiti dei presenti. «Se avete un coltello, potete tagliarlo voi.»

«Ehi, ma chi diavolo sei?» chiese uno.

«Come ti chiami?» intervenne una donna osservando stupita l'abilità del bambino.

«Jorgos.»

«E che fai qui tutto solo? Stai all'accampamento?»

«No.»

«È di poche parole!» esclamò l'uomo che puzzava di nepente, poi scoppiò di nuovo a ridere. «Vedrai che alla città allora ti troverai bene.»

«Voi non ci andate?» domandò Jorgos.

«Su? Alla città? Non siamo mica pazzi. Ci vadano gli altri, a farsi ammazzare. Noi stiamo qui. Non si sta bene qui?»

«Non ho capito.»

«E che c'è da capire?» ribatté l'uomo e rise ancora, divertito dal comportamento strambo del bambino.

Jorgos all'improvviso si staccò dalla bestia. L'odore del

sangue e del pelo ispido aveva per un attimo confuso i suoi sensi. Avvertì una zaffata fredda, acida, di urina e febbre. Senza esitare, mollò l'animale e si allontanò rapidamente verso il bosco.

«Ehi, che c'è? Hai cambiato idea?» lo chiamò quello con la barba.

«L'avete fatto spaventare, che scemi» commentò una delle donne sghignazzando.

«Dài, torna qua!» urlò l'altra.

«Lascialo andare, abbiamo pure il maiale!» esclamò l'uomo e poi, rivolto a Jorgos che ormai era già lontano, «grazie bambino pazzo! Lo mangeremo alla tua salute.»

Jorgos conosceva quell'odore. Era l'odore della morte.

Chi aveva quel tanfo all'Inferno si indeboliva, poi non riusciva più a muoversi e moriva dopo poco, oppure qualcuno lo uccideva. Bisognava stare alla larga da quelle persone.

Nelle due ore successive iniziò a sentire la stanchezza. Non mangiava da troppo e aveva camminato a lungo, avrebbe dovuto fermarsi. Trovò una piccola sorgente, ma l'acqua che usciva era rossa e piena di fango. Il suo corpo diventò caldo, bollente. Gli odori ora lo confondevano, alterando le sue percezioni. Proseguì mentre il sole si abbassava nel cielo.

Le parole di Alec gli risuonarono nella testa: «Sei malato».

Io non mi ammalo, si disse, ma questo valeva per l'Inferno, forse Alec aveva ragione.

Ricominciò a salire verso l'interno dell'isola, ma non era più lucido, non sapeva cosa stava facendo. Un grande muro si parò di fronte a lui, lo ricordava, era quello che avevano costeggiato con l'hovercraft, prima di arrivare alla città. Non era in grado di seguire il suo fiuto, per cui si affidò alla memoria, quella strada lo avrebbe riportato al centro abitato, lì avrebbe trovato acqua e cibo. Giunto però alla porta udì di nuovo qualcosa, le urla, i morti gli consigliavano di non prendere quella strada.

Tornò indietro fino alla spiaggia, poi costeggiò l'isola fino alla scarpata da cui era sceso. Risalirla sarebbe stato facile in qualsiasi altra circostanza, ma ora era stanco e malato. Impiegò quasi un'ora ad arrivare in cima e, quando entrò in città, era allo stremo delle forze.

Non aveva idea di come ci fosse arrivato, né di quanto tempo avesse impiegato. Gli mancavano i riferimenti dell'Inferno. Sudava, aveva la gola secca e un sapore amaro in bocca.

All'improvviso, seduti su una scala davanti a una casa, comparvero alcuni ragazzi e ragazze con in mano degli oggetti. Erano tutti fermi e zitti. Non stavano giocando.

Jorgos si avvicinò.

«Ciao» fece una ragazza e sorrise.

«Ciao.»

«Ti sei perso?»

«Non lo so. Forse sì, devo tornare a...» rispose Jorgos, ma non riuscì a terminare la frase, perché non sapeva più dove stava andando. «Voi cosa state facendo?»

La ragazza rise. Gli altri si voltarono verso di lui, che indietreggiò di un passo. «Leggiamo.»

«Va bene» disse Jorgos. Sapeva cosa voleva dire leggere, ma era una di quelle cose di cui conosceva solo l'esistenza e non il senso.

«Puoi stare qui anche tu, se vuoi» gli propose un ragazzo.

Sentì qualcosa alle sue spalle.

«Ce l'hai!» urlò un bambino piombandogli addosso e dandogli una manata sul fianco.

Jorgos non fece in tempo a percepirne l'odore, con una mossa rapida lo scagliò violentemente al suolo e scattò indietro di qualche metro. Il bambino sbatté la testa e iniziò a urlare.

«Ehi, ma che fai?!» gridò uno dei ragazzi.

«Ma sei matto?» esclamò la ragazza. «Stava solo giocando!»

«Che succede?» domandò un uomo uscendo da una casa. Poi vide il bambino a terra. «Chi è stato?»

«Quello lì!» dissero in coro indicando Jorgos.

«Sei stato tu?»

Jorgos non rispose.

L'uomo allora gli andò incontro. «Allora, sei stato tu o no?»

«Certo che è stato lui» esclamò la ragazza.

L'uomo allungò una mano e lo afferrò per un braccio, ma Jorgos si divincolò e lo buttò a terra. Accorsero alcune persone, in due lo bloccarono contro il muro, ma anche stavolta Jorgos riuscì a liberarsi. Scappò via, sfondando la barriera di persone. Corse veloce e silenzioso, lasciandosi dietro le urla dei suoi inseguitori, finché non arrivò nella piazza dell'Osservatorio. A quel punto crollò a terra. Prima di perdere i sensi, un'immagine si materializzò nella sua mente, un ricordo composto da poche pennellate imprecise. Il passato per lui non aveva mai contato molto, perché la sua vita era sempre stata azione e istinto. Ma c'era qualcosa che non poteva dimenticare.

Il giorno in cui aveva visto Maureen cadere a terra all'Inferno, proprio come ora stava accadendo a lui. I suoi occhi profondi, la pelle scura e i capelli ricci, il corpo forte ed esile allo stesso tempo, le cui forme si intuivano attraverso la divisa da dannata ancora quasi intonsa. Jorgos non aveva avuto dubbi, quella ragazza sarebbe diventata un'amazzone.

Quella era stata la prima volta in cui il suo intuito lo aveva tradito.

# 7

Può la ricchezza cancellare il dolore? Secondo Maureen la risposta era affermativa.

Si svegliò con questo pensiero nella sua stanza all'interno della sontuosa villa del Paradiso, che adesso era la sua casa.

Una giovane cameriera entrò. «Buongiorno signorina.»

«Buongiorno» rispose lei, la voce ancora assonnata.

La ragazza raggiunse la parete dalla parte opposta rispetto alla porta e scostò le tende di seta dorata. La luce invase la camera. Nel riquadro della finestra di legno bianco e blu, il paesaggio si mostrò con la precisione statica di un quadro: la distesa di olivi, la statua di lucido acciaio dell'angelo con la spada che svettava alta sopra la collina, il mare azzurro e argento, il cielo terso.

Maureen si alzò, andò in bagno e aprì il rubinetto della doccia. Il vapore appannò i grandi specchi sopra i lavandini, depositandosi come rugiada sui petali di rose rosse sparsi ovunque.

Questa era la vita, pensava Maureen, e non poteva farci niente se al mondo c'erano persone che soffrivano e morivano, non poteva farci niente se esistevano un Paradiso ingiusto per i ricchi e un'Europa di miseria, dove vivevano milioni di disgraziati che avevano a malapena un tetto sotto cui dormire e un po' di cibo per sopravvivere.

Anche lei era stata una di loro.

Era rimasta orfana piccolissima. Nemmeno sapeva com'era stata la sua vita da bambina. I suoi ricordi partivano dall'età di sette, otto anni, quando aveva iniziato a cavarsela da sola assieme ai ragazzi di strada. Era stato più o meno in quel periodo che aveva conosciuto Alec, che poi sarebbe diventato il suo migliore amico.

Mentre si lavava i capelli con uno shampoo al profumo di vaniglia e cocco, si ritrovò ancora una volta a pensare a lui. Si chiese come avesse trascorso i suoi ultimi attimi di vita, cosa gli fosse passato per la mente nei pochi secondi prima di morire, quando le guardie lo avevano raggiunto nelle gallerie sotterranee di Dite. La notizia della morte di Alec e Maj era giunta il giorno dopo il suo arrivo in Paradiso; era stato Marvin stesso a riferirgliela, e da quel preciso istante per Maureen era cambiato tutto. Senza una famiglia, senza amici, senza nessuno, si era ritrovata sola al mondo.

Il suono di un campanello la distolse da quei pensieri, la colazione era pronta. Chiuse il rubinetto della doccia e si avvolse nell'accappatoio che le stringeva un po' sui fianchi. Aveva messo su qualche chilo da quando era in Paradiso, ma non le dava fastidio, la facevano sentire più viva e forte. Si vestì e scese al piano inferiore, attraversò la sala e uscì in terrazzo, dove Marvin la aspettava seduto a una tavola imbandita con frutta fresca, latte e dolci di ogni tipo.

«Buongiorno» la salutò andandole incontro e dandole un fugace bacio sulla guancia.

«Ciao» rispose lei.

Si era ormai abituata a considerare Marvin come il suo fidanzato e la cosa non le dispiaceva. Non avevano ancora dormito assieme, ognuno aveva la sua stanza, e così sarebbe stato fino al giorno del matrimonio. Lui era gentile e premuroso, e non le faceva pesare che quel rapporto fosse una messinscena. In fondo, che importanza aveva una bugia in un mondo che ti mente ogni giorno?

«Oggi andremo a Europa» disse Marvin. «Sarà una specie di visita ufficiale.»

«Va bene.»

«Ti aiuteranno a vestirti» le spiegò indicando due giovani lavoranti che attendevano in disparte che finissero la colazione.

«Perché? Posso fare da sola.»

«Dobbiamo essere come le statue. Dovrai sembrare una guerriera.»

«Un'amazzone?»

«Sì, insomma, con la tunica, le lance e tutto il resto.»

«Tu sarai come lui?»

Marvin si limitò ad annuire e Maureen pensò a Maj. La rivide con la divisa da amazzone, in quell'ultima ora che avevano trascorso assieme, quando lei, Alec, Guido e Jorgos avevano abbandonato Dite ed erano scesi nel condotto che avrebbe dovuto portarli fuori dall'Inferno. Per l'ennesima volta le parve di rivivere il momento in cui aveva capito che non ce l'avrebbero mai fatta, poco prima di consegnarsi alle guardie. Pensò che Alec e Guido avrebbero dovuto fare altrettanto, che se le avessero dato retta adesso sarebbero ancora vivi.

«Non pensare al passato» fece Marvin appoggiando la mano sulla sua. «Non conta più niente, ora hai una vita nuova.»

Maureen lo guardò, il suo viso pulito e giovane era così diverso da quello dei cittadini di Europa, come se fosse la vita a scolpire i lineamenti, e così chi abitava in Paradiso non potesse assomigliare a chi era cresciuto nei quartieri di Europa. «È proprio necessario?» chiese.

«Cosa?»

«Diventare loro.»

«È per il bene di tutti, loro ormai sono morti, non ci sono più. Puoi lasciar perdere questa storia, oppure viverla e trasformarla in un nuovo sogno per tutti i cittadini di Europa.»

Finirono di fare colazione in silenzio. Maureen assaporava la pace, l'agio e la ricchezza di quel luogo. Osservava il mare che si estendeva oltre la collina di olivi, annusava l'aria che profumava di erbe selvatiche e salsedine, pensando che avrebbe potuto rimanere lì giorni interi, senza fare nulla, senza sentire nient'altro che quel benessere. La morte doveva essere così, rifletté, un appagante silenzio dei sensi, forse perché per lei la vita era sempre stata associata al dolore.

Poi vide le due ragazze che la attendevano in piedi per accompagnarla in camera. Erano due giovani lavoranti, si chiese da che zona di Europa provenissero, se magari le avesse incontrate in passato, alla scuola occupata dove viveva, al mercato di Konema, vicino alla casa di Alec, o in chiesa, davanti alle immagini dell'Inferno.

«È ora di andare» disse Marvin.

Maureen si alzò subito e fece per rientrare in casa.

«Aspetta» la bloccò il ragazzo.

«Che c'è?» chiese lei senza voltarsi.

«Non sei più all'Inferno, sei in Paradiso, qui puoi essere felice.»

Maureen accennò un sorriso e si avviò verso la sua stanza seguita dalle ragazze.

In camera la attendeva una donna poco più grande di lei che stava finendo di sistemare la divisa da amazzone su un manichino di legno: i pantaloncini corti di jeans un po' sgualciti con qualche filo bianco che scappava dall'orlo, la maglietta larga e scura, gli alti stivali di cuoio nero, certamente troppo nuovi per essere quelli di una ragazza che aveva attraversato l'Inferno.

Un'ora più tardi Maureen e Marvin uscirono dal portone principale, scendendo assieme la scalinata di marmo. Davanti a loro si erano riunite diverse personalità del governo oligarchico, oltre ad amici del quartiere Paradiso in cui vivevano. Marvin le aveva presentato alcuni dei ragazzi che frequentava, ma Maureen faticava a ricordare volti e nomi. Con loro c'era il padre di Marvin, l'oligarca Kronous, un uomo alto e magro, i capelli brizzolati, la pelle scurita dal sole e gli occhi azzurri e profondi.

«Come stai, figliola?» le chiese l'oligarca, appoggiandole una mano sulla spalla e rivolgendole un sorriso educato.

«Bene, grazie.»

«Sono contento» disse lui, poi, notando lo sguardo sfuggente di Maureen che tradiva la sua tensione, le si avvicinò, in modo che nessun altro lo sentisse. «È il tuo primo incarico ufficiale, è normale essere un po' nervosi, vedrai che ci prenderai gusto. Immagina di nascere in questo momento. Sarà tutto più semplice.»

Maureen accennò prima un timido sorriso, poi scoprì i denti e sentì gli zigomi sollevarsi.

Un hovercraft li attendeva per portarli alla pista di atterraggio, subito fuori dal centro abitato dove c'era un piccolo jet.

Era lungo dieci metri, completamente nero, ma aveva il cerchio rosso con i raggi all'interno dipinto sulle fiancate e sulle ali.

«Hai mai volato su uno di questi?» chiese Kronous, ma la risposta era ovvia e scontata. Maureen si limitò a scuotere la testa. Da bambina, con Alec, aveva guardato mille volte gli aeroplani degli oligarchi sorvolare la città. Non le sembrava vero di essere lei, ora, sopra uno di quei velivoli.

Quando decollarono, avvertì un brivido di emozione e paura e le venne da ridere, non sapeva spiegare il motivo. Era una reazione nervosa incontrollata che le diede una sensazione strana, di distanza, di separazione tra ciò che poteva fare il suo corpo e ciò che corrispondeva al suo reale stato d'animo.

Il mezzo sorvolò un'area del blocco di Paradiso. In uno stretto tratto di terra, prima delle mura, c'erano basse costruzioni, come capanne, attorno a una piccola chiesetta di legno.

«È il quartiere dei lavoranti» fece Marvin indovinando il suo sguardo curioso.

«È qui che viveva?» Maureen non si riferiva mai ad Alec chiamandolo per nome, non l'aveva più fatto da quando aveva saputo della sua morte.

«Sì. È un bel posto. Non credi?»

«Non lo so.»

«Si sta bene qui, la gente a Europa è pronta a fare di tutto pur di venirci a lavorare.»

Maureen osservò le casupole circondate dalla vegetazione, i campi coltivati e il fiume che costeggiava le mura creando delle pozze in cui alcuni bambini facevano il bagno. Erano certamente più fortunati dei loro coetanei di Europa. Era meglio essere schiavi in Paradiso, che cittadini liberi a Europa.

Il jet superò le mura, oltre le quali si apriva un paesaggio che per Maureen era altrettanto insolito quanto la vista delle ville del Paradiso. Olivi selvatici, bassi cespugli e ampi prati di spighe dorate si inseguivano sulle colline fino al mare. Non c'era anima viva, solo, qua e là, lungo la costa, qualche hovercraft di vedetta.

«Allora, come ti senti?» domandò Kronous. «Com'è questa nuova vita? Meglio o peggio della vecchia?» L'uomo si aggiustò la giacca, sebbene fosse impeccabile, e poi guardò dritto davanti a sé. «Io dico sempre che la vita è una sola, ed è meglio essere ricchi che disgraziati. Ho forse torto, Marvin?»

«No, direi di no.»

«Trovami una sola persona che sostenga il contrario e ritiro tutto.»

Marvin sorrise e scosse appena la testa, divertito dall'insolito tono scherzoso del padre. Il suo ruolo gli imponeva un atteggiamento composto e formale che gli era diventato naturale come una seconda pelle, ma quando le circostanze lo consentivano sapeva essere disinvolto in maniera convincente.

Dopo un lungo tratto di mare aperto, il jet sorvolò di nuovo la terra. Sotto di loro c'era una vasta pianura coperta da una vegetazione rigogliosa e disordinata che si alternava alle rovine di vecchi centri abitati.

«Vola più basso» ordinò Kronous. «E rallenta, voglio mostrarle una cosa.»

Il pilota scese fino a trenta, quaranta metri dal suolo. Da quella distanza si vedevano anche le persone che si aggiravano tra le macerie, uomini e donne che camminavano ai bordi di strade dissestate.

Maureen fu colpita dalla vista di una larga strada soprae-levata su cui erano cresciuti gli alberi. «Dove siamo?» chiese.

«A sud di Europa, sono terre abbandonate da almeno un secolo, anche se in realtà ci vive ancora qualcuno. È una specie di lunga penisola, una terra meravigliosa, un tempo.»

«C'erano... delle strade, qui?» sussurrò lei senza riuscire a staccare gli occhi da quel paesaggio surreale.

«Delle strade?» ripeté Kronous, divertito da quella domanda. «C'era molto più. C'era un'intera popolazione che controllava il mondo, e aveva qui il suo centro politico, ma questo accadeva molto tempo prima che...»

Maureen si voltò verso di lui. Non ne aveva mai sentito parlare.

«La nostra civiltà è nata qui, la nostra cultura, quello che siamo. Soltanto pochi secoli fa qui c'era un popolo ricco, potente, ingegnoso.»

«E poi cos'è successo?» chiese Maureen mentre guardava i bambini che inseguivano il jet urlando e sbracciandosi.

«Hanno dimenticato che la storia va scritta ogni giorno. Quando smetti di farlo, il mondo si dimentica di te. Per questo, noi abbiamo una grande responsabilità.»

«Credevo che non ci vivesse più nessuno, qui» intervenne Marvin.

«Sono solo pochi villaggi, la maggior parte delle persone è andata a nord, oltre le Alpi.»

«Cosa sono le Alpi?» chiese Maureen.

«Quelle che hai di fronte.»

Maureen guardò dritto davanti a sé, oltre le teste dei due piloti, dove nel frattempo era comparsa una possente catena montuosa. Le vette erano coperte di ghiaccio. Non si vedeva la fine di quei rilievi, né ai lati, dove definivano un arco, né più a nord, dove le cime innevate si perdevano tra le nuvole.

«È una terra preziosa» continuò Kronous. «Qui sorgerà il nuovo Paradiso.»

«Ci sono molti cantieri qui?» chiese Marvin.

«Non sto parlando soltanto di nuovi quartieri. Qui costruiremo una città intera.» Si voltò verso il figlio. «E una grande città richiede una guida capace.»

Marvin scrutò il padre, non del tutto sicuro di aver compreso il senso delle sue parole.

«Prima, però, abbiamo bisogno di farvi conoscere al mondo» concluse Kronous, tornando ad appoggiarsi allo schienale del sedile, con un'espressione compiaciuta e soddisfatta sul volto.

Un'ora più tardi il jet stava sorvolando la periferia delle aree urbane di Europa. Le alte città grattacielo comparvero all'improvviso, emergendo dalla fitta nebbia grigia che schiacciava il centro abitato. Invece di dirigersi verso i quartieri residenziali, il jet virò a ovest e atterrò in una base militare. Lì si trasferirono su un elicottero e ripartirono subito.

Il velivolo prese quota per superare i tetti dei grattacieli, ma poi si abbassò di nuovo volando tra i palazzi e raggiungendo una delle arterie della città, la via monumentale dove sorgevano gli edifici governativi.

«Eccone una!» esclamò Marvin indicando un'impalcatura dalla quale sbucava la statua di un ragazzo a braccia aperte. Il mento era alto e fiero, la fronte leggermente corrugata spingeva lo sguardo lontano, verso il futuro. Indossava indumenti modesti: pantaloni, scarpe di cuoio, una camicia aperta sul petto.

«Che te ne pare?» chiese Kronous.

«Mi assomiglia» rispose Marvin compiaciuto.

Il padre gli poggiò una mano sulla spalla e la strinse. «Certo che ti assomiglia. Sei tu.»

In strada si erano radunate centinaia di persone. Con le teste rivolte verso l'alto assistevano all'arrivo della nuova coppia dell'Oligarchia. Quando l'elicottero atterrò al centro della piazza, la folla esplose in un'ovazione che sovrastò il rumore delle pale. Il primo a scendere fu Kronous, seguito da Marvin. Pochi secondi dopo Maureen si affacciò dal portellone del velivolo. Marvin le porse la mano in un gesto cavalleresco che lei accettò goffamente. Per qualche secondo calò il silenzio.

Un palco, coperto dalle bandiere dell'Oligarchia, era stato montato attorno alla statua. Marvin e Maureen ci salirono, accompagnati dagli sguardi attoniti e meravigliati della gente. Tutti attendevano un cenno, una parola.

Marvin guardò suo padre, poi il monumento dietro di sé, quindi fece qualche passo avanti e aprì le braccia. La piazza proruppe in un boato. A quel punto Maureen avanzò e sollevò la lancia da amazzone. Prima timidamente, poi con maggiore convinzione, agitandola sopra la testa e scatenando le urla della folla.

«Viva la nuova Oligarchia!» urlò Marvin.

Tutti urlavano e battevano le mani, i giornalisti e le televisioni si accalcavano attorno al palco, illuminandolo con centinaia di flash. Oltre le barriere di protezione, la popolazione di Europa spingeva contro le file di guardie. Una donna sollevò il proprio bambino di pochi mesi che piangeva, un gruppo di ragazzi aprì le braccia come aveva fatto Marvin, quel gesto sarebbe diventato il nuovo saluto dell'Oligarchia.

Maureen, tenendo la lancia in mano, avanzò di un passo e girò su se stessa in modo che tutti la vedessero. Gli uomini chiamavano il suo nome, le donne singhiozzavano, le ragazze la guardavano con occhi sognanti cercando in lei il sogno di un futuro migliore. Maureen si sentì potente, capì che le sue azioni da quel momento avrebbero potuto influenzare milioni di persone, spingerle a vivere secondo un principio, ad agire nel rispetto di regole che lei stessa poteva stabilire. Pensò che Alec, Maj e Guido erano morti e per lei, in fondo, non rimaneva altro destino se non questo. Il senso di onnipotenza si fuse con il suo dolore, le sembrò di stringere una spada senza impugnatura, ma poi la sofferenza scavò più a fondo nel suo animo ricongiungendosi a qualcosa che continuava a bruciare.

La morte non aveva cancellato ciò che aveva provato per Guido, il ricordo del giorno in cui avevano fatto l'amore, all'Inferno, quando, a un passo dalla morte, si era sentita viva per la prima volta.

# 8

Laura si svegliò nella sua abitazione alla periferia della Polis quando il sole era già alto. Attraverso la porta della camera da letto vide Filippo che stava scaldando dell'acqua nella stufa a legna accanto al camino. Doveva essere appena rientrato, perché aveva ancora addosso la mantella e il cappello impermeabile con le larghe tese stropicciate.

Laura si tirò a sedere, si stiracchiò e per un istante, come tutte le mattine, ripensò alla sua vita a Europa. Di giorno poi se ne dimenticava, ma rimaneva quel momento in cui si chiedeva cosa sarebbe successo se fosse rimasta nella casa del porto assieme a suo fratello. «Sei già tornato?» gli chiese uscendo dalla stanza.

«Il mare è troppo mosso, siamo tornati prima.»

Laura si sedette al tavolo di legno vicino alla finestra e guardò fuori. Le vie della Polis brulicavano di cittadini intenti nelle loro attività. Un carro trainato da due uomini trasportava le pelli alla conceria fuori dal centro abitato, mentre da una bottega uscivano donne e ragazzi con cesti di pane, il cui profumo aleggiava nell'aria.

Filippo versò l'acqua calda in una tazza e ci sbriciolò dentro una foglia di tè. «Sta arrivando troppa gente giù alla spiaggia, attireranno ancora i pirati.»

«Li avete visti?»

«Ci sono due navi, più a sud, ma sono lontane, e non hanno motivo di venire fin qui.»

«Ne avete parlato con Lando?»

«Sì.»

«Cos'ha detto?»

Filippo sollevò le sopracciglia e bevve un sorso dalla tazza, come se volesse prendere tempo prima di rispondere. «Vuole attaccare, vuole anticiparli.»

«Possiamo farlo» confermò Laura, che aveva colto il disappunto nel tono della sua voce.

«Sprecheremmo un sacco di armi e di energia, e non è escluso che poi vogliano vendicarsi, se tornano alla spiaggia...»

Filippo si sfilò gli stivali, poi si sedette sulla poltrona di fronte al camino. Sopra la sua testa, appesa al muro, c'era una foto che lo ritraeva assieme a Laura, in piedi sul ponte di una barca. Alle loro spalle c'erano un uomo e una donna, entrambi anziani. Filippo e Laura non avevano mai conosciuto i loro genitori, erano cresciuti con i nonni e, quando erano venuti a mancare, avevano deciso di abbandonare Europa in cerca di una terra libera. Nella sua vita da marinaio Filippo aveva visto villaggi, città, terre disabitate e isole selvagge, aveva conosciuto persone che parlavano lingue diverse dai dialetti di Europa e scoperto comunità ai confini dell'Oligarchia, che non sottostavano alle sue regole. Per questo avevano deciso di mettersi in viaggio, ma non si aspettavano di incontrare sulla loro strada un naufrago con un grande sogno e una meta ben precisa.

Era quasi completamente cieco quando lo avevano trovato su un'isola dell'arcipelago di cui faceva parte la montagna di quello che poi sarebbe diventato il Purgatorio. Era magro come un chiodo e disidratato, ma le sue idee erano ancora vive e forti.

«Cosa pensi di Alec?» domandò Filippo.

«Non sa niente, non sa dove si trova.»

«Che vuoi dire?»

«Lando non vuole rivelargli tutto subito.»

«Gli hai già chiesto qualcosa?»

«No» rispose secca Laura. «Ma gli parlerò, devo prima capire le loro intenzioni.» Poi si affacciò alla finestra e osservò la meridiana sulla casa di frontc. Era ora di uscire. «Devo andare, ci vediamo questa sera?»

«Ti raggiungo più tardi io, prima vado alla spiaggia, controllo la barca.»

«Va bene.»

«Aspetta» disse Filippo, fermandola sulla porta.

«Che c'è?» chiese Laura, notando una certa esitazione nella sua voce.

«Ho parlato con della gente, giù al mare, c'è chi sostiene che Alec e Maj dovrebbero fare il percorso.»

«Loro sono stati all'Inferno, non possono, non potevano...»

«Certo, ma la gente dice che adesso, però, dovrebbero farlo, come tutti. Lo sai anche tu che hanno ragione...»

Laura stava per ribattere, ma alla fine tenne per sé i propri pensieri. «Ne parlerò con Lando.»

«Perché ti fa così paura? È una cosa normale» la incalzò lui.

«Lo sai, il motivo.»

«Laura, non puoi giocare con le vite degli altri. Alec e Maj devono diventare cittadini della Polis.»

«Ho paura che poi non se ne vorranno più andare, e io ho bisogno di loro per tornare all'Inferno. Di Alec almeno.»

«E cosa mi dici del ragazzino, allora? Jorgos? Anche lui potrebbe aiutarti.»

«Non deve aiutare me, deve aiutare noi. O hai cambiato idea?»

Filippo scosse appena la testa e Laura a quel punto se ne andò troncando la conversazione.

Si diresse al pianterreno, dove c'era il bagno che condividevano con le quattro famiglie che abitavano nella loro casa. Era quadrato e diviso in due, una parte per gli uomini e una per le donne, ma a quell'ora non c'era quasi mai nessuno. Erano tutti a lavorare nei campi e nelle fattorie attorno al paese. Si lavò velocemente, si vestì e uscì.

Trovò Alec e Maj ad attenderla nell'ampio cortile di fronte all'Osservatorio. Erano passati appena tre giorni dal loro arrivo. Nei primi due erano stati quasi sempre nella loro camera, avevano bisogno di riposare, mangiare e bere. Inoltre entrambi avevano ferite che non si erano rimarginate completamente e che dovevano essere bendate e medicate.

«Come sta Jorgos?» domandò Laura.

«Meglio, ma ha ancora la febbre, va e viene» spiegò Alec. Quando lo avevano trovato privo di sensi ai margini della piazza, per un attimo avevano temuto che fosse morto. Non sapevano cosa gli fosse successo, ma dei cittadini avevano raccontato che aveva aggredito un bambino e poi era fuggito. A quel punto lo avevano messo a letto e lì era rimasto, immobile, limitandosi a bere acqua e brodo. Un dottore lo aveva visitato, dicendo che non aveva mai visto un corpo di quella tempra, i muscoli erano asciutti e duri, sembravano quelli di una capra.

«Quando starà meglio verrà anche lui» disse Laura. «Forza, andiamo.»

Per prima cosa li portò nei campi a est della montagna dove, su ripidi terrazzamenti, si trovavano le coltivazioni che rifornivano di frutta e verdura la città. Visitarono i pascoli di vacche e le fattorie in cui venivano allevati conigli, galline e maiali. Laura mostrò loro i laboratori degli artigiani, le concerie e le botteghe che realizzavano i colori per tingere le case e la malta.

Alec e Maj osservavano quella realtà con occhi stupiti e confusi. Ogni dettaglio pareva essere stato creato ad arte, con una cura maniacale. E gli ingranaggi di quella cittadina funzionavano alla perfezione.

«Come avete fatto?» chiese Alec senza riuscire a completare subito la domanda. «Come avete fatto a creare un posto simile?»

«Sembra assurdo solo perché vieni da Europa, ma in fondo è piuttosto semplice vivere in questo modo. Bisogna crederci, crederci tanto, questo sì, ma il premio è una vita felice, dove hai da mangiare, una casa, e non rischi che ti derubino o ti ammazzino a ogni angolo della strada.»

Alec ascoltò con attenzione quelle parole, che descrivevano in maniera sommaria ma esaustiva i principali problemi di Europa.

«Qui non sei schedato, sei libero di vivere la tua vita ed esprimere te stesso.»

Alec scosse piano la testa e sorrise. In lontananza udì il suono di campanacci accompagnato da versi animali, sembravano dei lamenti. Sulla mulattiera che stavano percorrendo, incrociarono un gruppo di ragazzi e ragazze un po' più giovani di loro, seguiti da un gregge di pecore. Laura li salutò e si scostò per lasciar passare gli animali, invitando Alec e Maj a fare altrettanto. Le pecore sfilarono compatte, le loro schiene formavano un tappeto uniforme dal quale si sollevava di tanto in tanto una testa, che guardava dritto davanti a sé per poi infilarsi nuovamente nel fiume di lana che scorreva nella strada sterrata.

«I ragazzi lavorano e studiano, ognuno qui ha diritto alla cultura, ma lavora anche nei campi o con gli animali.»

«E perché studiano, allora?» chiese Alec.

«Perché la cultura serve a tutti i cittadini, non ha uno scopo pratico.»

All'ora di pranzo si fermarono in una fattoria dove ricevettero pane e formaggio e poi si sedettero in un prato all'ombra di un grosso olivo.

«Quindi basta chiedere pane e formaggio e ti viene dato?» domandò Alec.

«Be', sì, più o meno.»

«Che significa più o meno?»

«Che se ne chiedi una cassa piena non va bene, ma se siete in tre e volete pane e formaggio per tre, be', che problema c'è?»

«Loro ne avranno di meno.»

«Se lo finiscono, lo chiederanno a qualcun altro.»

«Ma come può funzionare questo sistema?»

«È semplice, è perché non esiste il denaro» spiegò Laura porgendo a Maj un tozzo di pane e una fetta di formaggio. «Il motivo è questo. E se non c'è il denaro nessuno può vendere il formaggio, per cui è inutile accumularlo.»

Alec prese il suo cibo e cominciò a mangiare. Maj fece lo stesso. Il pane era morbido e ancora tiepido, mentre il formaggio era pastoso e saporito.

«È buono?» chiese Laura.

«Non ho mai mangiato niente di simile a Europa» ribatté Alec.

«Tu da dove vieni?» chiese Maj a quel punto.

«Da Europa. Il mio percorso però è stato più semplice, non sono dovuta passare dall'Inferno. Sono arrivata qui con mio fratello... e con tuo padre.»

«Con mio padre?» ripeté Alec stupito.

«Il Purgatorio è nato con noi, prima era un ammasso di rovine, palazzi antichi, resti di civiltà scomparse.»

«E adesso che cos'è?» intervenne Maj.

«Cos'è ora? Be', lo scoprirete presto. Lando vi mostrerà ogni cosa...»

Alec osservò l'espressione risoluta di Laura mentre pronunciava quelle parole enigmatiche. Avrebbe voluto sapere di più su quel luogo, sul tragitto che uomini e donne dell'accampamento dovevano fare per arrivare fin lì. Ma era chiaro che quella donna non voleva scavalcare suo padre e che avrebbe lasciato a lui le spiegazioni.

«Tuo fratello vive qui?» fece Maj.

«Viviamo assieme, lui fa il pescatore, come prima. A Europa lavorava al porto, partiva con i pescherecci la notte, spesso stava via anche per settimane. Eravamo soli, io e lui. Siamo cresciuti con i nostri nonni, e quando loro sono morti abbiamo deciso di partire, di cercare un nuovo posto in cui vivere. Certo, non immaginavamo niente di simile.»

«Cosa facevi a Europa?» domandò ancora Maj, che era molto incuriosita da Laura.

«Quello che faccio qui.»

«In che senso?»

«Be', la mia specialità erano i computer... diciamo che in questo posto sono sicuramente l'ultima persona che dovrebbe andare a mungere una mucca o a prendere le uova di una gallina.»

Maj e Alec si guardarono istintivamente attorno. Entrambi si erano chiesti come poteva essere utile un talento come il suo in quel contesto.

«Ho capito cosa state pensando, ma la città non è tutta qui» spiegò Laura. «Venite, vi mostro una cosa.»

Detto ciò si arrampicò sull'olivo. I rami erano grossi e nodosi e non fu difficile anche per Alec e Maj salire di qualche metro. Da quella posizione si scorgevano sia gli orti sia, in alto, le case in costruzione fuori delle mura. Più su, l'Osservatorio svettava solitario.

«Vedete là in fondo?» disse Laura indicando un terrazzamento da cui proveniva una luce abbagliante.

«Che cos'è?» chiese Alec.

«Un sistema che usa l'energia del sole per produrre energia elettrica.»

«Non ho visto elettricità in paese.»

«Perché non serve, serve solo all'Osservatorio, dove sto io. Vi porterò anche nel mio... piccolo rifugio, non ora però. Abbiamo ancora molte cose da fare.»

Saltò giù dall'albero e si avviò lungo il sentiero che costeggiava i muretti a secco degli orti attorno all'area edificata della Polis. Alec rimase indietro, seguì le due ragazze a distanza continuando a guardarsi attorno: osservava gli animali che pascolavano e i cittadini che lavoravano. Nella sua espressione era evidente la sete di sapere, nei suoi occhi spalancati il desiderio di comprendere una realtà che non aveva nemmeno mai sognato.

«Immagino che per te sia meno stupefacente tutto ciò» disse Laura rivolta a Maj. «Il Paradiso deve essere più bello di queste quattro baracche.»

«Il Paradiso è molto diverso» rispose la ragazza.

«E cos'è meglio?» domandò Laura senza riuscire a contenere l'ostilità che era affiorata nella sua voce.

«Non conosco ancora questo posto.»

«Ma conosci bene il Paradiso.»

«Perché mi stai attaccando?» le chiese Maj fermandosi di colpo.

«Scusami, non volevo. Ma non posso fare a meno di pensare che sei la figlia di un oligarca e che, se Europa è quello che è, è grazie anche a tuo padre.»

Il volto di Maj si oscurò.

«Mi spiace» disse Laura. «Ogni tanto non riesco a trattenere quello che penso...»

«Fa niente» replicò lei, ma con la voce incrinata e lo sguardo rivolto verso il passato, verso una vita che era stata interrotta all'improvviso. Laura conosceva bene la sua storia, l'aveva osservata da vicino grazie ai telegiornali di Europa, aveva visto le immagini che mostravano Maj nelle prigioni del porto di Europa, il suo sbarco sul vulcano, il giorno in cui era arrivata a Dite. Laura sapeva molte più cose di quanto Alec e Maj potessero credere, perché era in grado di vedere Europa, il Paradiso e l'Inferno attraverso gli schermi del laboratorio nel cuore dell'Osservatorio. Ma la violenza, le morti, il sangue le avevano saturato gli occhi formando una dura corteccia che proteggeva le sue emozioni.

«Avevo tanti amici a Europa» disse Laura, «e molti erano simpatici, altri dei veri fetenti. E i fetenti sono ancora lì, o fanno gli schiavi in Paradiso, mentre i migliori sono morti, oppure sono finiti all'Inferno.»

«Mi dispiace.»

«Be', non me la devo certo prendere con te...» disse Laura. Il tono della sua voce si era ammorbidito e adesso era velato da una leggera malinconia. «Ma è stata la giustizia dell'Oligarchia a creare questo mondo, e non posso dimenticare che tu vieni da lì.»

«Io vengo dall'Inferno» ribatté secca Maj. «Questo lo devi ricordare.»

Per il resto del tragitto, Laura e Maj non si rivolsero più la parola.

Laura li salutò di fronte all'ingresso della corte, da lì proseguì attraverso la Polis fino alla periferia meridionale, oltre i cantieri dell'area in costruzione, nei pressi delle mura che delimitavano l'ultima cornice del Purgatorio. Lando la aspettava lì, in piedi sopra una torretta, da solo.

«Com'è andata?» le domandò quando la sentì arrivare.

«Bene, credo, con Alec soprattutto, è molto colpito da tutto ciò che vede.»

«Bene, Maj invece?»

«Non lo so, mi pare più critica, forse è normale.»

«Credi che sappia qualcosa?»

«No, nulla, nessuno dei due immagina ciò che sta accadendo a Europa, ma ormai è questione di tempo. Gli ultimi cittadini che sono sbarcati hanno fatto in tempo a vedere ogni cosa, e soprattutto sanno della sua morte.»

Lando annuì aggrottando la fronte. «Ho paura della sua reazione. È una ragazza sensibile.»

«È vero, ma deve sapere che suo padre è morto. Del resto non sarà una notizia inaspettata.»

«Le parlerò. Dopo la festa della Polis, quando li avremo presentati ai cittadini. E tu mostrerai ad Alec l'Inferno ed Europa.»

Ai piedi delle mura intanto due uomini stavano camminando lentamente, uno zoppicava. Quando lo videro gli rivolsero un saluto con la mano.

«Non ti lascerò partire» concluse Lando, lo sguardo fisso verso il monte, quasi potesse vedere, il tono di voce più basso, come chi confida un segreto mal volentieri.

«Cosa intendi?»

«So della barca che nascondi sulla spiaggia. Ma non ti lascerò partire.»

Laura non provò nemmeno a mentire, tanto sarebbe stato inutile. Da mesi preparava quel viaggio, nonostante Lando fosse contrario. «Potrebbe fare la differenza, con quelle strumentazioni e quei file posso trasformare questo posto in un trasmettitore, potrò agganciare il satellite, da quel momento decideremo noi quale verità devono vedere i cittadini in televisione.»

«È troppo pericoloso, per mille ragioni, non si può andare e tornare dall'Inferno così.»

«Tuo figlio ci è riuscito.»

«C'è sempre un prezzo da pagare» disse Lando alludendo alla sua cecità. «Io non so ancora qual è il prezzo che dovrà pagare Alec, ma sono sicuro che ci sarà.»

# 9

Per festeggiare il fidanzamento ufficiale di Maureen e Marvin era stato organizzato un ricevimento in uno dei palazzi presidenziali di Europa.

In una grande sala era stata allestita una cena per le alte cariche del governo oligarchico. C'erano più di cento persone, governatori, generali dell'esercito con le famiglie, oltre naturalmente ai quattro oligarchi con il loro seguito, seduti attorno a tavoli rotondi riccamente apparecchiati con stoffe colorate e fiori. Il tavolo centrale era riservato alla coppia.

Marvin pensava che per Maureen questo fosse il modo migliore di lasciarsi finalmente alle spalle il passato e cominciare a vedere la sua nuova vita con occhi diversi. La verità era che lui per primo sentiva il bisogno di voltare pagina, di guardare avanti. In pochi mesi la sua esistenza era stata stravolta; da semplice ragazzo del Paradiso, si era ritrovato a ricoprire una carica importante. Il più giovane oligarca della storia di Europa, così dicevano i notiziari, la guida per il nuovo governo. In realtà, in quelle settimane, non gli pareva di aver fatto altro che recitare una parte di un copione già scritto: gli incontri ufficiali, le adunate nelle piazze, le feste nei quartieri Paradiso che avevano visitato. In quelle occasioni cerimoniose non gli era sfuggita qualche espressione sofferente di Maureen, simile all'aria malinconica che aveva la sera quando cenavano sulla terrazza di fronte al mare. Più volte aveva fantasticato su di lei, immaginando il momento in cui sarebbe diventata sua moglie, ma sapeva di non dover affrettare le cose.

«Mi versi ancora del vino?» chiese Maureen interrompendo i suoi pensieri.

«Non hai bevuto troppo?»

«È un problema?»

«No, non credo» rispose Marvin e si accinse a riempirle un'altra coppa che lei buttò giù d'un colpo, asciugandosi poi una goccia dalle labbra con il dito. Dopodiché fermò il cameriere e si fece servire un'ulteriore porzione di arrosto. Era sazia e la pancia le tirava il vestito, ma non riusciva a trattenersi di fronte a quell'abbondanza che le veniva offerta in continuazione. Per anni aveva sofferto la fame nei quartieri peggiori di Europa, aveva vissuto in una scuola occupata, dormendo sul pavimento di una vecchia torretta astronomica abbandonata, senza nessuno che potesse garantirle sicurezza, tranquillità, protezione. Le pareva di avere voglia di ogni cosa, nulla era abbastanza, e così l'eccesso che la circondava era appena sufficiente a placare la sua voracità.

Quando mangiava, sentiva che il cibo le donava una piacevole sensazione di appagamento e sonnolenza. Aveva iniziato anche a bere. Il vino era una bevanda eccezionale, molto meglio del nepente che aveva fumato qualche volta, perché ti permetteva di esagerare poco alla volta, mantenendo con chimica precisione un magico effetto di oblio.

«Tutto bene?» le chiese Marvin a fine cena, mentre lei stava mangiando il terzo dolce, una crema di uova, caramello e piccoli frutti rossi.

«Benissimo» rispose Maureen, con voce un po' incerta per via dell'alcol.

«Adesso siamo fidanzati» aggiunse e le poggiò una mano sul braccio in un gesto affettuoso. Lei percepì il calore della sua mano e le parve qualcosa di familiare. «Io non ti metterò fretta» disse Marvin, alludendo a qualcosa che era nell'aria da giorni. «Ci sono tante novità a cui ti devi abituare.»

«Per esempio?»

«Per esempio vivremo in una casa solo per noi, anche se gli impegni saranno tanti, non come ora ma, be', tutti si aspettano molto da noi, mio padre almeno.»

Maureen sollevò lo sguardo verso Kronous, che era seduto al tavolo accanto. L'oligarca colse subito quell'occhiata e sorrise, prendendo poi in mano il bicchiere e alzandosi in piedi con fare cerimonioso. Nella sala calò il silenzio.

«Facciamo un brindisi ai due fidanzati» disse girando la testa a destra e a sinistra per raccogliere il consenso dei presenti. «Che il loro amore duri per sempre, come la felicità per cui lotta quotidianamente l'Oligarchia. Le fiamme dell'Inferno temprano i giusti e puniscono i colpevoli, non scalfiscono i sentimenti più nobili nei quali noi tutti crediamo.»

A quelle parole seguì un lungo applauso. Marvin prese Maureen per mano e assieme si inchinarono lievemente verso gli invitati. Dopodiché la gente cominciò a congedarsi, e in meno di mezz'ora la sala si svuotò, nonostante qualche gruppo di giovani si attardasse attorno a un banco di alcolici e dolci.

«Sono stanca morta» disse Maureen, «quand'è che possiamo andare a dormire?»

«Vorrei salutare un po' di amici» rispose Marvin, «sono venuti qui per me, per noi, ci vorrà poco.»

«Vai avanti tu, ti raggiungo tra un attimo.»

Marvin le rivolse uno sguardo apprensivo, Maureen allungò stancamente un braccio verso la bottiglia dell'acqua al centro della tavola e si servì. Osservò Marvin che si allontanava e veniva accolto dai suoi amici che si congratulavano con lui dandogli grandi pacche sulla schiena, abbracci e sorrisi un po' ubriachi. Quella scena la convinse a fare un ultimo sforzo prima di ritirarsi.

Con fatica si alzò, le girava la testa. Fece due passi, aveva le gambe molli, come minimo avrebbe dovuto togliersi le scarpe con il tacco, ma sapeva che non era possibile. Il corpetto di cotone bianco e argento le graffiava i fianchi e la gonna troppo voluminosa le impediva movimenti naturali. Avrebbe voluto strapparsi i vestiti di dosso e infilare gli abiti della sua vecchia vita, i jeans logori, le magliette lise e le felpe con il cappuccio.

Fece un altro passo e si sentì svenire. Aveva bisogno di prendere una boccata d'aria. Così raggiunse rapidamente la finestra e la aprì, sperando di essersi mostrata disinvolta.

Guardò la strada, una delle arterie principali delle aree urbane di Europa. Pochi metri la separavano dall'asfalto che aveva calpestato centinaia di volte, eppure adesso la sua esistenza era totalmente diversa. Pensò che la vita era strana, nello stesso mondo le storie scivolavano le une sulle altre, quelle di infelicità e dolore si affiancavano ad altre di successo e gioia, senza mescolarsi tra loro, quasi che sofferenza e felicità fossero elementi incompatibili.

Persa in questi pensieri, non si accorse di ciò che stava accadendo nella via. Un ragazzo stava dipingendo qualcosa su un muro e un gruppo di guardie lo aveva subito bloccato e buttato a terra. Sulla parete era raffigurata una persona con le braccia aperte, proprio come la statua di Marvin, e accanto c'era scritto «Movimento».

Le sirene degli hovercraft e le urla del ragazzo attirarono altre persone. Marvin, assieme a qualche amico, andò verso di lei e si affacciò.

«Perché arrestano quel tipo?» chiese Maureen.

«Avrà fatto qualcosa, suppongo.»

«Stava disegnando una cosa sulla facciata, aveva scritto una parola e poi lo hanno immobilizzato.»

«Non vedo nessun disegno.»

Maureen tornò a guardare la via e si accorse che l'hovercraft era avanzato di alcuni metri, coprendo con la sua mole la scritta. La testa continuava a girarle, aveva bisogno di stendersi.

«Dài, andiamo via» disse Marvin e le prese la mano. «Ti porto in camera.»

«Ma non dobbiamo salutare?» domandò lei rendendosi conto subito dopo che nella sala in realtà erano rimasti in pochi. Doveva essersi persa qualche frammento della serata, ricordava a malapena il momento dei saluti, ma sapeva che questo era un altro degli effetti dell'alcol. A volte ti faceva dimenticare le cose senza una logica.

«Viva i fidanzati!» urlò qualcuno. Attorno a lui due ragazze in abiti da sera, scollati e provocanti, ridevano. Una batteva le mani, l'altra beveva a canna da una bottiglia. Maureen provò simpatia per loro e per gli altri invitati, poco prima erano impettiti con i loro genitori in uniforme militare, ora sembravano dei giovani qualsiasi. A parte i vestiti costosi e il vino pregiato, non erano diversi da lei, da loro. Immaginò che dovesse considerarli suoi amici, ma le sembrò in qualche modo di tradire Alec, così volse lo sguardo da un'altra parte e incrociò quello di Marvin.

«Andiamo?» le sussurrò. Lei si sforzò di sentire in quella parola la voce di Guido, tentò di scolpire sui suoi lineamenti morbidi gli spigoli di dolore che aveva conosciuto all'Inferno, decisa a ingannare se stessa, una volta per sempre.

Marvin la accompagnò in una grande camera, arredata con mobili antichi come non ne aveva mai visti. C'era un grosso letto a baldacchino, un armadio a tre ante riccamente intarsiate, uno specchio che occupava metà parete con una cornice dorata e dipinti, statue, tappeti. Il bagno era altrettanto sontuoso, decorato da piastrelle in maiolica rossa, bianca e blu, con rubinetti d'oro e argento e una volta mosaicata che raffigurava un cielo stellato.

«Io sono nella stanza accanto» le disse dalla soglia.

«Va bene.»

Si guardarono per alcuni secondi. Marvin le prese la mano e lei si sentì avvampare.

«Ciao, buona notte» la salutò dandole un bacio delicato sulla bocca. Rimase a osservarla per qualche secondo, come se volesse vedere l'effetto del suo gesto.

«Resta, se vuoi.»

Lui cercò nella sua espressione la conferma di quella proposta, ma il volto di Maureen era impenetrabile, la stanchezza e l'alcol mascheravano i suoi sentimenti. La baciò ancora e questa volta lei ricambiò senza convinzione, ma lui non ci diede peso e fece un passo dentro la stanza, costringendola a indietreggiare.

La porta si chiuse alle sue spalle senza far rumore. O forse, pensò Maureen, i suoi sensi erano ovattati e percepivano soltanto un'eco confusa di quel momento, il corpetto che si allentava sul seno, la gonna che scivolava piano sulle cosce, la stoffa ruvida dei calzoni di lui e le sue mani morbide che le stringevano i fianchi mentre si sdraiavano sul letto. Poi le parve di non sentire più niente, perché non era più lei la ragazza abbandonata tra le braccia del figlio dell'oligarca, era un'altra persona, e lei la stava osservando dall'esterno per capire cosa stava facendo, per capire perché si stava comportando in quel modo.

Quando la porta della camera si richiuse e Maureen rimase sola, per un attimo ebbe l'impressione di aver sognato. Rimase immobile sul letto per alcuni minuti, poi la testa cominciò a girarle sempre più forte, come se fosse sul ponte di una barca in mezzo al mare in tempesta. Si alzò di scatto e raggiunse il bagno appena in tempo. Vomitò tutto ciò che aveva mangiato e bevuto. E, mentre si liberava di quell'abbondanza, guardava ciò che erano diventati quei ricchi cibi e si chiese se non avrebbe fatto anche lei la stessa fine.

«Chi sono diventata?» si domandò osservandosi allo specchio e non riconoscendo la sua immagine.

Si infilò sotto la doccia.

Rimase mezz'ora sotto il getto d'acqua e solo quando chiuse il rubinetto udì delle voci. Per un istante temette che si trattasse di qualcuno all'interno della camera, poi capì che provenivano da quella accanto. Erano le voci di Marvin e di suo padre, ma c'era anche un uomo con loro. Maureen suppose che si trattasse di uno degli altri oligarchi. Non riusciva a sentire bene quello che dicevano, tuttavia le bastò appoggiare l'orecchio alla parete per udire chiaramente ogni parola.

«C'è un bambino con loro» stava dicendo Kronous.

«Come fanno a essere sicuri che siano loro? Chi li ha visti?»

«Ascolta, non ha importanza ora, sono riusciti a uscire, ce l'hanno fatta, ma questo non conta. Il problema è un altro, il problema è chi li ha fatti uscire e come. I due ragazzi in sé non sono un problema.»

«Dici di no? Guarda quello che sta succedendo qui, anche prima, quel tipo che dipingeva sul muro.»

«Sono un centinaio di disgraziati, non mi preoccupano più delle bande di briganti che infestano il porto.»

«Quelli sono dei tossici, questi hanno un ideale.»

«Anche noi abbiamo un ideale!»

Per qualche istante ci fu silenzio.

Poi fu di nuovo Kronous a parlare. «Li troveremo, e troveremo chi li ha aiutati. È solo questione di tempo.»

«Maureen crede che siano già morti» disse timidamente Marvin.

«Presto lo saranno sul serio.»

«Va bene» disse Marvin. «Chi è questo bambino?»

«È un ragazzino mezzo matto, abbiamo interrogato delle guardie, sembra che sia nato all'Inferno da qualche amazzone che poi è morta e l'ha mollato lì come una bestia. Non capisco perché se lo portano dietro.»

Maureen allontanò l'orecchio dal muro. Era ancora nuda, la pelle bagnata su cui però adesso l'impronta del corpo di Marvin bruciava come un marchio a fuoco. Provò vergogna e pena per quello che aveva fatto, mentre la scoperta che Alec e Maj erano vivi scavava una nicchia nel suo cervello, costringendola a riconsiderare ogni cosa.

Rapidamente si asciugò e indossò i suoi vecchi vestiti, che non aveva mai buttato via e ora sapeva anche il perché. Mezz'ora più tardi si inoltrò nel quartiere portuale lungo la via che costeggiava il mare. Probabilmente in futuro non avrebbe più avuto modo di sgattaiolare di notte per le vie di Europa, perciò aveva deciso che doveva approfittarne. Una volta raggiunta la casa che cercava, salì le scale e bussò con forza alla porta.

Un uomo le aprì e le puntò un fucile addosso.

«Marcus?» chiese Maureen.

«Chi lo vuole?»

«Un'amica di Alec.»

L'uomo la squadrò da capo a piedi. Poi guardò alle sue spalle. «Sei sola?»

«Sì.»

«Che vuoi?»

«Fammi entrare, ti prego.»

«Non so chi sei, né cosa vuoi. Non conosco nessun Alec.»

«Lo conosci invece, è tuo nipote, è lui che mi ha raccontato di te. Mi ha detto che sei quello che l'ha aiutato ad arrivare all'Inferno, mi ha detto della mappa.»

«E quando ti avrebbe riferito tutto ciò questo mio nipote?» domandò Marcus senza abbassare il fucile.

«All'Inferno. Ero con lui, e con Maj, prima che... Devi farmi entrare, so cose importanti, ma non credo che avrò un'altra occasione per parlarne e tu sei l'unica persona che conosco.

Se riusciranno a tornare qui, se tu... puoi metterti in contatto con loro. L'Oligarchia li sta cercando, probabilmente hanno già scoperto dove si trovano o comunque sanno che sono usciti dall'Inferno.»

Marcus allentò la stretta sul calcio del fucile e indietreggiò. Maureen ne approfittò per entrare e si chiuse la porta alle spalle.

«Ce l'hanno fatta?» chiese Marcus. Poi appoggiò il fucile e dalla tasca della giacca estrasse una pipa di legno. Con le pinze del camino prese un tizzone ardente e lo accostò al nepente, aspirando e soffiando una nuvola di fumo bianco nella stanza. «Raccontami quello che sai.»

# 10

Maj si svegliò nel cuore della notte piangendo e scattò in piedi. Era convinta di essere all'Inferno, per questo non riusciva a spiegarsi perché indossasse dei comodi pantaloni di cotone e una maglietta. Attese che la vista si abituasse all'oscurità e riconobbe la finestra della stanza che si affacciava sul terrazzo, a quel punto capì dov'era. I muscoli contratti si distesero appena, inspirò ed espirò più volte cercando di calmarsi e mettendo a fuoco uno dopo l'altro i dettagli della camera che in quei giorni era diventata la loro casa.

La luce della luna proiettava l'ombra del telaio della finestra lungo tutto il pavimento. Accanto a lei, sul materasso, Alec dormiva profondamente. Era sdraiato a pancia in su, con le braccia aperte. La sua vista le strappò un sorriso e la fece sentire al sicuro.

Tuttavia faticò a riaddormentarsi e si appisolò solo all'alba. Al suo risveglio ciò che vide cancellò per un istante il ricordo di quella notte agitata.

A terra, davanti al materasso, era stesa una tovaglia colorata con una ricca colazione. C'era frutta, pane, una brocca con dentro un liquido profumato e una tazza di latte. Alec era in ginocchio di fronte a lei e stava finendo di preparare ogni cosa. Non si era accorto che lei lo stava guardando.

«Buongiorno» disse Maj.

Lui alzò la testa e vide il suo sorriso disteso, l'aria ancora assonnata che rendeva il suo sguardo dolce e un po' infantile. «Ti ho preparato la colazione.»

«Dove hai trovato tutta questa roba?» Maj avanzò gattonando fino alla tovaglia, quindi si sedette a gambe incrociate. Alec si avvicinò e le diede un bacio sulla bocca, rimanendo attaccato alle sue labbra per qualche secondo, a occhi chiusi. Quando si allontanò, lei lo stava osservando, erano i suoi occhi luminosi adesso a sorridere. «Che sta succedendo?» gli chiese.

«Volevo sentire se avevi ancora quel profumo.»

«Quale?»

«Quello dei fiori. Quando ci siamo baciati, in Paradiso, sapevi di fiori.»

«E ora?» chiese Maj stringendosi nelle spalle. «Che dici? Considera che mi sono appena svegliata...»

Alec stette al gioco e annuì piano. «Sai ancora di fiori.»

«Altrimenti non mi avresti più voluta?»

«Ti vorrei anche se profumassi di cavolfiore.»

«Ma di fiori è meglio» ribatté Maj.

Alec rise, poi abbassò lo sguardo sul pavimento. «Volevo prepararti una colazione da Paradiso. Ti ricordi la prima volta che ci siamo visti?»

Maj non rispose e sorrise, non l'aveva certo dimenticata.

«Tu eri a casa, nella tua villa incredibile, stavi facendo colazione, io ero arrivato da due giorni. Ci avevano lasciato un giorno per sistemarci nel quartiere dei lavoranti, e io avevo tentato di immaginarmi per chi avrei lavorato. Nella mia testa mi figuravo i cittadini del Paradiso con la faccia da pesce idiota.»

«Come sono le facce da pesce idiota?»

«Non lo so, le guance gonfie e gli occhi un po' fuori dalle orbite, insomma, vi odiavo ancora prima di vedervi, anche se ero contento di essere lì, del lavoro, ero felice per mia sorella e per mia mamma. Poi ho visto te.» Lo sguardo di Alec sembrava inseguire quel ricordo. «Eri venuta a chiedere a mia sorella se voleva stare all'ombra, solo che Beth non parlava, e così poi ti eri rivolta a me.»

«Ero curiosa» fece Maj. «Tu eri proprio diverso dai ragazzi del Paradiso, ma non eri nemmeno come gli altri lavoranti. Per questo mi hai subito attratto, ma hai avuto gioco facile.»

«Ah sì?» replicò Alec.

«Be', il lavorante prima di te puzzava e sputava tutto il tempo nel prato.»

«Quindi ho vinto a mani basse.»

«Finché ti lavi e non sputi continuerò ad amarti.»

Alec le porse il bicchiere di latte. Maj ne prese un sorso, era più cremoso di quello che conosceva, ma il suo sapore la riportò alla sua vecchia vita. Gli occhi le si velarono di lacrime.

«Che c'è?» chiese Alec.

«Perché mi fai ripensare al Paradiso? Non è un bel ricordo.»

Alec le strinse la mano.

«Mi manca mio padre, mia madre, le mie amiche, avevo delle amiche in fondo, una famiglia, mi chiedo cosa c'è ancora di quel mondo, mi chiedo se mio papà...»

Le lacrime cominciarono a rigarle le guance mentre i suoi pensieri andavano al padre. L'uomo che non le aveva detto di essere uno dei quattro oligarchi, l'uomo che le aveva nascosto la miseria di Europa e la brutalità dell'Inferno. Ma era suo padre, e lei gli voleva bene, e continuava a domandarsi se era veramente un carnefice, o se non fosse anche lui una vittima. Se all'Inferno avesse incontrato la morte, o se fosse riuscito a salvarsi. Erano quesiti che non la abbandonavano mai, ma si era abituata ad ascoltarli in solitudine, a conservarli in un angolo della sua mente perché sapeva che, per ora, non poteva farci niente. Non poteva andare a cercarlo. Non poteva tornare in Paradiso per parlare con la madre. Non poteva inseguire la sua vecchia vita, ma solo essere pronta a conoscere ciò che di nuovo il destino aveva in serbo per lei.

«Mi dispiace» si scusò Alec. «Sono stato sciocco a tirare in ballo queste cose...»

«No, invece sei stato dolce» si affrettò a dire Maj dandogli un bacio.

Per il resto della giornata non parlarono più di loro, del passato e del Paradiso, ma quel silenzio scopriva una ferita aperta che riguardava ciò che avevano dovuto lasciarsi alle spalle arrivando fin lì.

Laura li accompagnò di nuovo nei campi attorno alla città e mostrò loro i palazzi in costruzione in cui avrebbero potuto trasferirsi. Pranzarono in una mensa allestita nei pressi del cantiere, dove mangiavano anche gli operai, e poi scesero fino alla spiaggia per vedere il piccolo porto in cui erano attraccati i cinque pescherecci che ogni notte uscivano in mare.

Rientrando alla Polis nel tardo pomeriggio, Alec notò che all'ingresso del Purgatorio c'erano numerosi uomini armati e che, a distanza regolare fino alla cima della montagna, c'erano altri posti di blocco. Il primo giorno non ci aveva fatto caso.

«Come mai ci sono tutti questi soldati?» chiese Maj, che doveva aver pensato la stessa cosa.

«Non sono soldati» rispose Laura. «Servono a sorvegliare la strada. Nessuno può salire o scendere da qui, se non per questioni di lavoro, quindi solo i pescatori e gli uomini addetti alle perlustrazioni dei mari, per ragioni di sicurezza.»

«E se qualcuno vuol farsi un giro in spiaggia?» domandò Maj.

«Un giro in spiaggia?» ripeté Laura guardandola di traverso. «I giri in spiaggia si fanno in Paradiso.»

Quel giorno si era svolta una lunga assemblea nella piazza centrale, una delle tante con cui veniva amministrata la Polis. E Lando aveva deciso che quella era l'occasione giusta per presentare i nuovi arrivati ai cittadini, e per farlo aveva indetto una serata di festa.

«Siete pronti?» chiese Laura affacciandosi nella stanza di Alec e Maj. Poi attraversò il locale e aprì la porta-finestra che dava sul piccolo terrazzo. Alec e Maj la seguirono. «Guardate, la piazza si sta già riempiendo. La gente è curiosa.»

Centinaia di uomini si erano in effetti già radunati attorno all'Osservatorio. La maggior parte indossava semplici abiti di tela, con rinforzi di cuoio sul petto e le braccia. Ma c'era anche un gruppo vestito con l'uniforme delle guardie dell'Oligarchia. Alec li osservava dal terrazzo e si chiedeva quali fossero le loro storie, cosa li avesse portati fin lì. Molti dovevano essere disertori dell'esercito oligarchico.

«Lando vi aspetta nella corte» disse Laura e poi uscì.

Maj si mise la tenuta da amazzone, gli stivali, i pantaloni corti e la maglietta verde, su cui non c'erano più tracce di sangue, terra e salsedine, erano stati lavati e rattoppati. Anche il suo corpo ora, con la pelle liscia e lucente, i capelli raccolti in una morbida coda che lasciava libero qualche ciuffo sulla fronte e attorno al viso, non raccontava più la storia del viaggio all'Inferno. Alec indossò i pantaloni della divisa da condannato, unico ricordo dell'Inferno, sopra cui si infilò una camicia ruvida di tela bianca che si era procurato nella Polis. Poi entrambi uscirono nella corte dell'Osservatorio.

Una sirena risuonò e calò il silenzio. Lando salì sul piccolo palco montato per l'occasione e che serviva solamente a far sì che tutti potessero vederlo. Alec e Maj lo raggiunsero poco dopo, rimanendo però qualche metro alle sue spalle.

«Una buona giornata a tutti quanti» esordì parlando dentro una specie di megafono. La sua voce echeggiò attraverso quattro altoparlanti posti sulle pareti dell'Osservatorio.

Lungo il perimetro della piazza, fuori dalle case, la popolazione formava una cornice oltre la quale risaltavano i colori vivaci delle abitazioni.

«Sono passati tre anni da quando poggiai la prima pietra della Polis sulla cima di questa montagna. Eravamo poche decine di persone allora, in cerca di una terra nuova dove vivere liberi dai vincoli e dall'ingiustizia dell'Oligarchia. Ciò che ci unisce è quello in cui crediamo, una società più giusta, più libera, questo è il nostro obiettivo, l'obiettivo che ci ricordiamo ogni giorno. Ma sappiamo di vivere in tempi difficili, sappiamo che le nostre radici affondano nel dolore dell'Inferno e nella miseria di Europa. Non ci dimentichiamo da dove veniamo. Siamo soldati disertori, siamo cittadini di Europa che un giorno sono saliti sulla barca in cerca di un mondo diverso. Queste sono le nostre storie, e le dobbiamo sempre tenere a mente. Oggi siamo quasi duemila e ogni giorno, sulle nostre spiagge, arrivano nuovi pellegrini. Tra di loro, stavolta, c'è anche mio figlio.»

Come un'onda che si solleva lenta in mezzo ai sassi, un rumore ritmico e crescente cominciò a risuonare nella piazza. I soldati e i cittadini stavano battendo i pugni, colpendo tra loro le nocche.

Lando fece cenno ad Alec e Maj di avvicinarsi. Loro avanzarono piano. Alec sembrava più piccolo, più debole. Accanto a suo padre appariva poco più che un bambino.

«Questa sera festeggeremo» disse Lando. «Per Alec, per Maj, per la Polis e per noi stessi!»

Da cinque grandi bracieri si alzarono le fiamme e, mentre il sole calava sul mare e la luce azzurra del crepuscolo raffreddava i colori della città, il profumo della carne che arrostiva iniziò a diffondersi nell'aria.

La festa si prolungò fino a quando la luna piena sorse all'orizzonte illuminando d'argento le case e l'Osservatorio. Alec e Maj mangiarono e bevvero un tè leggermente alcolico che sapeva di spezie.

Seduti attorno ai fuochi, i cittadini della Polis si attardarono finché le fiamme non si spensero assieme ai ricordi di Europa, degli amici e dei parenti che vivevano ancora lì.

Erano rimasti anche Alec, Maj, Laura e Lando, oltre a un gruppetto di ex soldati brilli.

«Ho ancora molti amici a Europa che ogni giorno spero di veder arrivare qui» stava dicendo Laura.

«Non pensi mai di avvertirli?» domandò Alec. «Di far sapere loro che c'è questa possibilità?»

«I mari sono infestati di navi di pirati e, anche se siamo fuori dalle rotte dell'Oligarchia, c'è sempre il rischio che una qualche pattuglia possa trovare l'isola. Dobbiamo stare attenti a come ci muoviamo.»

«Com'è possibile che nessuno del governo sappia dell'esistenza di questo posto?» chiese Alec.

«Siamo uno dei tanti villaggi che ci sono fuori dal continente di Europa, una delle migliaia di terre emerse che occupano il globo, per l'Oligarchia siamo uguali agli altri.»

«Non capisco, quali altri?»

«Il pianeta è molto più grande di quello che ti fanno credere a Europa, ci sono altre popolazioni, ma alcune sono lontane centinaia di chilometri via mare, altre sono sconosciute. A Europa cresci ignorando la verità, perché loro vogliono convincerti che il mondo sia tutto lì.»

«Loro chi?» chiese Maj.

«Gli oligarchi» rispose Laura, rendendosi conto di come quel discorso li avesse portati a una questione ben più grave e che non poteva più essere rimandata.

«Voi come fate a sapere queste cose?» intervenne Alec, quasi con l'intenzione di cambiare argomento.

«Sappiamo questo e molto di più. Ci sono delle metropoli, alcune simili a Europa, altre peggiori, c'è anche uno Stato a Occidente, oltre l'oceano.»

Alec ascoltò quelle parole con crescente stupore. Fin da bambino, quando in chiesa guardava le riprese aeree dell'Inferno, si domandava quali altre terre, isole, montagne e città, potessero nascondersi oltre i confini di Europa. Aveva sempre immaginato che il mondo fosse più grande di quello che conosceva. Ora ne aveva la conferma.

«Vogliamo creare dei rapporti con altre popolazioni» intervenne Lando. «Ma dobbiamo essere prudenti.»

«E se qualcuno vuole tornare a Europa? Come fa?» chiese Alec.

«E perché qualcuno dovrebbe voler tornare?»

Alec si guardò attorno e pensò che in fondo suo padre aveva ragione. La Polis era una città libera, dove tutti erano uguali, nata in nome di un ideale comune, e non c'erano ingiustizie, né privilegi inutili. Era il Paradiso, ma senza i suoi abusi e le sue ipocrisie. Questa riflessione lo fece voltare istintivamente verso Maj, che guardava il fuoco con aria assorta, malinconica. «Ehi, tutto bene?» le domandò prendendole una mano.

«Sì, ma il passato ogni tanto mi viene a cercare» rispose Maj, «stavo pensando a mio padre, a mia madre, alle persone che conoscevo in Paradiso. So che per voi sono tutti dei corrotti, ma c'erano anche ragazzi come me e te, che erano semplicemente miei amici.»

«Maj, non giudico né loro né nessun altro, mi sono innamorato di te quando eri un'ingiusta e corrotta ragazza del Paradiso, non siamo colpevoli del mondo in cui ci hanno fatto nascere.»

Maj gli sorrise riconoscente. Poi sbadigliò e si portò le mani al volto, stropicciandosi gli occhi. «Sono stanca, vorrei andare a dormire.»

«Vengo con te.»

«No, tu stai qui.»

Alec fissò Maj e poi suo padre. Desiderava parlare da solo con lui da quando era arrivato, ma non c'era ancora stata l'occasione. «Sei sicura che non ti dispiace?»

«Rimani pure, io sono proprio stanca.»

Alec seguì con lo sguardo Maj per qualche istante, finché le luci delle braci continuarono a illuminare la sua figura che si allontanava. Quando scomparve nel buio, lui si girò verso Lando, che già da qualche minuto lo stava osservando. «Che c'è?» chiese.

«È arrivato il momento di mostrarti il mondo in cui viviamo.»

# 11

Alec, Lando e Laura entrarono nell'Osservatorio attraverso un piccolo ingresso, una porta poco più alta di una persona. Da lì imboccarono una rampa di scale che girava attorno all'edificio fino alla cupola sulla cima. Lando camminava piano, la mano sempre appoggiata sulla spalla di Laura, ma il mento alto e l'espressione fiera nascondevano la sua cecità.

Sbucarono in un'ampia sala illuminata da una fredda luce bianca. Sulle pareti c'erano decine di fili elettrici e tubi. Al centro era sistemato un tavolo di legno con sopra tre monitor di almeno un metro per lato. Sotto, erano ammucchiati disordinatamente gli uni sugli altri scheletri di computer.

Laura schiacciò un tasto sull'unica grande tastiera. Un leggero ronzio si diffuse nel locale, assieme a una tenue luce azzurra. Sul primo schermo comparve l'immagine di una strada di Europa. Sul secondo, un'inquadratura del porto che sorgeva ai piedi del vulcano dell'Inferno. Sul terzo invece si vedeva una sontuosa villa del Paradiso.

«Da qui controlliamo ogni cosa» spiegò Lando. «Ci inseriamo nelle frequenze che utilizza l'Oligarchia, accediamo sia alle loro telecamere, sia ai loro terminali. Possiamo vedere tutto quello che fanno.»

Laura si sedette su una poltroncina davanti al tavolo, quindi digitò sulla tastiera finché non comparve sul monitor una grande strada di Europa dove sfilavano hovercraft e carri armati. Fece avanzare rapidamente il video fino a quando dai cordoni di persone che circondavano la parata non sbucò fuori un ragazzo. Alec riconobbe se stesso e si osservò mentre correva davanti ai soldati e bloccava il corteo aprendo le braccia.

«Alcune immagini le registriamo e le conserviamo» disse Lando. «Ho seguito ogni vostra mossa da qui, grazie a Laura. Ho tentato di vegliare su di voi. Sono stato io a farvi avere il permesso come lavoranti in Paradiso. Volevo che rimaneste lì, al sicuro, e sarebbe senz'altro andata così se tu... be', non ti devo raccontare io quello che è successo.»

«Sei stato tu a mandarci in Paradiso?»

«Certo. Sapevo che a Konema ti stavi mettendo nei guai, anche se non avevi altra scelta, ma i sistemi di sorveglianza dell'Oligarchia ti tenevano d'occhio, avevano già registrato diversi tuoi furti. C'era tutto ciò che serviva per sbatterti all'Inferno...»

Laura digitò di nuovo, stavolta comparve lo sbarco dalla nave dei dannati. Alec ricordò il momento in cui era sceso assieme agli altri, quando aveva visto davanti a sé il vulcano e la selva oscura. Ma adesso sul molo vide Maj. Sentì un brivido di terrore e gli sembrò di vivere con lei quell'attimo in cui non era presente. Fissò il suo sguardo impaurito, la testa che si muoveva velocemente a destra e sinistra, i lineamenti tirati e trasfigurati dalla paura.

«Mostragli quello che sta succedendo a Europa» disse Lando.

Sullo schermo apparve subito un vicolo stretto, buio, apparentemente senza alcuna importanza. Dal fondo spuntò una persona, si tolse lo zaino dalle spalle e lo avvicinò al muro. Poi cominciò a disegnare sull'intonaco scrostato una figura, che rappresentava un ragazzo con le braccia aperte. Il contorno era spesso e nero, l'interno bianco con pochi tratti a definire la fisionomia del volto.

«Sei molto importante, Alec» continuò Lando. «Quello che hai fatto ha lasciato un segno, a Europa è nato un movimento, parlano di te, anche se non tutti credono che si tratti di una storia vera. Ma sostengono comunque questa leggenda, si battono per farla vivere. Altri invece ti chiamano per nome, ma già adesso hai molti nomi, e il tuo gesto di ribellione circola in decine di versioni in tutta Europa.»

Alec ascoltò attonito quelle parole, mentre sullo schermo scorreva un nuovo video: un altro ragazzo arrampicato su un tetto che dipingeva l'immagine di Alec con le braccia aperte. Il giovane si fermava di colpo però, dopo aver realizzato solamente la testa e un braccio, e cadeva a terra rotolando giù fino a scomparire dall'inquadratura.

«Che è successo? Perché è caduto?» chiese Alec.

«Perché gli hanno sparato» rispose Laura. «La telecamera non lo riprende, ma in strada ci deve essere una pattuglia. Naturalmente l'Oligarchia non è contenta di questa situazione.»

Il video si interruppe e lo schermo rimase buio per qualche secondo.

«Non so se ti rendi conto di quello che sta succedendo.»

«Perché lo fanno? Perché mi disegnano?»

«Perché sei diventato un simbolo. Dal tuo gesto pacifico di ribellione al potere può nascere una rivoluzione. Avrai tempo per capire queste immagini, per renderti conto della tua responsabilità.»

Laura armeggiò sulla tastiera e i tre schermi si divisero in quattro riquadri. Ognuno mostrava l'Inferno. Era buio, i dannati si distinguevano solo per un piccolo puntino luminoso che si muoveva assieme a loro.

«È il sistema di identificazione che usano le telecamere di sorveglianza dell'Inferno» spiegò Laura. «Il microchip sul petto viene decifrato e il suo segnale trasformato in un punto di luce sullo schermo.»

Poi su un monitor comparve una ripresa di una strada deserta: c'erano le carcasse degli alti grattacieli anneriti dalle fiamme, le macerie e gli alberi che sbucavano dall'asfalto. Ai lati della via, decine di cadaveri. Cerberi, centauri, uomini e donne giacevano assieme buttati l'uno sopra l'altro.

«Cosa sono?» domandò Alec.

«Quando ve ne siete andati, l'Oligarchia ha distrutto Dite» disse Laura. «Ma amazzoni e anarchici si sono riorganizzati.» Fece partire un filmato molto breve che era stato registrato da un velivolo. «È una ripresa da un elicottero, è del giorno successivo alla vostra fuga» spiegò.

Il video mostrava il palazzo delle amazzoni, si vedeva il grande fuoco che ardeva sul tetto e più giù, in strada, le barricate presidiate dagli anarchici e dalle amazzoni.

Lando poggiò una mano sulla spalla di Alec. «È un miracolo che tu sia qui» affermò con voce roca e profonda. «È un miracolo che siate arrivati fino qui.»

Poi si diresse verso la porta, mentre Laura spegneva gli schermi.

«Aspettate» disse Alec. «Vorrei... vorrei vedere ancora.»

Lando e Laura sembravano aspettarsi quella domanda.

«Rimani tu qui» fece Lando rivolto alla donna. «Mostragli ciò che vuole, io è meglio che vada, le forze mi stanno abbandonando.»

«Ce la fai da solo?» chiese Laura e Alec sentì nel tono della sua voce la gentilezza che si usa con gli anziani. Per un attimo intravide nel padre un uomo vecchio e malato e gli parve strano pensare che, dopo tutto quello che aveva fatto, ora avesse bisogno di aiuto per andare nella sua camera.

«Ce la faccio» rispose lui. «Non mi servono gli occhi per queste poche strade che conosco a memoria.» Poi raggiunse la porta, dove si fermò un secondo di spalle. «Non perderti nelle immagini, è fin troppo facile.»

«Perché me lo dici?»

«Perché l'Inferno è nato per questo, per fare paura, per essere una minaccia. L'orrore sbandierato in tutte le chiese, dalle televisioni, era questo il piano dell'Oligarchia. Non trasformare i tuoi occhi in quelli del potere.»

Detto ciò imboccò le scale e scomparve nel buio della rampa. Alec rimase a guardare il rettangolo scuro incorniciato dalla porta aperta. Poi tornò a fissare gli schermi.

«È meglio che ascolti il consiglio di tuo padre» disse Laura.

«Non è quello che fai tu, mi pare» ribatté Alec, senza l'intenzione di attaccarla.

«Già, è vero» fece tranquillamente lei digitando un nuovo codice sulla tastiera. Sul monitor si materializzarono quattro riquadri con diverse riprese dell'Inferno. Il contrappasso dei lussuriosi, con le turbine che soffiavano forti raffiche di vento;

Alec ricordava ancora quando, assieme a Guido, era stato travolto dalla bufera. In un altro si vedeva un cerbero in gabbia, il muso schiacciato contro le sbarre, le spalle grosse e gonfie che sostenevano la testa, troppo piccola rispetto al corpo della stazza di un cavallo.

«Cosa vuoi vedere?» chiese Laura. Il suo atteggiamento era cambiato da quando Lando se ne era andato. Sembrava più rilassata, a suo agio.

«Non cose che ho già visto» rispose Alec alludendo a quelle immagini per lui drammaticamente familiari. «Cos'è quello?» domandò subito dopo, distratto da un altro schermo. Era un video girato di notte con i raggi infrarossi, delle sagome umane correvano attraverso una specie di tunnel, mentre da terra si sollevava una fitta nebbia che avrebbe potuto essere anche fumo, ma non era chiaro.

«Ah, questo» disse Laura titubante. Poi cliccò un tasto che fece scomparire l'immagine. «È il percorso.»

«Quello era il percorso?»

«Sì, una delle tappe della salita sulla montagna.»

«Quindi avete delle telecamere anche lì?»

«Sarebbe sciocco non averle, visto che disponiamo della tecnologia necessaria. Comunque, sono solo pochi frame, ci servono per controllare che non ci siano intrusi.»

«Fammene vedere delle altre, ci sono?»

«Sì, ma non so se...»

«Cosa?»

«È meglio che prima parli con tuo padre.»

Alec si stupì di quella improvvisa reticenza, ma la sua attenzione fu subito catturata da una fila di icone in basso, sotto il riquadro dove un attimo prima aveva visto un frammento del Purgatorio. «Sono quelle?» domandò. Ce n'erano almeno venti, piccoli quadrati di due centimetri per due, che erano tuttavia sufficienti a intuire qualcosa. «Fammi vedere questa» disse indicandone una.

L'icona si ingrandì sullo schermo. C'erano degli uomini armati che scortavano i pellegrini lungo un muro.

«Avete molte armi?»

«Per forza.»

Alec ne volle vedere un'altra. Nel riquadro apparve questa volta un fiume in piena. Era un'immagine sgranata, ma si distinguevano le sagome di uomini e donne aggrappati alle rocce per non essere trascinati via dalla corrente.

«Basta» fece Laura spegnendo lo schermo. «Non dovrei farti vedere queste cose.»

«Perché no?»

«Perché voi non avete fatto il percorso dei pellegrini. E non lo farete. Ma tuo padre ti mostrerà la montagna.»

Alec non protestò, sentiva che Laura nutriva allo stesso tempo timore e rispetto nei confronti di suo padre, e capì che Lando probabilmente non sarebbe stato d'accordo. «Com'è?» le chiese.

«Non si può descrivere con le parole, e nemmeno con le immagini. Bisogna viverlo.»

Alec meditò su quello che gli era stato detto, ed ebbe conferma di quanto pensava, Laura non gli avrebbe rivelato niente di più sul Purgatorio. Così tornò a guardare l'ultima inquadratura del precedente video di Dite. L'elicottero doveva aver interrotto la ripresa poco prima di abbandonare il sesto cerchio, per cui si vedevano i grandi prati che circondavano la città, fino alle mura su cui erano assiepate centinaia di arpie. Lì scorreva il fiume dove loro avevano trovato il varco segreto tra l'alto e il basso Inferno, il punto in cui Guido era morto precipitando nel settimo cerchio.

Il tunnel non era ancora stato ricostruito.

«Quello era il passaggio» disse Laura e ingrandì l'immagine fino a quando fu possibile vedere un grosso hovercraft di guardia sul fiume. Poi digitò qualcosa e la ripresa cambiò di colpo. C'erano il tunnel e il fiume che sprofondava sottoterra, ma l'immagine era molto più nitida.

«Cosa hai fatto?» chiese Alec.

«Questa è la telecamera dell'hovercraft» spiegò lei.

Alec osservò la voragine che si era aperta nel terreno. La luce creava un cono giallo che si insinuava nel settimo cerchio. Provò a immaginare la caduta di Guido, il corpo che precipitava per decine di metri. «Cosa c'è sotto?» domandò.

Lei zoomò ancora: si distinguevano delle ombre sulla riva del corso d'acqua, alcuni dannati guardavano le truppe oligarchiche che riparavano lo squarcio tra l'alto e il basso Inferno.

«Puoi ingrandire di più?» chiese Alec.

Laura lo scrutò un po' stranita. L'immagine si sgranò diventando sfocata e scura. C'era anche un corpo, steso a terra. Era abbracciato a una roccia, immobile. Alec si avvicinò allo schermo. Le palpebre erano sollevate, la posizione faceva supporre che fosse sveglio, quindi vivo.

Anche un occhio attento avrebbe potuto non accorgersene, ma non quello di un amico.

«Guido» sussurrò Alec. Poi si alzò in piedi, doveva andare da Maj, e parlarle subito. Anche lei doveva vedere.

Risalì le scale di corsa fino al cortile e poi su, al secondo piano, ma quando aprì la porta della stanza scoprì che Maj non c'era.

# 12

Guido si svegliò all'improvviso. Qualcuno lo stava scuotendo.

Erano ormai passati diversi giorni da quando era precipitato nel settimo cerchio, e ancora adesso il suo primo pensiero al risveglio era quel volo, quella caduta che lo aveva quasi ucciso.

Quando il terreno gli aveva ceduto sotto i piedi, era precipitato. La morte si era materializzata nella sua mente immediata, precisa. Stai per morire, è finita, è così, non c'è niente da aggiungere, niente da fare, si era detto, prima dell'impatto con la superficie calda del Flegetonte.

Nel momento in cui aveva aperto gli occhi sott'acqua aveva capito di essere ancora vivo, l'istinto di sopravvivenza era stato più forte. Con poche vigorose bracciate aveva nuotato fino a riva.

«Uccidilo, prima» disse una voce gracchiante.

«No, portiamolo via vivo.»

Guido riuscì a mettere a fuoco la realtà attorno a lui. C'erano tre uomini, stavano cercando di togliergli i vestiti. Scattò in piedi sentendo i muscoli doloranti e urlò.

Un uomo lo spinse con forza facendolo cadere di nuovo a terra. Guido tastò il terreno finché la sua mano non si strinse attorno a un sasso. Ferì subito lo sconosciuto più vicino centrandogli in pieno la tempia e facendolo cadere in ginocchio.

Poi scattò ancora in piedi e si avventò con foga sugli altri menando colpi a destra e a sinistra, fino a quando uno dei due corse via e l'altro si allontanò zoppicando.

Inspirò con forza sentendo una fitta allo sterno, nella caduta si era incrinato le costole. Il fiume scorreva placido a qualche metro da lui, l'acqua era scura e rossastra, e una sottile coltre di vapore lambiva le coste e i massi lungo la riva.

Alzò la testa studiando l'alto tetto di pietra su cui si rifletteva una luce gialla e arancione. In lontananza si intravedeva un bagliore che rischiarava una parete. In quel punto la montagna sembrava bucata, come se un'enorme cavità avesse scavato la costa del vulcano. L'aria più fredda che arrivava a tratti, sospinta da deboli folate di vento, faceva pensare che da qualche parte la copertura di roccia del settimo cerchio si interrompesse per far filtrare quel poco di luce e ossigeno che bastava alla sopravvivenza dei dannati.

Udì dei passi alle sue spalle, e voci di uomini che parlavano una lingua incomprensibile, mischiando parole dal suono umano a versi bestiali, in una cantilena sgraziata che cresceva improvvisamente di volume per ridursi poi a grotteschi sussurri.

Due ombre si allungarono dietro a una roccia, precedendo di pochi secondi le forme possenti di due centauri. Il corpo da cavallo avanzava con ritmo lento, preciso, in contrasto con il busto umano che si muoveva a scatti nervosi. I muscoli dell'addome si contraevano, mentre le teste dondolavano, la bocca stretta in un ghigno, gli occhi piccoli e strabici. Uno di loro teneva tra le braccia un cadavere.

Guido attese che quei mostri si fossero allontanati e poi cominciò a camminare sulla terra brulla, costeggiando il fiume.

Giunse ai piedi di un pendio che risaliva verso l'alto tetto di roccia. Lì la luce gialla era più forte e si riuscivano a distinguere gli ingressi di numerose caverne.

Da una uscì un gruppo di dannati che, avanzando compatto, si diresse verso il fiume. Parlavano piano, ma le loro voci erano rauche e profonde, sembravano emergere da quegli stessi antri.

Alla sua sinistra si apriva un burrone dal quale provenivano urla, echi indistinti, versi di animali, rumori di sassi che franavano. Scorse altre persone che si muovevano nelle tenebre.

Un uomo trascinava una barella di legno con sopra una donna che gridava, piangeva e sollevava i pugni verso il cielo di pietra.

Alcuni giovani, tra i quali riconobbe due ragazze, trascinavano parti di una grossa bestia. Quasi certamente un centauro, pensò Guido, e ne ebbe la conferma quando vide uno di loro reggere per i capelli la testa umana della creatura.

Si avvicinò cautamente. «Ehi, due braccia in più le volete?» chiese con il suo modo spiccio, che si era sviluppato ancor di più all'Inferno.

Un ragazzo si voltò verso di lui e lo squadrò. «Due braccia sì, non due bocche, cosa offri ora?»

«Cosa volete? Baratto bene.»

«Non portarci bestie, portaci medicine, acqua, qualche scatola, e stai con noi per due notti.» Detto ciò si rimise in cammino.

«Ehi!» lo chiamò ancora una volta Guido.

«Che vuoi?»

Lui esitò un istante, indeciso se porre o meno la domanda che gli era balenata in mente.

«Allora, che vuoi?» lo incalzò il dannato.

«Sto cercando un uomo.»

«Qua nessuno cerca nessuno.»

«Io sì. Si chiama Ivan, ha trent'anni circa, è qui da un paio di anni.»

«Non è con noi.»

«Lo conoscete?»

«In quale girone è?»

«Secondo.»

«Ti conviene stare alla larga da quella gente. Prendilo come un consiglio, non se ne danno tanti all'Inferno.»

«A chi potrei chiedere informazioni?»

«A uno del secondo girone.»

«Come ci arrivo?»

«Vai giù di là» fece l'uomo indicando il burrone. «Ma non tornare qui con uno di loro.»

Guido si incamminò, scoprendo che il precipizio non era poi così profondo, quindici metri al massimo. Individuò un sentiero che serpeggiava tra le rocce e cominciò a scendere. Incrociò diversi dannati, alcuni soli, altri in piccoli gruppi. Procedeva fissando dritto davanti a sé, come aveva imparato nel Limbo, perché, se avevi un'aria decisa, la gente credeva che stessi raggiungendo qualcuno o che qualcuno ti seguisse a poca distanza, e quindi era meglio lasciarti stare. Se invece tenevi lo sguardo basso significava che volevi fuggire e, se scoprivi il volto, poteva essere una scusa per uno scontro: un dannato solitario è sempre una buona preda.

Alla base del dirupo, iniziava il secondo girone. Il ringhio degli animali si fece più intenso, Guido sapeva che si trattava dei cani selvatici e delle arpie che occupavano il cerchio, ne vide alcune chiocciare in mucchio ai piedi di una roccia scolpita a forma di albero.

Due donne e un uomo erano inginocchiati sulla riva del fiume. In mezzo a loro c'erano delle scatole di cartone e dei barattoli di latta aperti. Mangiavano con foga, riempiendosi le mani e masticando a bocca aperta, recuperando persino da terra il cibo.

«Sto cercando una persona» disse rivolto a loro. «Si chiama Ivan, è in questo girone.»

L'uomo lo guardò con la coda dell'occhio senza smettere di rimpinzarsi. Sembrava un cane randagio tra i rifiuti.

«Lo conoscete? Ha trent'anni, pelle chiara, molto magro, alto.»

Il dannato sollevò il braccio puntando il dito in una direzione, ma non disse niente.

«Devo andare di là?» domandò Guido. Si sentiva spavaldo come chi non ha nulla da perdere. «Cosa c'è da quella parte?»

All'improvviso l'uomo scattò in piedi e gli si fece sotto come una bestia che ha abbaiato a lungo per difendere la propria preda e alla fine si getta contro il nemico. «Cosa vuoi? Eh?» lo attaccò, i denti digrignati, il naso arricciato. «Che stai cercando?»

«Non cerco niente, solo un'indicazione.»

«Qua non se ne danno» ribatté l'uomo, con il volto deformato da una smorfia di odio e dolore. «Qui si sta e basta, altrimenti vattene, via via, adesso!»

Guido rimase in silenzio, senza indietreggiare. Avvertiva il fiato caldo e puzzolente del dannato, ma non abbassò lo sguardo. All'Inferno non bisognava mai mostrarsi deboli. Bisognava sempre gonfiare il petto, ostentare forza, superiorità, aggressività. Ricordava bene una delle prime cose che aveva imparato: se non vuoi correre pericoli, diventa tu stesso un pericolo.

«Lo conosci, o no questo Ivan?» chiese di nuovo. «Dove si nasconde la gente qui?»

L'uomo si acquattò tra le due donne, riprendendo a mangiare. Stava staccando e masticando avidamente dei pezzi di carne secca e bevendo il contenuto verdastro di una scatola di latta. «Più giù, lungo il fiume, ci sono delle tende.»

Per Guido quell'informazione era sufficiente. Almeno aveva una strada. Si incamminò nella direzione indicata, lasciandosi il fiume a sinistra e il dirupo che portava nel girone superiore a destra. Si fermò quando vide un rivolo d'acqua che scivolava tra le rocce. Ne seguì il corso arrampicandosi per alcuni metri fino al punto in cui il rigagnolo scorreva su un masso liscio, lì era più facile evitare di ingoiare sabbia e fango. Appoggiò la bocca direttamente sulla roccia e bevve, deglutendo piano. Poi si rimise in marcia.

Non gli ci volle molto per riconoscere gli accampamenti. Cumuli di pietra accatastati in mezzo al fiume creavano delle isole su cui erano montate delle tende. Si trattava di semplici capanne fatte con legno, terra, teli sporchi e qualche rara lamiera arrugginita come tetto.

Procedette lungo il torrente, finché si imbatté nel cadavere di un uomo, con il corpo sprofondato nell'acqua e il busto riverso sulla riva. Gli si avvicinò per assicurarsi che fosse morto davvero. Il volto era bianco e tumefatto e le mosche ricoprivano il sangue rappreso sulla fronte. Era morto, da almeno qualche ora. Entro pochi minuti la corrente se lo sarebbe portato via. O qualche altro dannato lo avrebbe trovato.

Guido non aveva molto tempo. Era l'occasione che cercava. Si guardò attorno, non c'era nessuno nelle vicinanze. Si inginocchiò accanto al cadavere e lo issò fuori dall'acqua, era rigido. Senza esitare prese una pietra affilata e gli aprì il petto all'altezza del cuore. Individuò subito il microchip, poco più grande di un chicco di riso. Affondò le dita nella carne lacerata e lo strappò. Poi ributtò il corpo nel fiume e scappò via, il cuore che gli batteva forte, le mani sporche di sangue che rischiavano di attirare arpie o cani selvatici. Si accucciò dietro una roccia per riprendere fiato e per calmarsi. Tra le dita stringeva l'anima. La guardò, era intatta, doveva fare in fretta però.

Si rimise in cammino finché non si trovò davanti la macchina del contrappasso. Era un cerchio formato da una decina di massi scolpiti a forma di tronco. I rami erano tubi di metallo che sbucavano dalla pietra e sopra i quali si appollaiavano le arpie. C'erano anche dei larghi fori quadrati, da cui provenivano versi di animali. In mezzo era posizionata la gabbia con le scatole di cibo per i dannati.

Si avvicinarono tre uomini, che si fermarono proprio al limite del cerchio, dove c'erano gli alberi. Uno dopo l'altro scattarono verso il centro, schivando le buche da cui spuntavano i musi dei cani selvatici che abbaiavano e digrignavano i denti, tentando di azzannarli. Uno scivolò, e la bestia gli fu subito addosso, trascinandolo dentro la fossa. Doveva essere profonda e popolata da più animali, perché le urla giunsero attutite e dopo pochi istanti non si udì più niente.

Gli altri due nel frattempo erano arrivati al cubo, dove il rilevatore elettronico aveva riconosciuto il microchip. Ne uscirono due scatole di cartone.

Le arpie si animarono solo in quel momento, sollevandosi dai loro trespoli e puntando il cibo. Un dannato lanciò loro degli stracci, su cui le bestie si avventarono: un diversivo per distrarle e intanto scappare.

Guido valutò attentamente la situazione, cercando di capire quante possibilità avesse di farcela. Se fosse caduto in una buca sarebbe morto sbranato dai cani. Ma l'attacco di un'arpia, era in grado di affrontarlo. Erano bestie goffe, ti piombavano addosso travolgendoti, ma una volta a terra rotolavano miseramente e impiegavano anche dieci o quindici secondi prima di spiccare il volo.

Si avvicinò al cerchio nel punto in cui aveva visto entrare i tre uomini. Le arpie intanto stavano tornando docili sui loro trespoli, quasi fossero ormai abituate a quel rituale. Le fosse con i cani selvatici erano numerose e alcuni passaggi stretti, si rischiava di perdere l'equilibrio. Il ritorno poi creava altrettanti problemi. Ma doveva provarci. Se fosse rimasto senza cibo e alleanze per ancora un paio di giorni, probabilmente sarebbe morto. Contò fino a tre.

Stava per scattare quando due mani lo afferrarono per le spalle e lo scaraventarono al suolo. Guido fece per rialzarsi, ma un pesante stivale gli schiacciava il petto, togliendogli il respiro.

«Chi sei tu? E che vuoi?» ringhiò l'uomo calpestandolo più forte.

«Non sono nessuno! Lasciami stare!»

Lo sconosciuto gli rifilò un calcio nel costato. Guido urlò di dolore.

«Che vuoi tu da me? Che ti ho fatto?»

Il dannato sputò a terra e corrugò la fronte, la bocca leggermente socchiusa mostrava le gengive rosse. «Cosa stai cercando? Perché vai in giro chiedendo di Ivan?»

«Che t'importa?»

L'uomo lo colpì di nuovo facendolo gridare. Guido si divincolò e riuscì a scivolare indietro.

«Dimmi perché lo stai cercando!» lo incalzò.

«Perché è mio fratello.»

«E tu chi saresti?»

«Mi chiamo Guido.»

«Non credo proprio. Guido non è qui, non è all'Inferno.»

«Ivan?»

I due si fissarono per pochi istanti. In quegli occhi Guido tentò di ritrovare il fratello maggiore, prima che il nepente lo rovinasse per sempre.

«Perché sei qui?» domandò Ivan freddo.

Guido non rispose. Ivan si voltò e fece per allontanarsi.

«Te ne vai un'altra volta?»

«No. Vieni con me, questo non è il posto giusto per parlare. Questo non è il posto giusto per niente.»

Ivan si mise in cammino in silenzio e senza guardare il fratello negli occhi. Guido lo seguì lungo il sentiero che costeggiava la riva, e sopra il pericolante ponticello di pietra che portava a uno degli isolotti. Lì c'era una capanna coperta da una lamiera arrugginita. All'interno trovarono un uomo e una donna, sembravano addormentati.

«Cosa ci fai qui?» chiese Ivan fermandosi sulla soglia.

Guido ripensò a quante volte aveva immaginato di raccontare al fratello, seduti attorno a un tavolo di Europa, il motivo per cui era stato condannato. Poi l'idea era sfumata, era chiaramente un'illusione.

«Mi hanno condannato.»

«Cos'hai fatto?»

«Ho salvato la vita a un uomo che ha tentato di suicidarsi» rispose e sentì la voce incrinarsi per il pianto e la rabbia. «Ma mi hanno arrestato, per tentato omicidio. Mi hanno spedito al Limbo perché ero ancora piccolo.»

Il ricordo riaffiorò nella memoria: quel giorno aveva salvato la vita al fratello, che poi però era stato arrestato dalle guardie dell'Oligarchia. Quando Guido era tornato a casa, aveva letto negli occhi dei genitori la consapevolezza che Ivan non sarebbe rientrato quella sera. Non potevano immaginare che la stessa notte anche il figlio minore sarebbe stato portato via.

Ivan non disse nulla, abbassò lo sguardo.

«Perché non ti sei ucciso qui?» chiese Guido, sentendo montare dentro di sé l'ira. «Qui non te lo impedisce nessuno, no? Anzi, mi sembra più facile morire che rimanere vivi. Ti sei preso gioco della tua famiglia, di me, che ero un bambino e non capivo. Ora però sono cresciuto, e me lo domando, che razza di uomo sei? Non vali niente, la tua vita non vale niente! Dovevo lasciarti morire come un cane!»

«Non ti ho chiesto io di salvarmi» ribatté piano Ivan, come se non gli importasse nemmeno replicare alle accuse del fratello.

«È questa la tua risposta? Ho visto la feccia peggiore all'Inferno, e nessuno meritava davvero di essere punito in questo modo orrendo, ma evidentemente qualcuno c'è» disse e poi fece per andarsene. Era arrabbiato, ma anche sollevato. Se doveva morire, era meglio farlo senza lasciare conti in sospeso.

«Non sono più quell'uomo» sussurrò Ivan.

«Come faccio a sapere che stai dicendo la verità?» chiese Guido senza voltarsi. «Come faccio a crederti?»

«Sono due anni che non tocco il nepente.»

Guido ebbe l'impressione che la voce del fratello si fosse scaldata, ma proprio mentre il principio di un'illusione si stava facendo strada nel suo animo, si ricordò delle mille promesse, di tutte le menzogne che aveva sentito da bambino, quando non sapeva distinguere l'entusiasmo di un uomo sano da quello falso di un tossico che si convince di avere la situazione sotto controllo.

«Quando sono arrivato qui avevo già deciso di uccidermi» continuò Ivan. «Poi ho visto il cerchio, e morire mi è sembrato troppo facile. Ho deciso di provare a vivere, non avevo nulla da perdere, tutt'al più mi sarei ucciso qualche giorno più tardi.» Ivan fece una pausa, guardò l'uomo e la donna che dormivano a terra e a Guido sembrò che fossero suoi amici. Gli parve una cosa positiva. A Europa Ivan non ne aveva, a furia di debiti si era fatto terra bruciata attorno, e alla fine c'era solo chi voleva fargli la pelle e perseguitava i loro genitori perché pagassero al suo posto. Per questo diceva che si voleva uccidere, glielo aveva confidato una notte, piangendo perché era in astinenza. Ma Guido non gli aveva creduto. «Sono passate le prime settimane, le più difficili perché avevo bisogno di una dose, poi ho trovato qualche alleato, non sono mai entrato in un gruppo, ma baratto con molti.»

«È la tua vita adesso?»

Ivan si lanciò un'occhiata attorno e accennò un sorriso amaro. «Lo sai, questa non è vita. Ma non ha senso affrettare ciò che è già stabilito. La morte, prima o poi, arriva comunque. Morirò qui, ho una condanna troppo lunga, ma voglio vivere ugualmente il tempo che mi rimane. Mi pento ogni giorno di come mi sono comportato, di quello che ho fatto a te, ai nostri genitori...» Sospirò e guardò il fratello che ascoltava impassibile.

«Perché ti penti solo ora? Perché non ti sei fermato prima?»

«Ero stupido» rispose Ivan con tono dimesso, laconico, come se non gli importasse davvero di essere ascoltato.

Guido lo scrutò con attenzione chiedendosi se fosse sincero, ma non riusciva a convincersi della sua redenzione, troppo spesso era stato deluso da lui. Tutte le volte che aveva giurato di aver smesso, puntualmente Ivan era tornato a casa fatto, anche ferito, perché era stato picchiato e non si ricordava nemmeno da chi. «Io me ne vado» disse Guido con sicurezza.

«Dove vuoi andare?»

«Non lo so, ma non ho intenzione di crepare all'Inferno.»

«Parli come se non sapessi che cos'è l'Inferno, è ovvio che morirai qui.»

«Ti sbagli. Goditi la tua agonia, io me ne vado» disse Guido e varcò la soglia. Si guardò attorno, indeciso sulla strada da prendere. Adesso non gli importava più di parlare con il fratello, non c'era nessuna possibilità di chiarimento, e il passato pesava come un macigno sul loro rapporto, forse sarebbe stato meglio continuare a crederlo morto. Non si può odiare un morto.

«Vai dove ti pare, buon viaggio» lo salutò Ivan.

Guido si voltò. Avrebbe voluto tirargli un pugno, saltargli addosso e prenderlo a calci. Era sempre stato un muro di gomma, non aveva mai dato retta a nessuno a Europa, troppo sicuro delle sue idee. In questo l'Inferno non lo aveva cambiato. «Sei qui da un po' di tempo, cosa sai di questo cerchio?»

«Cosa intendi?»

«Non c'è un modo per tornare nell'alto Inferno?»

«No.»

«Una strada per andarsene da qualche altra parte?»

«Dove vuoi andare?»

Guido scosse la testa, Ivan era sempre stato così: rispondeva alle domande con altre domande. Osservò l'espressione strafottente che gli era rimasta dipinta sul volto, come una vecchia maschera ormai sciupata, la stessa con cui era uscito di casa dicendogli: «Io vado ad ammazzarmi».

All'improvviso si decise a fare ciò che avrebbe dovuto fare quel giorno, se avesse avuto qualche anno in più. Gli mollò un pugno in piena faccia, facendolo cadere a terra. Un attimo dopo gli fu addosso e gli bloccò le braccia dietro la testa.

Ivan si divincolò tentando di colpirlo alla pancia, poi scivolò all'indietro tossendo e sputando. «Che vuoi da me? Non ti ho chiesto di salvarmi la vita, non ti ho chiesto di venire qui!»

«Tu mi hai mandato qui, bastardo!» urlò Guido e con un calcio lo spinse a terra. Ivan questa volta si alzò di scatto e gli si scagliò contro come una furia. Guido lo spinse via e lui crollò proprio accanto alle braci al centro della tenda. Poi gli si sedette sul petto stringendogli i polsi. Erano ossuti, suo fratello era poco più che uno scheletro. Quindi si staccò e indietreggiò.

Ivan lo guardò ansimante, la bocca contratta in una smorfia. «Una strada c'è» mormorò. «Ma non so dove porta.»

«È più che sufficiente.»

# 13

Maj era quasi giunta a destinazione quando vide una ragazza, che doveva avere all'incirca la sua età, con in braccio un neonato addormentato e per mano un bambino di tre o quattro anni. Il piccolo si faceva trascinare piagnucolando e la giovane faticava a tirarselo dietro cercando allo stesso tempo di non svegliare l'altro.

«Ti posso aiutare?» chiese Maj.

La ragazza si illuminò. «Oh sì, grazie» rispose sollevata. «Riesci a tenere lui?» e le porse immediatamente il neonato. «Abito proprio qui dietro» aggiunse. Poi guardò Maj incuriosita: «Ma tu sei... sei la ragazza...».

Maj annuì.

«Wow. Che onore. Ti vorrei fare mille domande, ma immagino che per questa sera tu ne abbia abbastanza. Comunque io sono Sonia. Guarda, sono giusto un centinaio di metri.»

Con i bambini in braccio, proseguirono lungo la via che si allontanava dalla piazza principale, svoltarono un paio di volte e infine sbucarono in un vicolo che separava due file di abitazioni.

«Eccoci» disse Sonia. Bussò piano alla porta e una donna anziana vestita di nero aprì. «Lei è mia mamma» disse la ragazza. «Grazie, Maj. Ce la fai a tornare indietro?»

«Sì, penso proprio di sì.»

«Esci dal vicolo, vai a destra, poi a sinistra e sempre dritto su fino alla piazza.»

La luna era stata da poco oscurata dalle nuvole, che avevano nascosto anche le stelle. Non c'erano luci a illuminare le vie o i portoni delle case, solo da qualche finestra filtrava il bagliore di un lumino o di una candela. Maj era veramente stanca, aveva bisogno di sdraiarsi e chiudere gli occhi. Stava camminando da qualche minuto quando ebbe l'impressione che la strada, invece che salire, avesse cominciato a scendere. Si guardò attorno cercando un punto di riferimento ma, nonostante i suoi occhi si fossero ormai abituati all'oscurità, non riusciva a orientarsi.

Continuò ad avanzare, avrebbe voluto chiedere a qualcuno, ma in giro non c'era anima viva. Si avvicinò a un'abitazione scoprendo che si trattava in realtà di un edificio in costruzione, circondato dalle impalcature di bambù. Era in un'area della città ancora disabitata. Capì di aver decisamente preso la direzione sbagliata, forse sarebbe bastato tornare indietro, ma in quella zona cumuli di pietre, assi e mucchi di sabbia nascondevano l'ordinato reticolato delle vie della Polis.

Sentì un brivido. Non era spaventata, non le sarebbe potuto accadere nulla in quel luogo perfetto, ma era la prima volta che si perdeva in una città. Il quartiere Paradiso in cui viveva era un quadrato di pochi chilometri per lato, lo conosceva a memoria.

A un tratto si trovò a costeggiare un muretto in pietra che dopo poco la costrinse a girare perché la strada finiva. Si rese conto che non era così semplice ritornare sui suoi passi.

La via cominciò a scendere e questa volta Maj iniziò ad avere paura, il suo intuito l'aveva tradita e non sapeva che direzione prendere. Si ritrovò a camminare su un prato umido in leggera pendenza, poco alla volta i muretti di pietra avevano lasciato il posto a un muro più alto in mattoni rossi.

Guardò in su: stava camminando in un bosco e non se n'era nemmeno accorta. L'agitazione e l'ansia si univano alla stanchezza rendendola impulsiva e poco lucida. Avanzava sempre più veloce, inseguendo la luce della luna che filtrava appena tra le fronde degli alberi. A un tratto inciampò e cadde. Cercò di rialzarsi, ma una fitta improvvisa al petto la paralizzò.

Rimase immobile, nel silenzio rotto solo dal suo respiro affannato. Si impose di stare calma, di ragionare, si disse che non correva alcun pericolo e che nella peggiore delle ipotesi avrebbe passato la notte fuori e con le prime luci dell'alba avrebbe ritrovato la strada. Si rimise in piedi, fece tre profondi respiri e si incamminò nel bosco accompagnata dal fruscio dei suoi passi.

Dopo alcuni minuti udì dei rumori. Forse c'era qualcuno, qualcuno a cui chiedere aiuto, ma subito i suoi pensieri la tradirono. Potevano essere animali, poteva essere un pericolo. Si ripeté che non aveva nulla da temere, che quella città era un luogo tranquillo, ma iniziava a dubitare di essere ancora dentro i confini di quel recinto protetto.

Si fermò. Altri fruscii, passi, sussurri. Erano persone. Ma come poteva essere sicura che fossero cittadini della Polis?

La paura si materializzò improvvisa, come una linfa ghiacciata che le attraversava le gambe e le braccia. Strinse i pugni, soffiò l'aria fuori dalla bocca producendo una piccola nuvola di vapore. I suoi occhi, ormai abituati all'oscurità, percepivano ombre, movimenti, sagome di rocce e cespugli che mostravano ora il profilo di un uomo, ora quello di un animale. Forse era tutto nella sua testa.

Il cuore prese a martellarle nel petto, risvegliando sensazioni ancora fresche ma sopite, le fiamme, la fuga, i cerberi e le arpie che la inseguivano, l'adrenalina che le scorreva nelle vene. L'Inferno pulsava dentro di lei.

D'un tratto due mani la afferrarono per le spalle tirandola indietro e facendola sbattere contro una parete.

«Chi sei?» sibilò una voce.

Maj tentò di divincolarsi, ma le mani la strinsero con più forza. Erano dure, sembravano fatte di solo scheletro.

«Stai ferma, non ti faccio male» continuò la voce sconosciuta con un tono per niente rassicurante.

Lei provò a urlare, ma si sentì tappare la bocca.

Poi il rumore di passi tutto attorno si moltiplicò.

«Chi sei?» sussurrò ancora la voce.

Maj si voltò di scatto, riuscendo finalmente a liberarsi da quella presa. Le mani però rimasero attaccate alla sua maglia, che si strappò sulle spalle e sul petto. Mentre indietreggiava, scivolò e cadde senza trovare subito la forza per rialzarsi, le gambe erano come immobilizzate. Si voltò per capire da dove provenissero i suoni e da che parte le conveniva fuggire.

Fu a quel punto che vide le sbarre, una griglia fatta con canne di bambù legate a squadra con delle corde, che correva in mezzo al bosco perdendosi nel buio. Al di là c'erano decine di persone che la stavano fissando. In molti si accalcavano contro i bambù, infilando le mani tra i riquadri come prigionieri.

«Ehi, c'è una ragazza!» mormorò qualcuno.

«È una cittadina, scemi!» esclamò una voce più giovane.

«Sei una cittadina?» chiese una donna.

Maj non rispose, respirava affannata, voleva correre via ma non ci riusciva.

«Arrivano!» urlarono. Le ombre si dileguarono in fretta.

Solo una persona rimase lì, attaccata alle sbarre. La luce tenue della luna le illuminava il volto sofferente, la testa leggermente inclinata di lato. «Non andare via» la pregò la donna, la sua voce era profonda e triste.

Maj la ignorò e si allontanò, ma dopo un istante cambiò idea e tornò sui suoi passi. La notte era ancora lunga e lei non sapeva dove si trovava. «Dove siamo?» domandò esitante.

«Tu, nella città.»

«Da che parte è la città?»

«Ti sei persa?»

«Dimmi solo come arrivare in città.»

«Ti ci porterei io stessa, ma non posso.»

«Perché?»

La donna sorrise amaramente e abbassò lo sguardo sulle sue mani che stringevano le sbarre. «L'uomo non cambia mai, è sempre uguale a se stesso.»

«Cosa significa?» chiese Maj, la voce strozzata dalla paura e ridotta a un sussurro.

«Non esiste nessuna nobiltà nell'animo umano, perché tutto ciò che dura è destinato a corrompersi. È per questo che a un certo punto moriamo.» La donna osservò Maj come se si aspettasse una risposta.

«Perché parli così? Chi sei?»

«Una poetessa. Lo ero almeno, prima, a Europa.»

«E poi cos'è successo?»

«Il tempo è la nostra condanna. Trasforma le migliori idee in freddi princìpi, i sentimenti più alti si raffreddano, l'amore che ci ha animato diventa possesso.» La voce della poetessa ricordava la melodia di un vecchio pianoforte un po' scordato.

Maj si guardò alle spalle, ora il bosco si mostrava in un'altra veste, la nebbia che si era sollevata dal terreno creava un tappeto di nuvole azzurre sopra le quali i tronchi degli alberi si innalzavano con i loro rami, simili a braccia di uomini che sbucano dal fango.

«Perché sei lì?» chiese Maj.

«Tu perché sei qui?»

«Stavo cercando... qualcosa, sono uscita dalla città ma... perché ci sono queste sbarre?»

«La prigione.»

«Questa è una prigione?»

«Loro non la chiamano così, ma è quello che è. Finisce qui chi non sta alle regole.»

«Nessuno ti obbliga a stare nella Polis.»

La donna non rispose, ma sorrise allusiva. «Vedo che non conosci ancora questo posto.»

«Ma tu perché sei in prigione, allora? Cosa hai fatto?»

«Volevo tornare indietro, a Europa.»

«A Europa? Perché?»

«Ti sembra strano? Fuggire dalla città schiava dell'Oligarchia per un nuovo mondo libero e poi decidere di tornare indietro... chi può essere così sciocco?» La donna alzò gli occhi al cielo e scosse piano la testa prima di continuare a parlare.

«Chi può esserlo?» chiese Maj. Non voleva essere provocatoria, ma quella domanda suonò alle sue stesse orecchie come un giudizio sprezzante.

«Volevo solo essere triste. Volevo il mio dolore, volevo poterlo raccontare... Vai via da qui, se puoi, vattene!»

«Perché c'è una prigione? Chi sono gli altri?» la incalzò Maj.

«Chi non è d'accordo con Lando» disse la poetessa con una rinnovata urgenza nella voce. «Chi vuole altre regole o se ne vuole andare, come me. E sì, certo, ci sono anche ladri, delinquenti, approfittatori, gente che è venuta qui sperando in un tornaconto personale... del resto, è una prigione, no?»

Maj non disse nulla, la sua mente stava cercando di elaborare rapidamente quelle informazioni, così lontane dall'idea che si era fatta della Polis.

Lo sguardo della donna si posò sul suo volto, sembrava che lo stesse leggendo. «Io conosco questo viso» sussurrò. «Ma non riesco a capire chi sei... hai sofferto molto, e sei molto cambiata.»

«Non mi conosci.»

«Hai percorso molta strada, ma non sei ancora arrivata, e forse nemmeno lo vuoi.»

«Cosa intendi?»

«Gli uomini sono sciocchi, fingono che il mondo sia un recinto per uccidere le proprie paure. Solo dentro confini sicuri esiste il potere. Ma tu non sei così, tu ormai sai che il mondo è infinito. Tu...» La sua espressione mutò all'improvviso, mostrando sorpresa e cordoglio assieme. «Tu sei Maj, la figlia dell'oligarca.»

Maj rimase immobile, ma il suo silenzio era più che una conferma.

«Sapevo della tua condanna all'Inferno, sapevo che... non credevo che saresti arrivata fin qui.»

«Non lo credevo nemmeno io. Non sono stata io a decidere la mia vita negli ultimi mesi.»

«Mi dispiace molto» disse la donna e allungò una mano verso Maj, che non si ritrasse. Quando avvertì il tocco morbido della poetessa, le parve di essere di fronte a una persona diversa, la faceva sentire compresa. Erano sensazioni strane, che non si aspettava di provare in quel momento. «Tuo padre per primo ha provato a uscire da quel recinto, e per questo ha pagato con la vita... un grande uomo, una grande ingiustizia.»

«Cosa stai dicendo?» domandò Maj ritraendo di scatto la mano. Sul suo viso si dipinse il terrore. «Mio padre non è morto.»

«Scusami, angelo mio» le rispose, accogliendo il suo dolore.

«Mio padre non è morto» ripeté Maj, e cominciò a respirare affannosamente, le mancava il fiato. «È all'Inferno, ma non è... cosa... cosa sai tu?»

«Io credevo che...»

«Non mi importa cosa credi! Dimmi quello che sai!»

Una luce abbagliante si accese nel bosco. Un cono giallo illuminò di colpo le sbarre proiettandovi sopra l'ombra di Maj.

«L'hanno ucciso, è stata un'esecuzione.»

«Come fai a... saperlo?»

«Scusami, scusami tanto.»

Delle torce nel frattempo si stavano avvicinando, c'erano diversi uomini, dovevano essere cittadini. Si voltò verso la donna, ma era scomparsa. Scappò via. Corse senza nemmeno guardare dove stesse andando, fortunatamente le nuvole nel frattempo si erano diradate. A un tratto intravide una radura, dove la luce della luna filtrava illuminando una roccia rossa che si innalzava da terra per alcuni metri. La raggiunse di corsa, ci si arrampicò sopra, si guardò attorno in cerca della città. Ma la città non si vedeva. C'era del fumo però che si sollevava da terra, e altre voci. Verso valle il bosco era interrotto da mura rosse che spuntavano appena sopra le chiome degli alberi.

«Chi è là?» urlò una voce.

Degli uomini si stavano avvicinando.

«È oltre la barriera!» gridò qualcuno. «È da questa parte.»

Maj capì che stavano parlando di lei.

«È armata? C'è qualcuno con lei?»

«Non lo so.»

Sentì il panico crescere e prima che la paura la paralizzasse cominciò a correre con tutte le forze che aveva in corpo, graffiandosi tra i cespugli, cadendo più volte e andando a sbattere contro rocce e tronchi. Quando uscì dal bosco era ferita, la maglietta sporca di sangue, il sapore salato delle lacrime che si mischiava a quello acre del terrore. In tutti quei giorni aveva continuato a credere e a sperare e, ogni volta che la speranza era venuta meno, si era imposta di non pensare.

Finalmente arrivò nella piazza centrale e si fermò a osservare le abitazioni colorate che la circondavano, l'Osservatorio, i bracieri dai quali si sollevava ancora l'odore della carne arrostita. Nell'aria si respirava la felicità leggera dei cittadini di quella Polis perfetta. Maj si sentì soffocare, le mancava il respiro, come se un'enorme cupola di vetro fosse calata sopra di lei. Poi la città scomparve, e rimase solo il suo dolore, un luogo fisico non diverso da una montagna, da un vulcano.

Il primo istinto fu quello di fuggire, di scappare il più lontano possibile, ma bastò un passo per scoprire che la sofferenza non l'avrebbe abbandonata in nessun luogo. Rimase immobile per qualche istante, mentre le lacrime le rigavano le guance. Dopodiché trasse un profondo respiro e corse via.

# 14

Per tutta la notte Alec aveva cercato Maj. Era tornato all'Osservatorio, e poi in piazza, aveva urlato il suo nome, alcune persone si erano affacciate alle finestre. In preda a un panico crescente era andato a chiamare suo padre. Lando aveva mandato tre squadre di uomini a cercarla, ma all'alba non avevano ancora ottenuto alcun risultato. Maj sembrava essersi volatilizzata senza lasciare traccia.

La Polis aveva appena iniziato a svegliarsi. Il pianto di un bambino, il rumore delle pentole, le imposte che si aprivano cigolando sui cardini annunciavano il principio di una nuova giornata.

Alec stava camminando oltre la zona dei cantieri, nel caso Maj per qualche ragione avesse abbandonato di proposito l'area urbana. Si lasciò alle spalle le ultime case in costruzione, mentre le stelle una dopo l'altra scomparivano dal cielo. Poco oltre cominciava un bosco e tra le fronde si intravedevano alcune radure illuminate dal sole.

Si inoltrò nella vegetazione, diretto verso uno di quegli spiazzi. Giunto ai piedi di uno spuntone di roccia che si sollevava fin quasi al livello delle cime degli alberi, vi si arrampicò sopra. Da quella posizione la città non si vedeva, era nascosta da una collina.

La montagna digradava verso il mare in una serie di terrazzamenti che assecondavano il pendio ed erano separati da mura di pietra grigia e mattoni rossi. Si udivano voci provenire dalla boscaglia, fumo e odore di cenere, passi veloci che facevano pensare a gente che si muoveva furtivamente. C'erano anche diverse costruzioni in marmo, colonne, piccoli templi, resti di strade lastricate.

Dei suoni attirarono la sua attenzione. Parzialmente nascosto dalla vegetazione, a meno di cinquanta metri dal punto in cui si trovava, c'era un gruppetto di uomini e donne. Da dietro una fila di mura si sollevò un denso fumo bianco, sembrava che lì la foresta avesse preso fuoco. Giunsero dei lamenti, delle urla, insulti e imprecazioni. Alcune persone presero a correre in mezzo al bosco, due donne sbucarono da un edificio simile a una piccola chiesa, mentre, molto più in basso, su un sentiero nero come il carbone, un tizio stava trascinando un corpo, da quella distanza non si capiva se si trattasse di un uomo o di un animale, se fosse vivo o morto.

Alec fu distratto da un rumore più vicino. A pochi metri da lui, infatti, oltre una barriera formata da canne di bambù, erano comparsi tre uomini. Erano sporchi, sudati, la barba lunga, camminavano veloci. Alec non si era accorto prima di quella recinzione, ma ora che la vedeva davanti a sé si accorse che non era progettata per gli animali.

Gli uomini gli lanciarono un'occhiata fugace e poi corsero via. Intanto erano arrivate alcune persone armate e vestite con parti delle divise delle guardie oligarchiche; dovevano essere cittadini della Polis. I tre scapparono nella direzione opposta, ma furono subito raggiunti e bloccati.

Dove sono?, si chiese Alec confuso. Si girò di scatto udendo il rombo di un mezzo a motore, e fu abbagliato dai raggi del sole che illuminavano un tappeto di aghi di pino. Cinque lunghe ombre si stavano avvicinando. Dietro di loro, sospeso a mezzo metro da terra, c'era un hovercraft.

«Avrei preferito mostrarti io stesso tutto questo» furono le parole con cui esordì Lando, il viso affaticato, la mano destra stretta sulla spalla di Laura che lo precedeva.

Dietro di loro c'era Maj. Era scortata da due cittadini e aveva l'aria sconvolta e rassegnata di una vittima o di un prigioniero.

«Maj!» urlò Alec correndole incontro. «Cosa ti hanno fatto? Come stai?» La sua voce era incrinata dalla rabbia, era un grido soffocato di dolore. Le sollevò il volto con le mani, ma lei sembrava assente.

Lando fece un cenno ai due cittadini che lasciarono andare Maj. Non appena fu libera si gettò tra le braccia di Alec e cominciò a piangere.

«Maj, cos'è successo? Non ci sto capendo più niente.» Lei teneva la testa nascosta nel suo petto mentre lui le carezzava i capelli. «Parlami Maj, ti prego.»

«Mio padre è morto» riuscì a mormorare tra i singhiozzi.

Alec la strinse più forte e guardò Laura, che annuì piano, confermando quelle parole.

«Dobbiamo andarcene di qui» fece Maj ansimando. «Dobbiamo andarcene.»

Alec rimase in silenzio: quelle erano le parole di una persona sconvolta.

«Andiamo via di qui, dovunque, qui non ci voglio più stare!»

«Maj, aspetta, andiamocene da qualche parte dove possiamo stare soli e... mi dici dove sei stata questa notte? Come hai scoperto che...»

«Dobbiamo andare via!» urlò lei interrompendolo.

«Perché?» chiese Alec cercando di mostrare nel tono della voce tutta la comprensione possibile. «Perché te ne vuoi andare da qui?»

Maj non rispose e lui si domandò se forse in tutta quella vicenda non gli fosse sfuggito qualcosa.

Tre spari esplosero nel bosco.

Alec si voltò verso valle e vide di nuovo uomini e donne che correvano, il fumo che si alzava tra le mura, le urla e i lamenti. «Cos'è questo posto?» chiese.

«Questo è il Purgatorio, Alec!» gridò Maj. «E chi non è d'accordo con loro finisce in prigione. Andiamo via, ti prego, non voglio rimanere qui.»

Alec guardò suo padre, poi Laura e i due cittadini.

«Avrei voluto parlarvi prima» continuò Lando. «Ma serviva qualche giorno perché voi vi rendeste conto di dove eravate arrivati.»

«Temo di non capire...» disse Alec. «Cosa c'entra questo con... con quello che è successo ad Anton Shobert?»

«Non c'entra, infatti.»

«Mi ero persa» spiegò Maj. «Per questo ho trovato le prigioni, una donna mi ha detto che...»

«Qui ci sono delle prigioni?» domandò Alec.

«Un buon padrone di casa accoglie i suoi ospiti in una sala dove può farli riposare e dar loro da mangiare, non li porta a vedere il buco sul tetto che non è riuscito a riparare.»

Lando si volse appena verso Laura e sussurrò qualcosa. Lei

annuì e con il piede spazzò gli aghi di pino da un quadrato di terra. Poi gli prese la mano che stringeva il bastone e la guidò sul perimetro.

Lui cominciò a disegnare. «Avrei dovuto spiegarvi prima cos'era il Purgatorio, qual è il suo significato, del resto non è previsto che un uomo entri nella Polis senza aver compiuto il pellegrinaggio, per cui di solito non servono parole.»

«Forse allora avremmo dovuto farlo anche noi, il percorso.»

«Credevo che l'Inferno fosse stato una prova sufficiente per voi. Evidentemente, mi sbagliavo...» Lando tracciò solchi profondi che il sole trasversale del mattino trasformò in linee scure. In meno di un minuto aveva realizzato un cono circondato da mura, attraverso le quali si snodava un sentiero, fino a una città sulla cima. «In ogni cornice i pellegrini superano una prova» spiegò lui indicando il tracciato che saliva sulla montagna. «E non sono prove facili.»

«Cosa c'entra questo con le prigioni? Cosa c'entra con... il padre di Maj?»

«Sapevamo della morte di Anton, ve l'avremmo detto non appena foste stati pronti, siete arrivati qui da pochi giorni, eravate sconvolti, debilitati, non volevamo nascondervi niente... solo darvi il tempo di capire.»

«Come lo hai saputo?» chiese Alec, rivolgendosi a Maj.

«Quella donna, era una prigioniera, mi ero persa, tornando dalla festa...» rispose lei trattenendo il pianto. «Poi sono scappata via, volevo andare giù, tornare alla spiaggia, mi hanno bloccato le guardie, mi hanno legata, mi hanno messo in una gabbia.»

«Non ti hanno riconosciuta» intervenne Lando. «Sono uomini di guardia alle mura, era notte e...»

«Ti hanno fatto del male?» chiese Alec.

«Mi hanno detto che chi non è orgoglioso di essere cittadino può anche morire.»

Alec si voltò verso suo padre. «È così?»

«Mi stai chiedendo se una frase di una guardia di notte corrisponde al pensiero della Polis? No, certo che no. Che cosa mi stai chiedendo? Di che cosa mi stai accusando?»

«Perché ci sono delle prigioni?»

Lando attese qualche secondo prima di parlare. «È colpa mia, immagino. Avrei dovuto mostrarvi tutto subito, ma speravo che avreste avuto un po' più di fiducia. O forse è meglio così, non mi sono mai piaciute le persone accondiscendenti. Se foste stati due animi tranquilli sareste già morti all'Inferno. Non è un gioco, questo» continuò, la sua voce era profonda e cupa. «I banditi hanno assaltato più volte la montagna, hanno rapito donne, bambini. Le nostre fattorie e coltivazioni vengono derubate ogni anno da disgraziati che arrivano dalle altre isole a nord, persone scacciate dall'Oligarchia in quei luoghi dove sorgono nuovi avamposti e quartieri Paradiso... in mare abbiamo perso parecchi uomini, pescatori, spesso poco più che ragazzi, per via dei pirati, ma anche delle navi mercantili dell'Oligarchia. È una fortuna... che nessuno, ancora, sia arrivato fin qui. Ma se credete che io possa permettere che qualsiasi cittadino che all'improvviso cambia idea possa andarsene come e quando vuole, se credete che io possa permettere che chiunque abbia accesso alla città che ho creato... be', vi siete fatti un'idea sbagliata di questo posto.» Lando sollevò la testa e guardò Alec e Maj. «Lungo il cammino i pellegrini imparano il sacrificio. La privazione, la costrizione, il dolore, sono necessari. Puliscono il corpo e la mente, preparano a scoprire un nuovo modo di vivere, un nuovo modo di esistere.»

Alec incrociò gli occhi di Laura, lo sguardo impenetrabile, fisso davanti a sé.

«Non si può andare via dalla Polis» disse Lando. «Non è possibile.»

«Come, non è possibile? Non potete costringere la gente a vivere qui.»

«Ascoltami, Alec, so che questo può sembrarti strano, ma tutto quello che facciamo ha un obiettivo superiore, è questo che dovete capire.»

Alec si voltò verso la montagna del Purgatorio alle sue spalle e all'improvviso le sentì distintamente. Udì le urla di uomini e donne, i lamenti, il dolore e la morte che abitavano in quel luogo. Jorgos aveva ragione, era pericoloso, dovevano andare via. Per questo era scappato, da solo. Alec aveva pensato che il suo fiuto quel giorno l'avesse tradito, ma ora in lui si risvegliava la stessa natura che li rendeva simili e fratelli, due figli dell'Inferno. «Dov'è Jorgos?» chiese. «Portateci da lui. Noi ce ne andiamo.»

«Stai calmo, Alec» ribatté Lando. «Venite, vi riportiamo alla Polis.»

Alec e Maj rimasero immobili.

«Avete bisogno di riposare, poi parleremo e...»

Senza dire nulla Maj cominciò a camminare nel bosco, procedendo a passo spedito.

«Maj, aspetta, dove vai?» la chiamò Alec, ma lei non si girò. «Maj!» urlò di nuovo e poi si mise a correre per raggiungerla. In lontananza, tra gli alberi, si intravedevano le mura che circondavano la città. «Maj, ascolta, aspetta, adesso non possiamo andarcene.»

«Adesso?!» gridò lei voltandosi di scatto. «Non possiamo e basta!»

Alec esitò un istante e fu raggiunto da Laura. «Lasciala andare» gli disse. «Ha bisogno di rimanere sola.»

Lui la guardò provando un improvviso moto di ostilità nei suoi confronti, non solo nei suoi, in realtà. A un tratto gli sembrava che tutti lo avessero ingannato, che quella città perfetta fosse un inganno. Chi erano veramente quelle persone? E, soprattutto, erano amici o nemici? Maj intanto era scomparsa.

«Dov'è? Da che parte è andata?»

Laura lo fissò con un'espressione indecifrabile.

«Dimmi dov'è!» urlò Alec. Poi, visto che non otteneva risposta, cominciò a correre. Dopo nemmeno un centinaio di metri si trovò ai piedi delle mura, presidiate dalle guardie.

Alec si inoltrò per una strada che saliva verso la montagna e vide Maj in piedi sotto l'arco di pietra, davanti a due uomini armati di mitra. «Maj, aspetta!» gridò. «Non possiamo andarcene ora, aspetta, non così!»

Lei non si voltò, nemmeno quando lui la raggiunse sotto l'arco. La gente, attratta dalle urla, assisteva alla scena.

«Fatemi passare» ordinò Maj.

«Prego» replicò una delle due guardie, un ragazzo giovane sui trent'anni, con i capelli ricci e rossi e la pelle del viso butterata.

Alec la trattenne per una mano. Maj si divincolò, non era in sé, uno sguardo gelido di rabbia aveva sostituito l'espressione di dolore. Le sentinelle si spostarono e lei superò l'arco allontanandosi rapidamente.

Alec fece per seguirla, ma gli sbarrarono la strada.

«Che c'è? Lasciatemi andare!»

I due uomini rimasero impassibili. Alec provò ingenuamente a girar loro attorno mentre intravedeva la sagoma di Maj rimpicciolirsi man mano che scendeva verso valle. Quello con i capelli rossi gli puntò contro l'arma.

«Che state facendo?! Toglietevi!» urlò, senza capire il motivo di quel comportamento.

«Non possiamo.»

«Perché?»

Alec si voltò e vide suo padre, assieme a Laura. «Digli di farmi passare.»

«Aspetta, Alec» disse Lando.

«Devo andare da Maj!» gridò lui e poi si gettò contro le due guardie che lo afferrarono per le spalle. Le spinse con entrambe le mani e cercò di farsi strada, ma loro lo immobilizzarono e poi lo buttarono a terra. Alec cominciò a scalciare e a dimenarsi, finché non venne bloccato con le braccia dietro la schiena.

«Chi siete voi?!» urlò Alec. «Perché fate così?»

Lando gli si avvicinò e in un istante Alec rivisse il momento del loro incontro, ai piedi del Purgatorio. Anche quella volta era stato respinto da uno dei suoi uomini, ma si era trattato di un incidente necessario, perché lui allora non aveva capito che le persone che aveva davanti erano amici e non nemici.

Adesso, però, si vedeva costretto a riconsiderare ogni cosa.

«Se andrai giù, perderai questa opportunità. Alec, tu hai un grande destino davanti.»

«Di cosa stai parlando?»

«Questa città, questa realtà, il Movimento, hai la possibilità di cambiare il mondo, ma ciò comporta dei sacrifici. Se te ne vai ora, rinunci a tutto.»

«Hai detto che non me ne posso andare, no? Che nessuno se ne può andare, quindi che rinuncia è? Che cosa significa?»

«Se scendi per quella strada, poi dovrai fare il percorso dei pellegrini.»

«Scendo per andarmene, non per fare il percorso.»

«Questo non è possibile, Alec.»

«Sono uscito dall'Inferno, non mi fermo qui.»

«Sei uscito dall'Inferno grazie a me.»

«Addio, papà.»

Lando abbassò lo sguardo, poi fece un cenno con la mano. Subito gli uomini lasciarono libero Alec, che scattò in piedi e corse via. Le guardie al suo passaggio si scostavano. La strada era ripida ma abbastanza larga da lasciar passare un hovercraft, protetta da mura che impedivano di vedere i pellegrini.

Giunto all'ultima cinta, si imbatté in un gruppo che stava entrando nella porta del Purgatorio. Tenevano tutti lo sguardo basso e avevano la fronte insanguinata, ma Alec non ebbe il tempo di chiedersi il motivo. Poi, si inoltrò nel bosco e finalmente raggiunse la spiaggia.

Lì la vide. Era in mare, l'acqua le lambiva la pancia, e osservava immobile l'orizzonte. Alec corse sulla sabbia bollente finché non la raggiunse.

Udendo dei rumori alle sue spalle, Maj si voltò. Alec la abbracciò e non si accorse che dalla riva stavano arrivando quattro uomini con i mitra spianati. Avanzarono lentamente e si fermarono a pochi metri dai due ragazzi.

«Dovete venire con noi» ordinò uno di loro.
«No» rispose Alec.
«Seguiteci.»
«Cosa succede se ci rifiutiamo di fare il cammino?»
«Non potete più rifiutarvi.»
«Che senso ha tutto questo?»
«Il senso è nel cammino.»
«Ma gli altri uomini, allora, giù all'accampamento?»
«Tutti devono fare il percorso, prima o poi. Non si va via di qui, questo dovete mettervelo in testa.»

Alec prese Maj per mano e la guardò negli occhi. «Andiamocene» disse e si mosse in direzione della riva. Due guardie gli sbarrarono la strada.

«Non cercate di scappare» gli ordinò una di loro.
«Mi fermerete sul serio?» chiese Alec fissandola.
«Sì, ma è meglio se non opponi resistenza.»
«Perché fate tutto questo? Che senso ha?»
«Il senso è nel cammino. Dopo sarete liberi di fare le vostre scelte.»

«Liberi? Di che libertà parli?» domandò Alec scuotendo il capo.

«Seguiteci, vi condurremo alla porta del Purgatorio.»

# 15

L'acqua era fresca e il mare calmo e piatto. Ai piedi della collina di olivi, sotto la villa, c'era una caletta chiusa da due faraglioni di roccia, che si allungavano creando una sorta di piscina naturale. Sul fondale di sabbia finissima si vedevano pesci, conchiglie e alghe colorate.

Maureen era rimasta vicino alla riva tutta la mattina. Non sapeva nuotare. A Europa, nelle giornate più calde, molti giovani della scuola occupata si recavano al porto, dove si tuffavano dal molo. Lei andava con loro, ma rimaneva a guardarli all'ombra di qualche peschereccio mentre schizzavano le ragazze o le buttavano in acqua. A volte le sembrava di essere parte di quel divertimento, altre si sentiva una spettatrice silenziosa.

La sua breve vita era sempre stata così, uno sguardo distante, sfocato, verso un mondo dentro il quale non riusciva a entrare. Si tappò il naso e immerse la testa.

Sott'acqua le orecchie percepivano un rumore strano, come se la terra stesse scricchiolando sotto il peso di quella massa fluida. Sott'acqua, la voce dei suoi pensieri non era così diversa dal suono delle parole pronunciate nell'aria.

Era passata quasi una settimana da quando aveva sentito Kronous dire che Alec e Maj erano vivi, da quando la sua prospettiva sul futuro era cambiata improvvisamente. Quella notte era riuscita ad avvertire Marcus, ma in cuor suo era convinta che non sarebbe servito a molto. Dopo averla accolta con il fucile puntato, l'uomo l'aveva prima ascoltata, poi aveva cominciato ad agitarsi e a fumare nervosamente fino a crollare esausto sul divano. Dopo nemmeno un minuto si era svegliato, ma la sua mente non era più lucida, sragionava, blaterava cose senza senso riguardo un certo Purgatorio. Sosteneva che fossero andati lì, che suo fratello ce l'aveva fatta. A notte fonda Maureen era rientrata nel Palazzo e aveva cercato di dormire qualche ora, ma senza riuscirci. Al mattino aveva deciso che avrebbe agito da sola, anche se non era ancora il momento. Così nei giorni successivi aveva finto di non sapere nulla, si era mostrata tranquilla ostentando addirittura serenità, mentre visitavano i quartieri di Europa, salutavano i cittadini delle città grattacielo e gli operai al lavoro nel grande cantiere a sud delle Alpi, là dove Kronous aveva detto che sarebbe sorta la città Paradiso.

Sapeva perché le avevano mentito, avevano bisogno della sua totale adesione ai loro piani; sapere che i suoi compagni erano ancora in vita l'avrebbe inevitabilmente riportata al passato, facendo emergere dubbi e resistenze. Infatti era stato così. Ma, soprattutto, quella verità aveva posto un nuovo problema: Maj e Alec avevano i giorni contati, stando alle parole di Kronous, e l'unica a conoscere le sue intenzioni, l'unica che poteva fare qualcosa per salvarli, era lei, proprio la persona che all'Inferno li aveva traditi. Adesso aveva un'occasione di riscatto.

Il rombo di un motore sovrastò il suono del mare e dei suoi pensieri. Maureen tornò in superficie e vide che, a pochi metri da lei, era comparso un hovercraft.

«Tutto bene, signorina?» chiese una guardia, in piedi sulla scala aperta sotto la pancia del mezzo.

«Sì, sì.»

«Non resti in apnea a lungo.»

L'uomo la fissò indugiando qualche secondo di troppo sul suo corpo, poi il portello si chiuse e l'hovercraft si allontanò rapidamente, riprendendo la sua posizione di vedetta appena oltre i faraglioni.

Maureen tornò a riva, prese l'asciugamano appoggiato su una sdraio in vimini e lo avvolse attorno al seno. Poi si avviò lungo la scala di granito che saliva tra gli olivi, fino al cancelletto di ferro battuto che dava accesso alla terrazza. Prima di entrare in casa si voltò un istante a contemplare il paesaggio, le fronde degli alberi, il mare e le alte statue degli angeli alati con le spade che riflettevano la luce del sole. Davano una sensazione di sicurezza e protezione, come se veramente quel materiale inanimato avesse potuto trasformarsi nel corpo di un combattente.

La villa era deserta. Il vento che fischiava attraverso le finestre socchiuse, gli strilli dei gabbiani e i pochi rumori che provenivano dalla cucina creavano una melodia rilassante.

Il corpo, la mente, pensò Maureen. Possibile che queste due entità potessero condurre due esistenze completamente separate? Il suo cuore era pieno di dolore, paura, la sua mente era tormentata dai ricordi, ma il suo corpo sembrava avere una vita parallela di agi, lussi e benessere.

Attraversò la sala senza curarsi delle impronte di sabbia che aveva lasciato sul pavimento e sul tappeto. Giunta alla scala si guardò attorno. Non c'era nessuno. Invece di salire al primo piano dove c'era la sua stanza, scese a quello inferiore. Poi si infilò nel corridoio che si snodava nel seminterrato. L'aria lì era fresca e umida. Davanti alla cucina vide che la porta era socchiusa. Dall'interno provenivano le voci di due lavoranti.

«Girano per le strade e fanno quel disegno del ragazzo con le braccia aperte» raccontava una. «Sta venendo su un casino, hanno anche un nome, si chiamano Movimento.»

«E che fanno?»

«Non si sa di preciso. Io so solo quello che ho visto prima di partire: due stavano dipingendo la sagoma del giovane con le braccia spalancate, e poi sono stati portati via dalle guardie.»

«Hanno detto dove li mandano?»

«Pare al sesto cerchio, a Dite. Dammi retta, questa volta, secondo me, succede qualcosa.»

«E cosa vuoi che succeda?»

Maureen si avvicinò alla porta e le due donne di colpo si zittirono. Erano in piedi una accanto all'altra davanti a un tavolo di acciaio e stavano sbucciando delle patate.

«Buongiorno, signorina» dissero quasi in coro.

Erano sole, le pentole pulite e impilate sopra il banco centrale e nell'aria c'era odore di disinfettante.

«Buongiorno» rispose lei quasi sussurrando. Dopodiché proseguì lungo il corridoio, svoltò a sinistra e, fatti pochi metri, girò di nuovo a destra. Si ritrovò di fronte una porta di ferro rossa.

Per alcuni secondi rimase immobile, poi, non udendo né voci né passi, sollevò le braccia e sfilò dai capelli bagnati il fermaglio con la chiave che aveva sottratto notti prima dal piccolo cofanetto in maiolica in cui Marvin la riponeva.

La infilò piano nella toppa e girò tre volte. Abbassò la maniglia che scricchiolò appena e aprì veloce la porta per richiudersela subito alle spalle.

Era completamente buio, il cuore le batteva forte, aveva il volto accaldato e la fronte sudata. Con una mano tastò la parete fin quando non trovò un interruttore. La luce si accese svelando una stanza piena di armi. Su entrambi i muri erano appesi fucili, mitragliatori, pistole e coltelli.

I fucili erano molto grandi, come i mitragliatori. Un paio di pistole avevano un'elegante impugnatura in legno lucido e sul ferro recavano lo stemma del Paradiso, le rose avvolte attorno alla spada. Maureen ne scelse una piccola e semplice, con il calcio in gomma nera e senza nessun abbellimento. La infilò sotto l'asciugamano stringendola al fianco con il gomito. Poi avvicinò l'orecchio alla porta e, non sentendo alcun rumore, uscì richiudendola a chiave.

Imboccò di nuovo il corridoio e passò ancora davanti alla cucina. Le due donne erano lì, ma adesso erano in silenzio. Le rivolsero un sorriso impostato senza smettere di lavorare.

Poco dopo era in camera sua, al sicuro, da sola.

Ce l'aveva fatta.

Mise la pistola sotto al cuscino, avrebbe pensato in seguito a un nascondiglio migliore, si tolse il costume e infilò un paio di jeans e una camicia di cotone bianco che terminava con un ricamo poco sotto la vita.

La porta della stanza si aprì in quel momento, senza che nessuno avesse bussato.

«Ciao, Maureen. Spero di non disturbare.»

«No, no, perché dovresti disturbare?» chiese lei ostentando naturalezza. «Non sapevo che fossi tornato.»

«Sono arrivato prima. Marvin è rimasto qualche giorno al cantiere, i lavori procedono spediti, entro la fine dell'anno potremo inaugurare il centro della nuova città Paradiso.»

«Bene, sono contenta.»

«Sì, anche noi.»

«Mi sembra che vada tutto bene.»

Lui sorrise e avanzò all'interno della stanza. «Certo che va tutto bene. Tu come stai? Ti trovi bene qui?»

«Io? Certo.»

Lui annuì. «Le persone credono che il potere sia appagante per la sicurezza che dà, io invece amo il rischio, mi piace scommettere tutto, anche quando non ho niente. In questo forse siamo simili, o lo siamo stati.»

«Perché?»

«Perché anche tu non hai niente, ma ti piace rischiare.»

«No, non mi piace affatto. Non sarei qui se mi piacesse rischiare.»

Kronous si voltò con il sorriso sempre stampato in volto. «Mi sto ancora chiedendo se c'è qualche modo per salvare le apparenze e far finta di niente, ma non so se posso fidarmi di te. Cioè, è evidente che non posso, ma ti confido una cosa: i miei uomini migliori sono quelli che vogliono scavalcarmi, sostituirmi, se non uccidermi. Diffido dalle persone troppo obbedienti, non hanno carattere.»

Maureen non disse nulla, l'agitazione la invadeva, non capiva il senso di quei discorsi.

«Cos'hai preso? Un fucile? Una pistola? O un bel coltello, da brava amazzone?»

Lei avvertì un improvviso calore al petto. La maschera che

si era costruita in quel breve scambio di battute crollò svelando la paura. Maureen guardò il sorriso falso dell'oligarca, falso come le bugie che le avevano raccontato, sentì la rabbia montarle dentro, la frustrazione per aver accettato il patto che le avevano proposto, per aver barattato la sua complicità per un po' di benessere. «Dimmi dove sono» sussurrò.

«Chi?»

«Alec e Maj.»

«Sotto terra, suppongo.»

«Lo so che sono vivi!» sbottò. La sua voce era forte ma stridula.

«Ti sbagli.»

«Non mi sbaglio, vi ho ascoltato mentre ne parlavate, mi avete mentito perché io accettassi questa... schifosa messinscena.»

«Non vedo cosa cambia se sono vivi o no. Se non volevi stare con noi, non dovevi che dirlo. Noi ti abbiamo solo fatto una proposta. Diventare la moglie del nuovo oligarca, una vita di potere in Paradiso, siamo stati più che generosi.»

Con uno scatto Maureen raggiunse il letto e tirò fuori la pistola. La strinse con entrambe le mani puntandola verso Kronous. «Hai manipolato me e Marvin, e tutta Europa! Prendete in giro tutti con le vostre menzogne e...»

«E cosa? Contro cosa stai protestando? Con chi ce l'hai?»

Maureen non rispose, sudava, il volto contratto in una smorfia sofferente e le mani tremanti pronte a sparare.

«Hai tradito i tuoi compagni, ti sei consegnata all'Oligarchia, hai accettato di essere la moglie di mio figlio, di travestirti da amazzone. Chi è il cattivo qui? Noi o tu?»

«Non mi importa di quello che dici!» urlò Maureen e premette il grilletto.

Il colpo rimbombò nella stanza, ma il proiettile mancò il bersaglio mandando in frantumi il vetro della finestra.

Maureen si rese improvvisamente conto di essere tornata in sé; lei non era la fidanzata di un oligarca, era la ragazza cresciuta per le strade di Europa, quella che viveva in una scuola occupata e che immaginava il futuro, un futuro in una terra libera, fuori dalla morsa dell'Oligarchia.

«Dirò a tutto il mondo quello che siete!» gridò in faccia a Kronous, centrandogli il petto con una pallottola. L'uomo crollò a terra e sbatté contro la porta. «Dirò dove sono i veri eroi, la storia che volete rubare, dirò tutto.»

Un terzo sparo esplose nella stanza. Maureen spalancò gli occhi, poi lasciò cadere la pistola e abbassò lo sguardo sulla camicia bianca sporca di sangue. Le si annebbiò la vista e si accasciò proprio mentre Kronous si rialzava e le andava incontro.

Sentì le forze venirle meno, chiuse gli occhi e si ritrovò in un sogno in cui lei viveva ancora a Europa, Alec era venuto a trovarla e assieme erano saliti sulla torretta astronomica all'ultimo piano. Qui però c'era Guido che le rivelava che non era morto, che alla fine era andato tutto bene. Mentre i suoi ultimi pensieri andavano ad Alec e Guido, si domandò se il suo amico avrebbe potuto perdonarla, e se la morte l'avrebbe portata dal ragazzo che all'Inferno le aveva fatto battere il cuore.

## 16

Guido e Ivan stavano camminando sulle rive del Flegetonte. Ivan conosceva strade sicure e aveva una sua concezione del giorno, della notte e degli orari in cui mangiare, come se nelle tenebre immutabili del basso Inferno il senso del tempo fosse diventato parte di lui. Abbandonato il fiume, il sentiero divenne ripido e scosceso, costringendo i due fratelli a procedere lentamente, stando attenti a non far franare il terreno.

«Chi ti ha parlato di questa strada?» gli chiese Guido.

«Un indovino.»

«E cos'è?»

Ivan lanciò un'occhiata al fratello da sopra la spalla, senza fermarsi, poi tornò a guardare dritto davanti a sé.

«Ci hai mai pensato a mamma e papà?» domandò Guido. «Da quando sei qui, intendo.»

«No.»

«Io sì, invece» disse Guido. «Vorrei rivederli.»

«Potrebbero essere morti, per quel che ne sappiamo» replicò Ivan come se la cosa non gli importasse affatto.

«Io credo che siano vivi.»

Continuarono a scendere lungo il crinale dei gironi del settimo cerchio. Il terreno cedeva spesso, obbligandoli a cambiare strada.

«Chi è un indovino?» chiese ancora Guido.

«Fa differenza se te lo dico?»

«Forse sì, visto che è questo tizio che ti ha indicato la direzione.»

«È uno che vede il futuro, è gente che sente le cose, legge nelle teste delle persone. Sono soggetti strani, ce n'erano molti a Europa anni fa, ero amico di uno di loro.»

Guido si accontentò di questa spiegazione e per un po' camminarono in silenzio finché la scarpata si interruppe di colpo. Un tuono rimbombò facendo tremare il terreno e Guido sentì il petto vibrare, il cuore battere lentamente, ma con forza, contro la cassa toracica. Poi, dietro un grosso masso di roccia lavica, comparve l'ottavo cerchio.

Aveva la forma di un cono rovesciato, la cui circonferenza raggiungeva sì e no i cinquecento metri. In fondo si scorgeva un buco nero dal quale partivano delle insenature, simili a canyon. Sulla superficie di roccia rotolavano di tanto in tanto sassi e pietre incandescenti, illuminati dalla luce tenue del cielo che era ricomparso sopra le loro teste, dove la costa del vulcano si apriva in più punti, come un tetto parzialmente imploso. Lasciava intravedere nubi gialle e rosse, rischiarate dai fulmini che anticipavano tuoni potenti come esplosioni.

Guido si voltò verso il fratello che osservava con sguardo impassibile e occhi socchiusi quello spettacolo.

«Quelle sono le bolge» affermò Ivan indicando i canyon scavati nella frana. «Dobbiamo andare là.»

«Ma non ci sono mura qui.»

«C'erano» disse Ivan indicando dei grossi blocchi di cemento armato, lungo il perimetro del cono. Alcuni erano crepati, altri si ergevano solitari tra le rocce, spesso non era rimasto che lo scheletro di ferro arrugginito, come se chi aveva progettato quel luogo avesse cambiato idea subito dopo aver iniziato i lavori.

«Sei già stato qui?» domandò Guido.

«Più o meno.»

Ivan si rimise in cammino e il fratello lo seguì. La terra era più dura di quello che sembrava. Ogni tanto una piccola frana si staccava, trasportando sassi fumanti e cumuli di sabbia nera. Man mano che si avvicinavano alle bolge, cominciavano a sentirsi urla e lamenti, oltre a versi di animali e suoni difficili da identificare, che facevano pensare al martellare ritmico degli ingranaggi di una grande nave.

«Cos'è questo rumore?» chiese Guido.

«È il motore dell'Inferno, il fulcro centrale.»

«È così vicino?»

«No, se fosse vicino ci sarebbero esplose le orecchie.»

Ivan si fermò sul bordo di una delle bolge. Pareva uno stretto stagno scuro, perché la luce fioca che proveniva dal cielo si arrestava sulla superficie della frana dove iniziava una scala scavata nella roccia.

Ivan scese i primi tre gradini e poi si girò verso il fratello. «Scusa» gli disse.

«Per cosa?»

«Perché ti ho fatto finire all'Inferno.»

Guido lo fissò e per un momento ebbe il sospetto che il fratello stesse scherzando. «Mi stai chiedendo scusa?»

«Già.»

«È un po' poco, sai... E perché proprio adesso?»

«Volevo farlo prima di morire.»

«Bella prospettiva. Non accetto le tue scuse.»

Più scendevano, più la luce diminuiva. Quando gli occhi si abituarono all'oscurità, attorno a loro percepirono delle presenze. Sulla roccia, tra gli arbusti rinsecchiti e nelle caverne lungo i lati della bolgia, alcune persone si muovevano lente, parlavano sottovoce, le pupille bianche apparivano di tanto in tanto, sguardi vigili, attenti.

Una donna andò loro incontro con una sicurezza che stupì Guido. Alle sue spalle c'era un gruppo di uomini, un paio certamente molto anziani.

«Cosa volete?» chiese la donna.

«Cerchiamo la strada» rispose Ivan. «Barattiamo medicine e nepente.»

La donna annuì e chiuse gli occhi.

Lui si tolse lo zaino e tirò fuori la merce. Anche gli altri uomini si avvicinarono. Per terra mise due bottiglie di plastica contenenti un liquido antinfiammatorio e una palla di nepente della dimensione di una noce. Guido rimase sorpreso nel vedere la droga, in mano al fratello, usata come merce di baratto.

«Non basta» fece la donna.

«Non abbiamo altro» ribatté secco Ivan.

«Non è vero» disse lei. Poi i suoi occhi si posarono su Guido. Erano grandi, bianchi e spiccavano su un viso scavato. Aveva labbra sottili leggermente incurvate verso il basso, il naso adunco e gli zigomi pronunciati, sembrava una maschera. «Chi sei tu?» domandò. Alzò un braccio e aprì il palmo della mano davanti al volto di Guido, che rimase immobile. Disegnò dei cerchi invisibili nell'aria, dopo scese sul collo e sul petto, sempre rimanendo a qualche centimetro di distanza e continuando quel moto rotatorio che aveva qualcosa di ipnotico.

Guido cominciò a percepire un leggero calore sul petto.

La donna chiuse gli occhi per alcuni secondi, poi allontanò la mano di scatto e fece un passo indietro, la bocca spalancata in una smorfia sofferente, le sopracciglia inarcate e la fronte corrugata, respirava con affanno.

«Che c'è? Che è successo?» chiese Guido.

«Tu... tu sei un angelo caduto.»

«Cosa? Cos'è che sono?»

«Tu sei un angelo caduto dal cielo.»

«Che vuol dire? Perché dici così? Cosa ne sai?»

Lei gli mostrò i palmi. «Io so ogni cosa» replicò sottovoce. «È la tua ultima vita» continuò. «Il tuo percorso si è compiuto.»

«Cosa significa?»

«Non puoi morire, perché la tua strada è già finita. È per questo che sei qui, non sei qui per te, sei qui per gli altri.»

«Qui dove?»

La donna riaprì gli occhi e si voltò verso Ivan. «I tuoi giorni invece sono quasi finiti» disse con un sorriso appena accennato. «La morte finalmente ti ha trovato.»

Gli uomini alle sue spalle a quel punto si spostarono dalla strada per farli passare.

«Scendete per questa scala. Troverete una valle, andate verso l'esterno del vulcano, nella direzione in cui c'è meno luce e più silenzio. Ci sono numerose grotte lì, entrate in quella che assomiglia a una ferita nella montagna, è alta e stretta e taglia la roccia obliquamente, all'inizio dovrete camminare su uno dei lati.»

I due fratelli rimasero immobili qualche istante.

«Andiamo» disse Ivan scendendo un paio di gradini.

«Aspetta» lo trattenne Guido, poi si rivolse alla donna. «È sicuro? Cosa fanno i dannati qui?»

«Nessuno baderà a voi, se è questo che mi stai chiedendo. La vostra strada è segnata.»

Guido annuì piano e si caricò lo zaino sulle spalle mentre il fratello scompariva nell'oscurità verso il fondo della bolgia. La scala in realtà era quasi terminata e ben presto si ritrovarono in un pianoro delimitato dai due lati del canyon. In mezzo si ergevano, simili a grossi funghi, delle conformazioni rocciose che terminavano in un cappello di terra, muschio e licheni che pendevano dall'alto fino al terreno. Da una parte la valle era rischiarata da una nebbia arancione che scorreva tra i pinnacoli come un fiume, dall'altra invece era avvolta dal buio. Pochi minuti più tardi giunsero di fronte alla grotta che corrispondeva alla descrizione. Dall'interno proveniva un'aria calda e umida che odorava di cenere e zolfo.

«Come facciamo a sapere dove ci porta questa strada?» chiese Guido.

«Avevi detto che una strada era sufficiente, anche se ignoriamo dove arriva.»

«Ma tu perché la conoscevi?» domandò Guido quando il fratello aveva già messo il piede dentro la grotta.

«Ti importa molto?» la sua voce rimbombò contro le strette pareti.

«Mi importa capire se posso credere alle parole degli indovini. Se è giusta la strada che ci hanno indicato, possono essere giuste anche le altre cose...»

Ivan non rispose e continuò a camminare. Il percorso diventava via via più ripido, finché i due muri non furono praticamente verticali e i due fratelli furono obbligati a procedere in un sentiero largo poco più delle loro spalle. All'improvviso si ritrovarono in una grotta più grande illuminata da alcune torce. Si udivano voci sussurrate e lamenti.

Guido guardò Ivan che annuiva piano tra sé. «Dove siamo?» gli chiese.

«Qui la gente viene a morire, qui viene chi non ce la fa più» disse lui dimostrando di sapere molto più di quello che aveva fatto intendere al fratello.

Al centro c'era una montagna di pietre che ricordava un cimitero, mentre ai lati, seduti o sdraiati a terra, c'erano decine di dannati, i corpi rachitici visibili appena alla luce fioca delle fiamme. Molti potevano essere già morti, ma Guido colse lo sguardo interrogativo di un vecchio con la barba lunga e liscia, il petto scavato e le gambe avvolte in uno straccio. I loro occhi si incrociarono per alcuni secondi, poi quelli dell'anziano si volsero verso l'alto. L'uomo stava indicando la direzione che dovevano prendere, forse l'indovina aveva ragione, la loro strada era segnata e non c'era nulla che potessero fare per cambiare il futuro.

In quel punto un sentiero si arrampicava nella roccia e scompariva in un tunnel che saliva, sembrava la cappa di un enorme camino. Guido lo scrutò come fosse il principio di una storia già scritta, e si sorprese a sperare ciò che non si sarebbe mai aspettato: che la donna si fosse sbagliata su una cosa, che per suo fratello non fosse ancora giunto il momento di morire.

Mentre scomparivano nel cuore del vulcano, Guido ricordò le parole dell'indovina, lui era un angelo caduto dal cielo il cui destino era quasi compiuto. Nel buio impenetrabile del vulcano, il suo pensiero andò questa volta all'unica persona che desiderava incontrare. Maureen era una luce accesa nella mente, che custodiva quella piccola fiamma come le mani che proteggono dal vento il lume di una candela, o un'ultima speranza.

# 17

Quando aprì gli occhi, Maureen non riconobbe il luogo in cui si trovava. La sua mente vagò per qualche istante tra i sogni vividi che avevano accompagnato il risveglio. In uno di questi c'era Alec su una spiaggia, le diceva che la perdonava, che si poteva rimediare a tutto, tranne che alla morte. Poi però l'amico assumeva le sembianze di Guido, che la guardava con un'espressione strana, quasi spaventata, senza parlare. «Sei vivo!» esclamava Maureen, prima che qualcosa la colpisse alla schiena provocandole un male lancinante, due fitte all'altezza delle scapole. Lei si girava e scopriva che si trattava delle lance delle amazzoni, e a scagliarle era stata Maj, che ora la fissava con disprezzo. «Hai rubato la mia vita, io ora ruberò la tua» la minacciava. Il dolore causato dai cristalli di vetro affondati nella carne era diventato talmente insopportabile che si era svegliata.

Chiuse e riaprì gli occhi, le palpebre erano pesanti, la vista sfocata.

Si trovava in una sala operatoria. Era sdraiata su un lettino azzurro a pancia in giù, la testa inclinata di lato verso una vetrata. In lontananza si vedevano delle colline e delle rovine di palazzi e strade. Cercò di sforzarsi per afferrare il suo ultimo ricordo, ma non ci riuscì.

La porta della stanza si aprì ed entrarono Kronous assieme a due dottori con indosso lunghi camici bianchi: un uomo magro e completamente pelato e una donna bassa e grassoccia con gli occhi vispi e la faccia triste. Maureen seguì i loro movimenti nel riflesso della vetrata. Sembravano fantasmi.

«Si è svegliata» disse la dottoressa.

Quelle parole destarono i sensi della ragazza. Udì il suono intermittente che riproduceva i battiti del suo cuore e il ronzio dei macchinari a cui era attaccata.

«Questo è già un buon segno» ribatté Kronous. «Ho bisogno di farle qualche domanda.»

«Non è detto che sia lucida, è ancora sedata» disse il medico pelato.

«Forza, fatemela vedere.»

Le voci arrivavano ovattate alle sue orecchie, erano poco più che rumori che non riusciva a trasformare in messaggi di senso compiuto. Il suo cervello elaborava i dati troppo piano e così le frasi si sovrapponevano diventando incomprensibili. Provò a muoversi, ma il suo corpo non rispondeva, era paralizzata sul letto, il ritmo delle pulsazioni aumentò rapidamente.

«Si sta agitando» disse la dottoressa che nel frattempo si era avvicinata a un monitor.

«Meglio darle altra morfina» propose l'uomo, mentre la collega faceva ruotare la valvola della flebo.

Il dolore alla schiena scomparve poco dopo, assieme alle altre percezioni confuse, la sua mente intanto sprofondava di nuovo nel sonno.

Quando si risvegliò era in un'altra stanza.

C'era sempre un'intera parete a vetri. Adesso era più lucida e riuscì a ipotizzare di trovarsi in uno dei piani del Palazzo dell'Oligarchia. Ricordava la vasta pianura piena di ruderi e strade distrutte che lo circondava. I boschi ricoprivano le fondamenta di quella che molti anni prima doveva essere stata una città e della quale non rimaneva che un territorio selvaggio, ormai riconquistato dalla natura.

Kronous aveva detto che lì, secoli prima, era fiorita una ricca civiltà che ora sarebbe risorta nella grande città Paradiso che stavano costruendo.

Kronous, Marvin, i loro nomi si accesero assieme ai loro volti nella sua mente offuscata.

«Maureen, ci sei? Sei qui con noi?» chiese qualcuno.

Davanti a lei c'erano di nuovo i due dottori.

«Dove mi trovo?» domandò. La sua voce era rauca e impastata. Abbassò lo sguardo e vide che aveva il petto fasciato fino alla vita. Le bende le stringevano il seno e il collo. Sotto indossava solo dei pantaloni corti di tela. Mentre cercava di capire cosa le era successo e perché si trovasse lì, si accorse di essere in piedi ma di non reggersi sulle gambe. Due stampelle blu sotto le ascelle la sostenevano in modo che i piedi poggiassero appena sul tapis roulant.

«Prova a fare due passi, da brava» disse la dottoressa.

«Cos'è successo? Perché sono qui?»

«È meglio se chiamiamo Kronous» disse l'uomo rivolto alla sua collega e uscì dalla stanza.

La donna si sedette a un tavolo con sopra un monitor acceso. C'era un grafico tridimensionale, su cui ruotava l'immagine di una donna definita da poche linee verdi sottili.

Una fitta improvvisa alla schiena la fece urlare di dolore. La dottoressa si girò, la fissò per un istante e poi digitò rapidamente qualcosa sulla tastiera. L'imbragatura che la teneva sospesa sul tapis roulant si abbassò di qualche centimetro e Maureen sentì la pianta del piede aderire al tappeto di gomma.

«Dài, prova a camminare» le disse la donna con tono incoraggiante. Doveva avere circa cinquant'anni, portava i capelli corti e neri.

«Non ci riesco... perché? Cos'è successo?»

Solo a quel punto la donna si avvicinò, la guardò con compassione e le diede una carezza sulla guancia. «Mi dispiace, bambina mia.»

La porta della stanza si spalancò e rientrò il dottore, questa volta assieme a Kronous. Maureen aveva solo dei ricordi sfocati, non era in grado di risalire all'evento scatenante che l'aveva messa in quella situazione.

«Come ti senti?» chiese Kronous.

Maureen non rispose.

«Allora?»

Kronous sorrise, per nulla stupito. Sapeva che quello era l'effetto che facevano i potenti antidolorifici che avevano somministrato nelle ultime settimane a chi si era sottoposto all'operazione. Più di cinquecento tra uomini e donne, alcuni anche molto giovani, la maggior parte selezionati tra i volontari delle forze armate. I risultati nel complesso erano stati soddisfacenti, dicevano i dottori, con alcune grandi e gravi eccezioni che tuttavia non scoraggiavano la sperimentazione. Il nuovo esercito sarebbe stato pronto entro un paio di settimane al massimo, e quello era solo il primo passo nel suo piano per la rinascita di una grande Europa, alla guida degli altri continenti. Il mondo intero avrebbe scoperto che Dio era tornato e ora stava dalla parte dell'Oligarchia.

«Cos'è successo?» chiese Maureen.

«Non ti ricordi nulla?»

«Non lo so.»

«Ricorderai, ricorderai» disse Kronous, poi si rivolse alla donna. «Allora, la fate camminare o no? Mi devo preoccupare?»

«Affatto» si intromise il dottore. «È andato tutto bene.»

«Adesso attivo il tapis roulant» spiegò la dottoressa alla ragazza. «Stai tranquilla, scorre solo se cammini.»

Il tappeto di gomma vibrò, e quella vibrazione le attraversò le piante dei piedi, le ginocchia, fino alle ossa del bacino, provocandole un formicolio improvviso ai muscoli. Le gambe cedettero e Maureen si sarebbe accasciata a terra se non ci fosse stata l'imbragatura a sostenerla.

Quando l'intorpidimento cessò, la ragazza mosse la gamba destra, poi, poco alla volta, iniziò a camminare, lentamente, trascinando i piedi, come un bambino che fa i primi passi.

Il dottore annuì e sorrise. «Risponde bene. Sarà una convalescenza rapida, vedrai.»

«Ma da cosa? Qualcuno mi vuole spiegare? Vi prego...»

Nessuno le rispose. Maureen si osservò le mani, i piedi, e il busto fasciato. Non riusciva a capire cosa le fosse successo, come potesse essere rimasta ferita. Un ricordo cominciò a farsi strada nella sua mente, vide la villa in Paradiso, lei che scendeva nei seminterrati e sottraeva una pistola, Kronous che entrava nella sua stanza, parlavano, lei gli diceva che Alec e Maj erano ancora vivi, che sapeva ogni cosa. Poi lo sparo. Il ricordo diventò improvvisamente nitido. Aveva colpito Kronous, il primo oligarca, il padre di Marvin. Ma perché allora si trovava in ospedale?

Maureen osservò Kronous con disprezzo, mentre la sua mente riprendeva a funzionare.

«Dalla tua espressione devo intuire che ti è tornata la memoria» fece lui. «Dovrei avercela con te. Hai provato a uccidermi. Ma naturalmente me lo aspettavo, perché sapevo che avevi sottratto una pistola dal mio piccolo arsenale...»

«Ti ho colpito...» disse Maureen rivedendo la pallottola nel petto e l'oligarca che cadeva a terra.

«Mai sentito parlare di giubbotto antiproiettile? Ce l'ho addosso anche in questo momento» replicò Kronous battendosi le mani sul cuore.

«Che cosa mi hai fatto?» gli chiese.

«Non ti sei ancora accorta di nulla...» rispose e nei suoi occhi ci fu un lampo di divertimento e fascinazione. «Guarda, guardati allo specchio.»

Kronous indicò la vetrata che, come un sipario aperto, rifletteva la scena che si svolgeva in quella stanza: l'oligarca in piedi davanti a Maureen e, dietro di loro, i due dottori.

In quell'immagine un po' sbiadita la ragazza riuscì a vedere le spalle fasciate e, sulla schiena, una grossa protuberanza, anch'essa fasciata, che arrivava fino a terra.

«Toglietele i sostegni» ordinò Kronous al dottore.

«Sarebbe un po' presto. Volevamo fare qualche verifica, prima.»

«Un po' presto o... troppo presto?»

«È per il dolore, i tendini sono ancora infiammati, potrebbe sentire molto male.»

«Ah, per questo? La sofferenza non ha mai ucciso nessuno. Meglio che veda subito con i suoi occhi.»

I due dottori assieme sollevarono Maureen per le spalle e le sfilarono l'imbragatura.

La donna guidò le mani della ragazza sui sostegni. «Tieniti bene qui, sorreggiti con le braccia» disse sottovoce, come se non volesse che gli altri due si accorgessero di quella premura.

«Toglile anche le fasce» aggiunse Kronous.

La dottoressa lo guardò titubante e cominciò a sfilare le bende lentamente.

«Forza, forza» la esortò lui.

Maureen avvertì un bruciore alla schiena, poi di nuovo due fitte che cominciavano in superficie, poco sotto le scapole, e affondavano giù lungo la spina dorsale. La dottoressa finì di sbendarla e lei si sentì schiacciare a terra da un peso improvviso, per poco non cadde a terra.

Maureen provò ad avanzare verso l'oligarca. «Perché non riesco a camminare?»

«Dài, vieni da me» disse Kronous porgendole le mani.

Lei fece un passo e di colpo si sbilanciò all'indietro, fu costretta ad afferrare le mani di Kronous. I muscoli delle gambe bruciavano, dovevano essere stati fermi a lungo. Ma, più di tutto, il dolore le perforava la schiena. L'oligarca la aiutò ad avvicinarsi alla vetrata, al di là si stagliavano resti di incendi, scheletri di grandi fabbriche e piccoli comignoli che fumavano in mezzo a cumuli di macerie. Solo con qualche secondo di ritardo vide ciò che Kronous le voleva mostrare. Si voltò di scatto prima da una parte e poi dall'altra nel tentativo inutile di guardarsi la schiena.

«Cosa sono? Com'è possibile?» chiese in preda all'agitazione.

«Che ne dici? Ti piacciono?»

«Ma non sono... non sono dentro di me.»

Kronous annuì con la testa. «Certo che sì.»

«Com'è possibile... perché?»

Maureen non riusciva a credere ai suoi occhi. Non poteva essere vero, era impossibile, non aveva senso. Il cuore cominciò a battere sempre più forte mentre la gola si stringeva, impedendole di respirare. Sentì freddo, poi di nuovo caldo, iniziò a sudare, stava per svenire.

«Dovresti anche riuscire a muoverle» disse Kronous. «Dovrebbe essere sufficiente un piccolo stimolo e...» Avvicinò una mano alla schiena di Maureen.

Un'ombra si sollevò sopra le loro teste, qualcosa era scattato improvviso verso l'alto urtando prima un tavolo e poi il soffitto.

La ragazza urlò dal dolore e cadde in ginocchio, vomitò e scoppiò a piangere, un pianto convulso, spaventato. Poi girò il capo verso la vetrata e questa volta le vide distintamente. Sulla sua schiena, dritte e spiegate, erano montate due protesi che le perforavano la carne. La carne che in quel punto era grigia e informe, come quella dei centauri di Dite, era parte di lei, era parte del suo corpo, era la base delle due grandi ali che le erano state impiantate.

«Non è possibile...» ripeteva Maureen mentre singhiozzava in ginocchio. «Non potete avermi fatto questo!»

Provò a rimettersi in piedi, le ali per un attimo si ripiegarono e poi si aprirono di colpo, facendola cadere all'indietro e sbattere con forza sul pavimento. La dottoressa si avvicinò per aiutarla, ma Kronous la fermò con un cenno della mano.

«Deve imparare» disse l'oligarca, osservando la ragazza mentre si dibatteva come un uccello ferito.

Tentò prima di mettersi a sedere e poi di girarsi, ma senza successo, perché le ali continuavano a muoversi a scatti, come un corpo estraneo indipendente dalla sua volontà. Maureen gridò per il dolore, l'orrore, la paura, e all'improvviso le ali si spiegarono e sbatterono due volte, sollevandola da terra e facendole colpire il soffitto con la testa.

Ricadde travolgendo alcuni macchinari e il tavolo con il computer, che si ribaltò con lei sopra. Un nuovo battito la spinse contro la vetrata, mostrandole il suo volto da vicino trasfigurato dal dolore, non era più lei, non era Maureen, era solo un mostro.

Ignorando le parole di Kronous, la dottoressa le si avvicinò e le bloccò le ali con due corde morbide progettate apposta per quello scopo. La fece sedere su una poltrona e le diede un bicchiere. «Bevi, da brava, dovrai bere molta acqua.»

«Dovrò? Io non posso vivere così.»

«Certo che puoi» intervenne Kronous. «I cittadini avranno quello che cercano, e ci venereranno. Da oggi tu sei una dea. È quello che tutti vogliono, quello che hanno sempre desiderato, un'entità superiore in grado di stabilire un ordine, di emettere un giudizio sicuro, inappellabile.»

Maureen si guardò le braccia, non le riconosceva come parte del suo corpo, poi prese il bicchiere attorno al quale la dottoressa le aveva fatto stringere le mani, accompagnandola nei gesti fino alla bocca. Bevve, ma la gola bruciava e l'acqua non dava alcun sollievo.

«I cittadini vedranno in te quello che loro non sono e non

possono essere. Sarai la voce di Dio, la sua giustizia, il braccio dell'Inferno che si allunga tra i vicoli di Europa portando una giustizia superiore.»

«Io non sono questo, non lo sarò mai!» urlò Maureen.

«Non hai più la possibilità di scegliere. L'hai avuta, e l'hai sprecata. Ora, se vuoi vivere, se vuoi avere ancora un'occasione di vedere i tuoi amici, è meglio se fai esattamente quello che ti dico. Il futuro potrebbe riservarti sorprese che non ti aspetti.»

In quel momento la porta della stanza si aprì ed entrò un infermiere. Spingeva una sedia a rotelle, su cui era seduta una persona con il volto in parte coperto. Un cappuccio di stoffa grigia ricadeva sugli occhi, sotto si intravedeva un viso scheletrico.

«Vieni pure» disse Kronous facendo cenno all'infermiere di avvicinarsi.

«Togliti il cappuccio» ordinò Kronous, ma la persona non si mosse. «Toglielo tu, allora.»

L'infermiere avvicinò piano le mani alla testa completamente immobile ma, quando le dita sfiorarono il cappuccio, questa ebbe uno scatto.

«Non tutto è andato come avevamo previsto» fece Kronous con una gravità distante dal suo tono sicuro e provocatorio.

Maureen lo guardava confusa. L'oligarca, con un movimento veloce e deciso, sfilò il cappuccio. Si trattava di un ragazzo, la pelle bianca, i capelli biondi radi sulla testa, le palpebre leggermente calate e profonde occhiaie nere. Indossava un camice che lasciava immaginare un corpo esile e ossuto.

«Come ti senti?» chiese Kronous, ma il ragazzo non rispose.

Maureen non riusciva a capire perché le stessero mostrando quel giovane che non conosceva. Lo osservò meglio, si sforzò di comprendere se per qualche ragione avrebbe dovuto sapere chi fosse, ma la sua mente era annebbiata e le fitte alla schiena le rendevano impossibile concentrarsi per più di qualche secondo. Inoltre quel viso era sfigurato da un'eccessiva magrezza e da un'espressione di apatia e assenza. Chiunque, in quelle condizioni, sarebbe stato irriconoscibile, pensò Maureen. Chiunque, si ripeté.

Poi il cuore cominciò a batterle più forte. «Chi è?» domandò, una nuova ansia vibrava nella sua voce.

«Non lo riconosci?» replicò Kronous.

«Alec!» urlò, e il grido le si strozzò in gola. «Alec, sei tu?»

Il ragazzo non si mosse, ma una lacrima gli scivolò piano sulla guancia e cadde sul camice azzurro, disegnando un piccolo cerchio blu.

«Non sei Alec...» disse Maureen. «Guido... chi sei?»

Kronous abbassò lo sguardo e scosse il capo. «È stato un incidente» disse piano. «Un terribile incidente.»

«Un incidente? Cosa stai dicendo?»

«Il suo corpo ha risposto male agli innesti» spiegò l'oligarca. «Un'infezione, speravamo di poter fare qualcosa, ma... abbiamo dovuto toglierglieli.»

Kronous girò la carrozzella e abbassò la veste del ragazzo mostrando la schiena. C'erano due squarci profondi all'altezza delle scapole. I nuovi muscoli erano ancora intrecciati alle fasce dorsali, la carne grigia dei primi si fondeva con quella rossa in buona parte cicatrizzata, ma punteggiata di gocce di sangue.

«Perché... perché è in sedia a rotelle?»

«L'infezione ha compromesso la spina dorsale, è il rischio più frequente. Tornerà a camminare, faremo tutto quello che serve naturalmente, vero, ragazzo? Devi continuare ad avere fiducia.» Detto ciò Kronous girò di nuovo la sedia a rotelle.

Il ragazzo sollevò la testa e questa volta Maureen lo riconobbe. «Marvin?»

## 18

Arrivando dalla spiaggia, la porta del Purgatorio si mostrò ai due ragazzi da una prospettiva nuova. Un arco di pietra, retto da una coppia di colonne scavate nella roccia rossa, circondava la montagna dcfinendo una prima barriera naturale sopra la quale si innalzavano le mura. Sotto c'era un massiccio portone di legno che poggiava su tre scalini di diversi colori.

In piedi, sulla soglia, una donna con indosso una tunica grigia e una lunga spada lucente tra le mani. «Ben arrivati, pellegrini» disse. Aveva i capelli ricci e gli occhi a mandorla. «Qui comincia la strada per diventare cittadini della Polis.»

«Quanto impiegheremo ad arrivare in cima?» chiese Alec.

«Dipende da voi, non c'è un tempo prefissato, ma lo capirete più avanti» spiegò la donna e si avvicinò a Maj, che istintivamente indietreggiò, ritrovandosi però con le spalle contro una delle guardie che li aveva scortati dalla spiaggia fin lì. «Inginocchiati» ordinò.

Maj lanciò uno sguardo fugace ad Alec e poi si piegò lentamente. La donna sollevò la spada e la calò sulla testa della ragazza, mettendole la punta in mezzo alla fronte. Una goccia di sangue macchiò l'arma e scese formando una sottile linea rossa. Sette volte incise la sua fronte, sette linee rosse che si mischiarono con il sudore, colando negli occhi e sulle guance.

«Sette cornici, sette colpe da espiare, prima di diventare cittadini» fece la donna. Dopodiché con un cenno del capo invitò Maj ad alzarsi e si avvicinò ad Alec. «Le vostre ferite saranno lavate dalla fatica del cammino e voi avrete accesso alla Polis.» Quando anche Alec fu marchiato, la donna indietreggiò ed estrasse da sotto la tunica due chiavi, una d'argento, l'altra d'oro. «Due chiavi aprono le porte della città, come duplice è il cammino della ragione e dell'amore. Entrambe le strade dovrete percorrere per diventare degni.»

Poi infilò le chiavi nelle serrature dei due battenti della porta, che si aprì dietro una leggera spinta. «Entrate ora, ma non voltatevi, altrimenti tornerete indietro. Diritto è il cammino di chi insegue la virtù lungo la via del pentimento.»

Maj e Alec salirono i tre scalini e varcarono il portone che subito si richiuse, ma non si voltarono, così come era stato detto loro. Si incamminarono per uno stretto sentiero scavato nella roccia. Questa stradina terminava in un terrazzamento lastricato che sembrava abbracciare la montagna come una larga cintura.

Lì, il Purgatorio apparve per la prima volta. Un viottolo correva parallelo al monte. La prima parte era quasi pianeggiante, poi cominciava la salita in mezzo a un bosco rigoglioso. In lontananza si vedeva la linea bianca che serpeggiava lungo una parete su cui si arrampicavano decine di uomini e donne, le schiene curve sotto il peso di grossi zaini. Al di là della muraglia si scorgeva la vegetazione più folta e la montagna che svettava ripida in un susseguirsi di mura strette le une sulle altre che nascondevano i terrazzamenti. L'eco delle voci dei pellegrini rimbalzava sulle pareti rocciose: il pianto di una donna, il rumore dei sassi che franavano.

Un tuono rimbombò nel cielo e qualche secondo dopo iniziò a piovere, una pioggia fitta che scorreva tra le pietre trasformando il sentiero in un ruscello.

A pochi passi da loro, dove i ciottoli erano coperti dalle radici nodose degli alberi, c'era un edificio in marmo dall'aspetto antico. Aveva una facciata con quattro grosse colonne, dietro alla quale si ergeva una costruzione in legno e lamiera che sembrava più recente. Sotto il frontone, coperti dalla pioggia, c'erano almeno una ventina di cittadini, armati. Quando li videro arrivare, un uomo e una donna andarono loro incontro. Lei aveva i capelli biondi e la pelle bianchissima, mentre lui la carnagione scura, quasi nera, e stava riempiendo dei sacchi di tela grezza con delle pietre.

«Venite, venite avanti» disse la donna. «Ben arrivati. Il mio compito è quello di illustrarvi il principio del vostro cammino.»

Alec e Maj si scambiarono un'occhiata e poi annuirono; quel tono colloquiale, così distante dal rituale a cui erano appena stati sottoposti, li stupì.

«Le mie parole potrebbero risultarvi strane, insolite, ma nulla di quello che vi verrà detto lungo il cammino è casuale. Le parole sono l'ordine nel caos.» Dopo questa premessa fece un cenno all'uomo accanto a lei, che prese due sacchi pieni di pietre e li depositò di fronte ai nuovi pellegrini. «Ogni uomo nasce libero e puro, senza colpe e senza condizionamenti, e così vive i primi anni. Ma la metropoli vincola le nostre scelte. La paura, l'odio, il desiderio sono i sentimenti che guidano l'esistenza dei cittadini di Europa. Sono le pietre sulla vostra schiena, il peso che vi portate dietro senza saperlo.» Indicò i sacchi di fronte a loro. «Porterete queste pietre fino alla prossima cornice. Lungo il cammino dovrete riflettere sui vostri errori, sulle vostre colpe. Guardate dentro voi stessi. Prima di affrontare il futuro, occorre tagliare i ponti con il passato.»

Alec se lo caricò per primo sulle spalle. Maj provò a sollevarlo, per pochi secondi lo tenne sospeso da terra, ma le sfuggì di mano e si rovesciò al suolo. Alcuni sassi rotolarono fuori, la donna allora si piegò a raccoglierli. Poi prese il sacco per le cinghie e le si avvicinò.

«Girati» le ordinò.

Il peso sbilanciava Maj all'indietro e le cinghie bagnate le segavano le spalle. La donna le legò tra loro sul davanti, sopra il petto e all'altezza della vita. L'uomo fece lo stesso con Alec, aiutandolo a fissare con cura il carico.

«Sedetevi ogni volta che non camminate e utilizzate questi momenti per riflettere. Il vostro passato è la vostra zavorra, è ciò di cui vi dovete liberare per raggiungere un futuro radioso.»

«Buon cammino» fece l'uomo. «Questa strada vi condurrà a una vita migliore.»

I due si fecero da parte, mentre dall'arco della prima cornice giungeva un nuovo gruppo di pellegrini.

Alec e Maj si incamminarono lungo il sentiero inoltrandosi nel bosco. La vegetazione era fitta, c'erano liane, lunghi rampicanti pieni di fiori e alte palme.

«Ce la fai?» chiese Alec.

«È pesante.»

«Non faremo tutto il cammino» disse lui. «Dammi solo il tempo di capire com'è questo posto.»

«Cosa intendi?»

«Ci sono le prigioni? Ci sarà altra gente che se ne vuole andare, troveremo degli alleati, lo abbiamo fatto all'Inferno, lo faremo anche qui.»

Maj rimase in silenzio, continuava ad avanzare, la testa china sotto il carico. Dopo un'ora si fermarono vicino a un torrente per far riposare la schiena. Nel frattempo aveva smesso di piovere. Bevvero l'acqua che sgorgava da una roccia e ripresero fiato.

«Ci daranno da mangiare?» domandò Maj.

«Non lo so» rispose Alec. Lungo il percorso quel mattino non avevano incontrato nessuno, ma in lontananza più volte avevano udito voci e rumori, anche se potevano provenire dalle altre cornici.

Nel pomeriggio il cammino divenne più duro, la strada si arrampicava su una collina piuttosto ripida che si allungava come un braccio che sporgeva dalla montagna, costringendoli a una deviazione. I sacchi di pietre ostacolavano i movimenti e rendevano impossibile procedere su una salita troppo scoscesa.

Il sole era tramontato da più di due ore quando giunsero in un prato pianeggiante in mezzo al quale scorreva un ruscello. C'erano diversi fuochi e piccoli accampamenti improvvisati attorno a cui si scaldavano i pellegrini. Il buio della notte nascondeva la vista del monte, per cui non sapevano se erano arrivati alla fine della prima cornice, o solo a un bivacco lungo il cammino. Erano stanchi, sudati, i vestiti sporchi di terra e le scarpe fradicie.

«È meglio se ci fermiamo qui per questa notte» disse Alec.

«Va bene.»

«Credo che la prossima cornice non sia lontana. Ho intravisto delle capanne di legno più in alto. Forse potremmo raggiungerla anche ora, ma...»

«Fermiamoci qui» replicò Maj. «Non ce la faccio più.»

Alec riuscì ad accendere un fuoco, prendendo in prestito un tizzone da un pellegrino che si limitò ad annuire con un cenno del capo. Avrebbe voluto parlare con qualcuno di loro, domandare cosa sapevano del cammino, ma era tardi e i loro volti stanchi lasciavano intendere che non avevano intenzione di scambiare due chiacchiere. In compenso trovò del cibo. Davanti a un capanno erano seduti tre cittadini armati. Due dormivano, uno era sveglio. Alec gli chiese se potevano avere qualcosa da mangiare e lui gli allungò un tozzo di pane duro e un pezzo di pesce secco.

Maj era provata. Il dolore alla schiena si era trasformato in una fitta continua tra le scapole, e le corde avevano lacerato la pelle in più punti.

«Ti va di parlare?» le sussurrò Alec mentre scaldava il pane sul fuoco e cercava di ammollare un po' il pesce in una corteccia ricurva che usava come ciotola. All'Inferno aveva imparato a sopravvivere con meno di nulla, ma non immaginava che gli sarebbe tornato utile in una circostanza simile.

Maj non rispose.

«Penserò io a te» disse lui circondandole le spalle con il braccio. «Forse abbiamo sbagliato a credere di essere arrivati, abbiamo ancora molta strada da fare.»

Maj si voltò verso di lui, abbozzando un sorriso tra le lacrime. «Io non so se ce la faccio.»

«Non dirlo, ce la farai sicuramente, ti aiuterò io.»

«No, Alec, non lo so, mi è crollato il mondo addosso, ho perso tutta la mia vita, tutto quello in cui credevo e ora anche mio padre... io non so più perché vivere, ti amo, ma questo non c'entra.»

«Non so se posso capirti fino in fondo, ma anche io ero convinto di aver perso mio padre... anche se allora ero più piccolo, pensavo che niente avesse più senso, e avevo accettato di vivere perché in fondo non si vive per scelta, si vive perché si nasce.»

«Ma perché nasciamo allora? Perché soffrire? Perché cercare di non soffrire?»

«Non ho la risposta, per me tutto è cambiato quando ho incontrato te... il giorno in cui siamo usciti dall'Inferno, guardavamo le stelle, e io pensavo che tu saresti stata la mia stella, che ti avrei seguito.»

Maj nascose il viso tra le mani e cominciò a piangere silenziosamente. «Ho paura di non essere più quella stella.»

«Lo sarai sempre.»

«Scusami» disse lei e si sdraiò a terra, chiudendosi nel suo dolore.

Alec rimase sveglio a lungo, chiedendosi cosa sarebbe stato di quella sofferenza, dove l'avrebbe portata. Le appoggiò una mano sul fianco, poi le carezzò la testa sperando che le domande senza risposta avessero solo bisogno di essere accudite, come un bambino che piange, e in quel caso avrebbe fatto del suo meglio perché lui, una risposta al mistero della vita e della morte, ancora non ce l'aveva.

«Io penso che arriverà una spiegazione per ogni cosa. Comunque ti porterò fuori di qui, ti porterò dove vuoi.» Alec alzò gli occhi verso la montagna sopra di loro. Con il buio l'aspetto di quel piccolo avvallamento era cambiato, e ora appariva come un lago nero sopra il quale era stato posato un coperchio blu illuminato dalle stelle. Poi guardò Maj. Le guance erano arrossate, i capelli biondi sporchi, come i vestiti. Alla base del collo le corde avevano lasciato un segno rosso che le aveva lacerato la pelle, facendo uscire il sangue. La luce delle fiamme le rischiarava le gambe nude e i piedi allungati verso il fuoco. «Non meriti tutto questo» disse e le accarezzò il viso. Gli occhi di lei si riempirono nuovamente di lacrime.

«Scusami» disse lui. «Forse devo solo stare zitto. Se vuoi parlare, sai che ci sono, sono qui per te.»

«Tu parla, io purtroppo non ho niente da dire.»

«Vuoi che parli?»

I legni secchi che aveva aggiunto al falò cominciarono a fumare, poi uno s'incendiò all'improvviso, ma la fiamma durò solo pochi secondi. Quando si spense, si era staccato un sottile strato di corteccia annerita.

«Sì, voglio sentire il suono della tua voce. Raccontami una storia.»

Alec sorrise vedendo lo sforzo che lei stava facendo per sopportare il peso di quel dolore che doveva far sembrare leggero anche il sacco di pietre. «Una storia?»

«Sì, una storia inventata, qualcosa che non mi faccia pensare alla mia vita.»

«Va bene, ci provo. Ti racconto la storia di un uccellino, no, anzi, di un topo che non era felice di vivere sulla terra perché tutti lo cacciavano e dicevano che faceva schifo, va bene questa?»

«Sì, credo di sì, basta che mi distragga.»

«Va bene, questo topo un giorno decise di imparare a leggere e a scrivere, e alla fine divenne molto intelligente, molto più degli umani che gli davano la caccia. Quelli erano stupidi. Lui invece era così intelligente che iniziò a lavorare e divenne ricco, e allora creò una città, una città di topi, e tutti i topi si misero a studiare e alla fine quelli che erano brutti e facevano schifo non erano più i topi ma gli uomini.»

«È una favola strana» disse Maj con uno sbadiglio, poggiando la testa sulle gambe di Alec.

«Aspetta, non è finita. Allora nel nuovo mondo gli umani facevano schifo. Così uno di loro cominciò a studiare e a leggere, e divenne intelligente, più dei topi, e alla fine diventò ricco, e ricreò un mondo di uomini che tornarono al potere.»

Alec sentì il respiro di Maj farsi pesante, e smise di raccontare. Rimase sveglio a lungo, la testa rivolta verso le stelle che all'Inferno aveva dimenticato e che anche a Europa erano rare. Prima di addormentarsi si chiese se la storia dei topi non avesse nessun senso o se fosse invece la vita a non averne uno, perché tutto ciò che accade, tutto ciò che cambia il significato di un'esistenza, attraverso un amore, un ideale, una direzione, contiene in sé il germe che lo distruggerà, riportando la più alta aspirazione, il desiderio più grande, al punto di partenza.

La mattina, quando si svegliarono, le stelle erano già state cancellate dalla luce dell'alba.

Il sole mostrava però chiaramente ciò che al loro arrivo non avevano potuto vedere e che rappresentava la risposta alla domanda che, da quando erano arrivati sull'isola, non avevano mai smesso di farsi.

Cos'era veramente il Purgatorio? Ora ce l'avevano di fronte.

# 19

La prima cosa che pensò Maj fu che quel luogo non appartenesse alla realtà, ma fosse solo il frutto della sua immaginazione.

Davanti a loro si ergeva una montagna conica fatta di cerchi concentrici di pietra. La cima rimaneva nascosta dal fumo che si sollevava fitto da una delle cornici più alte. Mura imponenti si accavallavano le une sulle altre, a formare degli enormi scaloni forati da archi che si aprivano a distanza regolare. In alcuni luoghi la cinta era crollata ed era stata sostituita da palizzate di robusti bambù, in un punto in particolare i detriti avevano formato un promontorio sopra il quale erano cresciuti pochi alti alberi.

«Non è reale» disse Maj.

Alec osservava quel paesaggio con lo stesso stupore. «Forse stiamo sognando. È possibile?»

Tra le rovine camminavano i pellegrini, ora sotto i raggi cocenti, ora sotto improvvisi scrosci di pioggia. La montagna brillava alla luce del sole che si rifletteva sulla superficie bagnata della pietra. Il vento portava a tratti una musica dal volume altalenante, un arpeggio suonato con forza scandiva il tempo di una melodia di violini e viole.

«La senti anche tu?» chiese Alec sollevando la testa verso il cielo.

«Da dove arriva?»

La sua mente non si era ancora abituata a quel paesaggio onirico quando si accorse che, ai margini del prato in cui avevano passato la notte, c'era una scala di pietra che conduceva alla cornice superiore. La cinta di mura era ben visibile da dove si trovavano, e si intravedevano anche i tetti di marmo e di tegole rosse di alcuni edifici nascosti dalla vegetazione. Attorno alla scala erano radunati diversi pellegrini con i sacchi di pietra ancora sulla schiena, mentre quelli seduti sui gradini si erano già liberati del peso. A custodire il passaggio c'erano dieci cittadini, cinque per lato, ma i loro volti erano coperti da maschere di legno colorate che rappresentavano espressioni distorte, dal dolore più tremendo o dalla gioia sfrenata.

«Qual è la tua storia?» chiese una voce maschile quando Maj per prima si avvicinò alla scala.

La voce risuonava nell'aria e non era possibile intuirne l'origine. Maj si guardò attorno confusa, ma incrociò solo gli sguardi degli altri pellegrini; c'era chi si massaggiava le spalle, chi puliva le ferite lasciate dalle corde, gli occhi di tutti erano puntati su di lei.

«La mia storia?» ripeté Maj.

«Racconta da dove vieni e come hai vissuto fino a oggi, confessa le tue colpe.»

«Sono nata in Paradiso» rispose lei e, mentre pronunciava quelle parole, pensava a suo padre. «Questa, credo sia la cosa più importante di me.»

«Parlaci del Paradiso» disse ancora la voce.

«Non ho mai creduto» cominciò Maj, «che fosse qualcosa di diverso dal resto del mondo. Per me la vita era quella, vivevamo senza dolore e avevamo tutto ciò che volevamo, non esisteva la tristezza, non tra noi ragazzi almeno...» Maj si fermò per qualche istante. Infilò i pollici sotto le corde del sacco per dare un attimo di sollievo alle spalle.

«È questa la tua colpa?»

«Non so se si può considerare una colpa... vivevamo ignorando quello che succedeva nel mondo, e forse questo è sbagliato.»

«È uno dei motivi per cui Europa è la città che conosciamo» affermò la voce.

«Io non ho mai visto Europa, conosco solo il Paradiso... e l'Inferno.»

«Raccontaci la tua storia, Maj» continuò la voce, che aveva assunto un tono rassicurante. Le stava dicendo che quello era il posto, quello era il momento, e che avrebbe potuto liberare ogni suo pensiero. La vita non le aveva mai offerto un'occasione simile, e ciò che più di ogni altra cosa occupava la sua mente era il ricordo del padre.

«Non penso che mio padre fosse un uomo cattivo» mormorò, e la frase si spense in un singhiozzo che risuonò nel silenzio irreale che si era creato attorno a lei. «Lui voleva cambiare il mondo, e ha pagato per questo.»

«Non siamo qui per processare lui» affermò la voce, che risuonava più calda e vicina. «Siamo qui per conoscere te.»

«Va bene» replicò Maj e inspirò con forza cercando di farsi coraggio. «Allora forse dovrò cominciare raccontandovi come sono arrivata qui e perché sono stata condannata all'Inferno. Sono stata mandata all'Inferno perché volevo conoscere la verità, e ho cominciato a provare questo desiderio quando ho conosciuto un ragazzo che proveniva da una realtà che per me, fino a quel momento, non esisteva.»

Man mano che raccontava, il tono diventava più sicuro, come se l'atto di parlare di sé e del proprio passato stesse mettendo ordine nei suoi pensieri. Descrisse gli anni della sua infanzia, la ricchezza e l'agio che aveva sempre considerato la normalità. Parlò della condanna all'Inferno, dei giorni passati con le amazzoni, con la paura di morire e di uccidere. Alla fine si sentì svuotata, non era l'effetto che si sarebbe aspettata.

«Questa storia ora rimane qui» concluse la voce.

Due cittadini le si avvicinarono, le loro maschere mostravano una un volto sorridente, dipinto di un rosa acceso con grandi occhi bianchi spalancati e i capelli biondi intagliati nel legno; l'altra un viso scuro, quasi nero, le labbra piegate verso il basso, le guance scavate e le palpebre abbassate. Mentre si accingevano a toglierle il sacco di pietre, Maj si chiese quale fosse il significato di quei travestimenti, ma dimenticò la domanda quando provò l'immediato sollievo sulle spalle ferite e la schiena dolorante, e il rapido propagarsi di quella sensazione dal corpo alla mente come a riempire il vuoto lasciato dalla confessione.

«Come stai?» chiese la voce.

«Bene» rispose piano. Con la coda dell'occhio vide Alec che la osservava stupito e, mentre andava a sedersi assieme agli altri pellegrini sulla scalinata, percepì la distanza tra loro, simile a un elastico che si tende fin quasi a strapparsi.

Poi però fu il turno di Alec. Raccontò il proprio passato, la vita a Europa, il giorno in cui le guardie dell'Oligarchia avevano portato via suo padre, gli anni difficili che erano seguiti, fino al permesso di lavoro in Paradiso, all'incontro con Maj e alla condanna all'Inferno.

«Questa storia ora rimane qui» disse di nuovo la voce quando lui ebbe terminato. Due cittadini gli si avvicinarono e tolsero anche a lui il sacco con le pietre. Poi, dopo che altri pellegrini ebbero raccontato la propria storia, fu dato loro del pane e del latte che consumarono avidamente.

«Occorre chiudere gli occhi sul mondo prima di ricominciare a vedere» proseguì la voce echeggiando nell'aria. Sembrava provenire dal cuore stesso della montagna. «Questo è il senso del cammino del Purgatorio, per questo esiste la montagna, perché ognuno di voi possa elevare la propria coscienza a un livello superiore dell'esistenza. Sette cornici, sette prove alle quali sarete sottoposti, la prima l'avete appena superata, la meta finale: la Polis, per coloro che sapranno meritarla e diventeranno cittadini.»

La voce si interruppe, cosicché i pellegrini potessero assimilare le nuove informazioni. Gli occhi di tutti ora erano rivolti verso il monte, quello spettacolo irreale aveva assunto i contorni di un percorso, di un cammino in ascesa per una destinazione che nessuno di loro, tranne Alec e Maj, aveva visto.

«Per poter pensare correttamente, occorre vedere correttamente» riprese la voce. «I vostri occhi hanno osservato il mondo attraverso il filtro deformante della paura, del desiderio, dell'odio e dell'invidia, i sentimenti che vi tengono lontani dalle verità più profonde. Salite questa scala affinché i vostri occhi possano abbandonare quelle emozioni distorte.»

Alec e Maj assieme agli altri uomini cominciarono a salire la scalinata, giungendo fino all'imbocco di un colonnato di marmo che correva parallelo alla montagna. Il terreno era lastricato di grandi pietre sconnesse, su alcune delle quali si intravedevano resti di antiche incisioni. Lì, li aspettavano altri dieci cittadini, le loro maschere erano scure e senza alcun segno, fatta eccezione per due piccoli fori per gli occhi. In mano reggevano delle stoffe nere alle quali erano fissate delle cinghie di cuoio. Ciò che li attendeva fu subito chiaro quando videro i pellegrini di fronte a loro che procedevano incerti. Le loro teste erano coperte da cappucci neri fissati con le cinghie sotto il collo e sotto le ascelle.

Questa volta Alec avanzò per primo. «Restami vicino. Non dobbiamo perderci.»

Quando a entrambi fu coperto il volto, si incamminarono lungo la strada tenendosi per mano.

«Non lasciarmi per nessun motivo» disse Alec mentre procedeva piano sul terreno scosceso.

Ogni tanto il vento portava il suono dei violini mentre, quando calava il silenzio, si sentiva solo il rumore sordo dei loro passi sulle scale, oltre ai sospiri della gente che si affannava sul percorso di purificazione.

Senza poter né bere né mangiare, camminarono per tutta la mattina, costeggiando le pareti di mattoni. Solo una volta ricevettero dell'acqua, fu tolto loro il cappuccio all'interno di una stanza buia, sicché fu impossibile distinguere dove fossero o provare a intuire quanto tempo fosse passato dal momento in cui erano entrati nella seconda cornice.

Più di una volta caddero, inciampando nelle fessure tra le pietre, urtando contro altri pellegrini. Il dolore, le voci, gli odori si trasformavano man mano che procedevano, le percezioni erano amplificate. A volte si poteva sentire il profumo del mare e Maj ebbe l'impressione di camminare su un sentiero che si avvitava attorno al monte, a strapiombo sull'acqua, ma queste sensazioni si spensero del tutto nel pomeriggio, non appena il buio cominciò ad amplificare i pensieri; finché, a un'ora che nessuno dei due avrebbe saputo indovinare, non rimase altro che il dolore delle cadute, la fame e la sete.

«Non ce la faccio più» mormorò Maj.

«Non possiamo fermarci.»

«Io non penso di riuscire a proseguire.»

Alec urtò qualcosa che ostruiva il passaggio. Era molle, sembrava tagliare la strada trasversalmente. «Aspetta, c'è qualcosa per terra.» Si inginocchiò e tastò con le mani il suolo scoprendo che c'era un corpo.

«Chi sei?» chiese una voce roca, maschile.

«Stai male?» ribatté Alec.

«Sì, puoi aiutarmi? Vorrei sedermi.»

«Ma perché sei qui da solo? Che è successo?»

«Sono caduto, ho sbattuto la testa... credo.»

Alec lasciò la mano di Maj che fino a quel momento aveva tenuto ben stretta nella sua. «Non ti muovere di qui. Aiuto quest'uomo.»

«Va bene.»

«Siete in due? C'è una ragazza con te?» domandò l'altro.

«Sì» rispose Alec mentre lo prendeva sotto le ascelle e lo aiutava ad appoggiarsi a una colonna.

«Beati voi. È la cosa più bella» disse lui. «Ma... tu... sei Alec?»

«Come fai a conoscere il mio nome?»

«Io ero in strada, dietro di te, quando hai fermato la parata. Pensavo che non fosse troppo tardi per cambiare la mia vita... e inseguire il sogno. Sapevo del Purgatorio.»

«Ce la fai a camminare? Ti portiamo con noi» gli chiese.

«No, no, voi dovete proseguire.»

«Dài, ti aiuto ad alzarti, cammineremo piano, non può mancare molto.»

Esitò qualche istante. «Non pensate a me.»

«E tu cosa farai?»

«Non lo so, non mi aspettavo... tutto questo. Ma voi andate, il tempo ormai è poco e se non arrivate entro il tramonto dovrete ripercorrere la cornice da capo.»

«Veramente? Non ce l'avevano detto.»

«Sì, lo si scopre solo alla fine. Ho incontrato dei pellegrini, mi hanno detto che era il terzo giorno che facevano il giro incappucciati.»

Alec provava compassione per quell'uomo e si chiedeva quale destino lo attendesse, ma si rendeva anche conto che in quel momento doveva occuparsi di Maj.

Quel breve silenzio fu riempito da un sospiro dell'uomo. «Andate, pensate a voi.»

«Addio» disse Alec. «Maj, stai meglio?» le chiese, ma non ottenne risposta. «Maj, dove sei? Hai sentito cos'ha detto? Dobbiamo proseguire.» Si alzò in piedi con cautela. «Maj, dove sei?» Ancora una volta nessuna risposta, Alec cominciò ad allarmarsi. «Maj!» urlò, nel caso in cui si fosse allontanata per qualche motivo.

Il cuore cominciò a battergli più forte, ma dovette dominarsi e trattenere ogni impulso perché non poteva mettersi a correre, non poteva tornare sui propri passi. Allora si inginocchiò e camminò carponi fino alla costa della montagna. Magari Maj si era seduta, magari era svenuta. Continuò a chiamarla, a un certo punto udì dei passi e delle voci, dei pellegrini stavano arrivando dal basso.

«Avete incrociato una ragazza?» chiese Alec, nonostante fosse una domanda sciocca. A meno che Maj non fosse tornata indietro fermandosi a parlare con quelle persone. La cecità vanificava ogni tentativo. Eppure non poteva essersene andata così, non poteva essere lontano. Oppure... Alec scacciò il pensiero che si fosse sentita male e che fosse da qualche parte priva di sensi. Riprese a salire, convinto che Maj avrebbe cercato di raggiungere la fine della cornice. Se poi non l'avesse trovata, avrebbe potuto allertare i cittadini, di certo non avrebbero lasciato morire qualcuno lungo il percorso.

Non sapeva dire quanto tempo fosse passato quando due mani lo afferrarono per le spalle e cominciarono a slegargli il cappuccio dalla testa. La luce lo abbagliò e lui faticò a mettere a fuoco la realtà circostante. Riconobbe per prima cosa le nuove maschere, che erano simili a uccelli variopinti: gli occhi piccoli e il becco giallo spiccavano al centro, mentre le piume erano intagliate nel legno attorno al viso.

Si trovava su un terrazzamento di pietra a strapiombo sul mare. Subito lanciò un'occhiata in cerca di Maj. C'erano diversi pellegrini, alcuni seduti che si riposavano, ad altri, come a lui, era appena stato tolto il copricapo e si stavano riabituando alla luce. La maggior parte era raccolta di fronte alla facciata di un tempio che sbucava dalla montagna: quattro alte colonne di marmo, una scalinata e un timpano triangolare sul quale erano scolpite scene di battaglia.

Capì che Maj non era lì, non aveva compiuto il percorso, e il sole stava ormai tramontando, i suoi riflessi dipingevano di rosa la facciata dell'edificio. Alec andò da uno degli uomini mascherati e gli spiegò che aveva perso una persona, una ragazza che stava facendo il cammino con lui.

«Non possiamo fare niente» disse l'uomo.

«Potrebbe essersi sentita male lungo la strada, c'era un altro uomo a terra.»

«Non sei tu che devi pensare a lui, e nemmeno alla ragazza. Il cammino si compie da soli.»

«Sì, ma io non posso proseguire senza di lei.»

«Perché?»

«Ascoltami, io non so chi sei né perché sei qui, ma ora mi devi aiutare, dimmi come posso fare a trovare questa ragazza, a chi posso chiedere?»

L'uomo mascherato rimase immobile senza rispondere. Alec avrebbe tanto desiderato sapere quale espressione si nascondesse sotto il volto d'uccello con il lungo becco e gli occhi piccoli e fissi che gli conferivano un'improbabile espressione stupita.

La notte giunse improvvisa assieme a un vento freddo che si alzò dal mare. Maj non era arrivata al termine del cammino. Alec avrebbe voluto tornare indietro e cercarla lungo la seconda cornice, ma il percorso era stato sbarrato e i cittadini armati gli impedirono il passaggio. Vegliò tutta la notte, sporgendosi dal terrazzamento e chiamando il suo nome, ma senza ottenere risposta.

All'alba, esausto, si appisolò, ma fu svegliato poco dopo dal fumo. Proveniva da un mucchio di sterpaglie che bruciava sulle scale di fronte al tempio; c'erano frasche, ossa animali e ciotole di liquido, da cui si sollevava una nube fitta e densa che veniva poi incanalata attraverso il portone sotto il colonnato.

Delle ruote di legno, azionate da pale che spuntavano dal sottosuolo, aumentavano la velocità del fumo, soffiandolo dentro al tempio illuminato da bracieri che emanavano odore di olio e carne bruciata.

«Qui comincia la terza cornice» affermò la voce che rimbombò più cupa, amplificata dall'ampia sala che fungeva da cassa di risonanza. «I vostri occhi ora sono pronti a vedere.»

Alec provò una sensazione strana, nonostante la notte insonne e l'angoscia per Maj che non gli dava tregua, gli parve che i colori attorno a lui fossero più lucidi, nitidi, e i confini tra le cose e le persone più netti, come sottolineati da un fine tratto nero.

«La rabbia e l'ira sono i sentimenti che ci condizionano, spingendoci ad agire impulsivamente. L'Oligarchia controlla il suo popolo con la paura e l'intimidazione, generando odio e rancore dei quali dobbiamo liberarci. Entrate nel tempio, qui comincia la terza cornice in cui la vostra mente si eleva affinché il vostro cuore non domini la passione, ma la trasformi in ali per volare.»

Uno alla volta i pellegrini varcarono la soglia. Man mano che avanzavano in mezzo al fumo, si udivano i loro lamenti, c'era chi imprecava, chi tossiva, chi provava a tornare indietro per riprendere fiato, gli occhi lucidi, il volto paonazzo. Ben presto Alec rimase solo sulla terrazza, non voleva entrare, non senza Maj.

Uno dei cittadini mascherati gli si avvicinò in silenzio. «Devi continuare il tuo cammino.»

«Io non posso andare, non da solo» ribatté Alec.

In quel momento il cittadino sollevò il mitra e glielo puntò contro.

## 20

Alec salì le scale del tempio, assieme agli altri pellegrini. Una nuvola lo investì non appena ebbe superato il colonnato, ma non si fermò, sollevò la maglia sopra il naso e varcò la soglia. Si ritrovò da solo, al buio. La poca luce che proveniva dall'esterno si scontrava con il fumo confondendo ancora di più la percezione dello spazio. Più avanzava più il vapore con il suo odore acre gli penetrava nelle narici, facendogli bruciare la gola e lacrimare gli occhi.

Prima di inoltrarsi nell'oscurità, là dove il pavimento di pietra scompariva e rimaneva solo la sensazione del freddo umido che assomigliava al respiro della montagna, Alec si voltò ancora una volta verso la porta del tempio e vide l'ombra dei cittadini armati che sbarravano l'ingresso a chi cercava di tornare indietro. Quella visione gli ricordò il giorno in cui era sceso dalla nave sulla riva dell'Inferno; alla vista della grande sagoma del vulcano, molti dannati avevano provato a scappare, qualcuno si era buttato in mare. Alec ripensò agli spari e al tonfo sordo dei corpi sul molo.

Per alcuni minuti camminò nel buio. Un peso sempre più forte gli opprimeva il petto, cercò di inspirare ma sentì la gola pungere e cominciò a tossire.

Udì un rumore di ingranaggi, come ruote che girano lentamente, assieme a un clangore metallico simile al suono prodotto dalle catene. Sul soffitto c'erano piccoli spiragli che si aprirono sempre più trasformandosi in coni precisi, illuminando uno spazio indefinito.

Tutto attorno decine di pellegrini con le teste sollevate cercavano di capire cosa stesse succedendo. C'era chi tossiva, chi imprecava, una donna era inginocchiata a terra e stava vomitando. Qualcuno si mise a correre, approfittando della luce. Un vento improvviso però scacciò il fumo, mentre le fessure si chiudevano lasciando i pellegrini nuovamente al buio.

L'aria divenne fredda, all'inizio la sensazione era quasi piacevole, ma poi Alec avvertì un brivido, ricominciò a camminare, urtò una parete, la pietra era gelida. Avanzò costeggiando il muro, intanto il gelo aumentava, come il lamento dei pellegrini.

«Smettetela!» urlò qualcuno.

«Fateci uscire di qui!»

Una seconda volta la sala del tempio si rischiarò. Sotto i coni di luce adesso c'erano i cittadini, i volti coperti da maschere che raffiguravano alcuni animali: lupi, leoni, orsi, tigri e altre creature che Alec non riconobbe. I denti digrignati, gli occhi piccoli e feroci, le bocche spalancate o distorte dalla ferocia di un attacco. Gli parve di udire i versi di quelle bestie. Il fumo tornò a sollevarsi copioso dal pavimento, avviluppando i cittadini mascherati, e l'aria divenne calda e umida. Dopo pochi passi Alec intravide un rettangolo luminoso che faceva pensare a un'apertura.

La luce si infrangeva nel vapore che scivolava fuori dal tempio con il ritmo lento di un grande fiume. Accelerò il passo in quella direzione ritrovandosi all'aperto, da solo. Davanti a lui partiva un corridoio costeggiato da mura di almeno tre metri che impedivano di vedere cosa ci fosse attorno. Dai bocchettoni tra le pietre usciva il fumo, nascondendo la strada che assecondava il profilo della montagna, curvando ora a destra, ora a sinistra, e impennandosi talvolta in ripide scalinate.

«Aiuto!» gridò una voce femminile. Proveniva da lontano. «Vi prego, aiutatemi!»

Sembrava una ragazza e per un attimo Alec pensò che potesse trattarsi di Maj. Si affrettò e si arrampicò su alcuni gradini che terminavano con un lungo tratto in piano. Lì, in piedi, immobile, non c'era una ragazza, ma un bambino.

«Signore, la prego, mi può aiutare?»

Alec si avvicinò fermandosi a pochi metri da lui. Doveva avere sì e no otto anni. «Che ci fai tu qui?»

«Mi sono perso.»

«Ma tu non dovresti fare il cammino, i bambini vanno direttamente alla Polis... no?»

Il bambino non rispose.

«Dài, vieni con me» gli disse Alec porgendogli la mano, e i due si incamminarono. Alec si accorse che adesso, nonostante il fumo nascondesse quasi completamente la luce del sole, creando una finta notte nel pieno del giorno, non faceva fatica a respirare, l'aria era fresca e dopo qualche istante capì il motivo. La strada finiva infatti in un lago la cui superficie era perfettamente liscia e immobile.

«E adesso che facciamo?» chiese il piccolo.

«Non lo so. Dobbiamo capire da che parte prosegue la strada, forse dobbiamo attraversare il lago a nuoto.»

«O forse ci siamo persi.»

«Spero di no. E poi questo è un percorso segnato.»

«Perdersi è una gran cosa» fece il bambino. «Chi non si è perso vuol dire che non è mai andato da nessuna parte.»

Alec lo guardò stranito. Non sembrava il pensiero di uno della sua età.

«Ma noi non ci siamo persi, dobbiamo andare avanti, però non sappiamo come.»

Alec si inginocchiò sulla riva e toccò l'acqua con un dito osservando per qualche istante la sua immagine accanto a quella del piccolo, il cui volto cominciava a sembrargli familiare.

«Io vorrei trovare un altro posto dove vivere, magari tra le montagne» disse il bambino. «O su un'isola deserta, Europa non mi piace.»

«Be', non sei più a Europa.»

«Sì invece, io vivo lì.»

«Ma tu ora sei qui.»

Lui non ribatté. Si sedette per terra e si tolse le scarpe. Poi immerse i piedi nell'acqua, disegnando una serie di cerchi concentrici che si propagarono rapidamente verso l'altra sponda che era apparsa in mezzo alla nebbia.

«Lei verrebbe con me» riprese. «Io penso di amarla, anche se lei non lo sa.»

«Di chi stai parlando?» chiese Alec che iniziava a pensare che quel bambino non fosse del tutto normale.

«Di una mia amica, tu non la conosci, si chiama Maureen.»

«Conosco una ragazza che si chiama Maureen, cioè, la conoscevo.»

«Lo so.»

«Che stai dicendo? Come fai a saperlo?»

«Lo so perché io sono te» rispose l'altro e poi si tuffò scomparendo sotto la superficie. Quando riemerse, aveva il sorriso divertito di chi è riuscito a fare un bello scherzo. «Io sono te da piccolo» aggiunse.

«Mi stai prendendo in giro. È uno scherzo stupido.»

«Mia mamma si chiama Elena, mio padre Federico, ho una sorella che si chiama Beth e la nostra casa è bella perché mio papà fa l'architetto dell'Inferno. Però viviamo in mezzo alle baracche, non lo so il motivo.»

«Come fai a sapere chi sono?» chiese ancora Alec.

«Te l'ho detto, sono te da piccolo. Credo di doverti dire una cosa, è per questo che sono uscito.»

«Perché? Prima dov'eri?»

«Dentro la tua testa, è lì che si rimane quando si cresce. Vuoi che te la dica?»

«Fa' un po' come vuoi.»

Il bambino nuotò fino a riva e uscì dall'acqua. In mano ora aveva un coltello.

«Dove l'hai preso, quello?» domandò Alec.

Il piccolo non rispose. Sollevò gli occhi al cielo e cadde in ginocchio. «Genesi, tre, quattro: e il serpente disse alla donna: "Non morirete affatto!".»

«Cosa significa?» lo incalzò Alec, ma il bambino non rispose. Poi, senza che potesse rendersi conto di quello che stava succedendo, lo vide sopra di sé, la mano che stringeva il coltello in alto. La lama gli affondò nel petto, vicino al cuore. Alec urlò e cercò di divincolarsi, ma il piccolo estrasse la lama e lo colpì nuovamente, questa volta in mezzo alla fronte. Un dolore muto, un urlo soffocato, il sangue che scorreva sul volto trasformandolo in una maschera di sangue. Alec cadde a terra mentre un fitto fumo si sollevava dalla superficie del lago nascondendo ogni cosa. Il vento cominciò a soffiare, spazzando le nubi e svelando un cielo azzurro e limpido.

Alec guardò davanti a sé. Il bambino era sparito, come il lago. Si portò le mani al petto e sulla fronte, senza trovare tracce delle ferite che gli erano state inflitte. Si rese conto di aver sognato, quel bimbo non era reale, ma il problema era che adesso non aveva idea di dove si trovasse.

Al posto della strada e del lago era comparsa una distesa di fango, macerie, detriti e fiumi che trasportavano rifiuti e carcasse. Fino all'orizzonte e tutto attorno a sé, Alec non scorgeva altro che quello spettacolo di morte e distruzione.

«Dove sono finito?» domandò e la sua voce echeggiò nell'aria più volte.

Incominciò a camminare, ma le sue gambe sprofondavano nella melma fino alle ginocchia. Superò uno, due, tre fossi nei quali scorreva l'acqua che trasportava pezzi di finestre, auto, lamiere e grosse radici. In lontananza gli pareva di intravedere un edificio, una vecchia fabbrica con le vetrate a quadri illuminate e il tetto piatto. Provò a correre in quella direzione, ma continuava ad affondare nel fango, finché non crollò in ginocchio esausto e alzò gli occhi al cielo.

«Genesi tre, quattro: "Voi non morirete affatto!"» disse senza sapere perché stesse pronunciando quelle parole.

Un attimo dopo si risvegliò.

Era sdraiato, con le mani e i piedi legati. Tentò di muoversi, ma invano. Accanto a lui c'erano altri uomini e donne, nella sua stessa condizione. Erano su pedane di legno sollevate dal suolo, con la schiena a terra e la testa rivolta verso il cielo stellato. Lentamente, gli eventi delle ultime ore ripresero forma nella sua memoria, e Alec si ricordò di aver percorso fino in fondo la terza cornice, per la maggior parte del tempo da solo, ma in alcuni tratti anche con altri pellegrini. A tutti aveva chiesto se avevano incontrato una ragazza, fornendo la descrizione di Maj, ma nessuno gli era stato d'aiuto.

Non sapeva in che momento il suo corpo aveva ceduto, e la sua mente lo aveva spinto in una dimensione onirica così vivida da sembrare vera. Si alternavano immagini di una terra desolata percorsa da torrenti di fango, assieme a quelle di un fiume: scendeva all'interno di un letto di pietra, e uomini e donne lo percorrevano controcorrente. Non era in grado di mettere in ordine quelle visioni, non sapeva dire quanti giorni fossero passati.

«Cosa succede qui?» domandò all'uomo accanto a lui, ma questo aveva gli occhi chiusi, la bocca distorta da una smorfia di dolore e il corpo piegato da un lato, come se gli costasse fatica anche solo rimanere sdraiato.

Alec allora fece la stessa domanda a un ragazzo alla sua destra.

«Che deve succedere?»

«Perché siamo qui? Perché siamo legati?»

Lo sconosciuto sorrise, ma non rispose perché nel frattempo si erano avvicinati nuovi cittadini. Anche questa volta avevano i visi coperti da maschere che raffiguravano le stelle e i pianeti. Uno aveva un grande sole con i raggi che si dipartivano dalla circonferenza come piccoli serpentelli gialli. Un altro aveva una mezza luna.

«Verso la terra avete tenuto gli occhi bassi» disse la voce che ormai i pellegrini conoscevano. «Più basso è lo sguardo, più corto è l'orizzonte. Qui si alza lo sguardo degli uomini, imparate a contemplare la volta celeste perché i vostri sentimenti siano alti come le stelle e le vostre idee imparziali come il sole che ci osserva silenzioso.»

# 21

Quando Maj aprì gli occhi, capì subito che doveva esserle successo qualcosa. Era sdraiata in un prato, con i vestiti fradici e la testa ancora incappucciata che le impediva di vedere dove fosse.

«Alec» disse piano tirandosi a sedere, ma nessuno rispose.

«Alec, dove sei?» ripeté alzandosi con tutti i muscoli indolenziti per via della caduta.

Poi si ricordò che la stanchezza aveva avuto la meglio, le era bastato chiudere gli occhi un attimo e subito aveva sentito la testa pesante e quel senso di mollezza che precede il sonno. Allora si era rialzata e, guidata dalla voce di Alec, si era mossa verso di lui, ma si era scontrata con uno o forse due pellegrini. Poi però, quando era rimasta nuovamente sola, si era accorta che la voce di Alec le giungeva più debole. Allora si era rimessa in cammino, procedendo lenta e lasciando scorrere la mano sinistra sul muro che costeggiava la strada. Doveva esserci una curva, o un'apertura, o forse i mattoni erano franati. Di colpo non aveva più udito la voce di Alec. Aveva provato a chiamarlo e alla fine era caduta ed era rotolata sulla terra dura per diversi metri, perdendo i sensi.

«Alec!» urlò adesso con la voce tesa dal pianto che stava cercando di trattenere.

L'aria era fredda e umida e, nonostante il cappuccio le impedisse di percepire la luce, capì che nel frattempo doveva essere scesa la notte. Provò a tendere il copricapo sotto il collo per tentare di aprire un piccolo spiraglio da cui scorgere il suolo, ma le cinghie lo fissavano saldamente. Avanzò con cautela, piegata sulle ginocchia, con le braccia in avanti. Il terreno alle sue spalle era troppo ripido perché lei si potesse arrampicare, così cominciò a scendere e ben presto si ritrovò su una superficie piana. Chiamò ancora Alec, più e più volte, ma nessuno rispose. Camminò per ore, senza sapere dove stava andando, tenendo a freno la disperazione che si attorcigliava al dolore sempre acceso per la morte di suo padre. Quando due braccia la afferrarono all'improvviso per le spalle, per un attimo pensò che fosse finita, che qualcuno l'avrebbe uccisa. Poi, invece, sentì delle mani che le sfilavano il cappuccio, non slacciando le cinghie, bensì tagliando dall'alto la stoffa con un coltello.

«Laura? Che ci fai qui?»

«Ho visto che ti stavi mettendo nei guai.»

«Ma come... come hai fatto?»

«Non importa come ho fatto... ma io ho bisogno di avere te e Alec vivi, non mi servono a nulla due mezzi cadaveri, quindi prima arrivate, meglio è.»

«Non riesco a capire» disse Maj, mentre Laura le offriva da bere da una borraccia di pelle. Attorno a loro c'erano solo alberi e resti di antiche costruzioni, le radici nodose si aggrovigliavano sulle pietre rischiarate dalla luce della luna.

«Dove siamo adesso?» chiese Maj.

«Sotto la seconda cornice, ti sei fatta un bel volo, ti porterò io al principio della quarta, ma dobbiamo muoverci in fretta, finché è buio non si accorgeranno di noi.»

«Ma Alec quindi... sta bene?»

«Non lo so, ma non mi preoccuperei per lui, nemmeno per te a dirla tutta, ma il tempo è poco, per questo ti aiuto. Il cammino vero inizia adesso, quindi mi raccomando, da questo momento in poi, nervi saldi, non farti spaventare da niente.»

«Che vuoi dire?»

«È inutile che te lo spieghi, tanto lo dimenticheresti.»

«Perché fai questo? Perché ci aiuti? Credevo che fossi d'accordo con Lando.»

«Lo sono, ma non è questo il punto. Nemmeno lui vorrebbe vedervi qui, così, ma la Polis è sopra di lui e di me.»

«Non così sopra, forse.»

Laura non ribatté. «Forza, andiamo. Tra poche ore dubiterai di avermi incontrato.»

Maj non comprese le ultime parole, ma tale era il sollievo per quell'inaspettato aiuto, che non ci fece caso. Protette dall'oscurità della notte, si spostarono veloci e silenziose; in un'ora avevano già raggiunto una strada di pietra sulla quale erano scavati due stretti solchi paralleli. Da sottoterra proveniva un gorgoglio che faceva pensare a un fiume sotterraneo. Attorno a fuochi ormai spenti, dormivano dei pellegrini.

«Rimani qui fino all'alba, mettiti vicino a qualche falò, domani non baderanno a te.»

«Dove siamo?»

«Questo è l'inizio della quarta cornice. Ora devo andare. Ci vediamo presto.» Laura si allontanò rapida nel bosco senza aggiungere altro.

Maj camminò lentamente sui massi, cercando di fare meno rumore possibile. Giunta accanto a un fuoco, dove crepitavano ancora le braci accese, si accucciò, ma solo con il calore del primo sole del mattino riuscì ad appisolarsi anche se per nemmeno un'ora. Fu svegliata da una mano che la scuoteva.

«Ehi, tu, alzati.»

Maj aprì gli occhi e vide che era un cittadino. Il suo viso era coperto da una maschera che raffigurava un pesce.

«Svegliati, forza. È ora di partire.»

Maj si tirò a sedere e poi osservò il luogo in cui si trovava e che la sera prima non era riuscita a distinguere bene. Quella che di notte le era parsa una strada, era in realtà una grande vasca che verso la montagna si inclinava fino a trasformarsi in una scalinata delimitata da pareti di roccia su cui si affacciavano i profili scolpiti di teste di leone. I gradini erano bagnati e parzialmente coperti di fango.

«Nella vostra prima vita, siete rimasti immersi in uno stato di torpore del quale non vi rendevate conto» disse la voce. «Accidia, indifferenza, fatalismo, vi siete abituati ad assecondare la corrente. È arrivato il momento di invertire la rotta. È arrivato il momento di elevare la vostra volontà contro l'inerzia, di provare a voi stessi di avere in mano il timone che governa la rotta. Nella quarta cornice l'uomo diventa degno di compiere le proprie scelte per gli obiettivi più alti, senza temere la fatica o il dolore.»

Un rumore proveniente dalle mura fece vibrare le lastre di pietra a terra. Le teste di leone ruotarono due volte. Dalle loro bocche cominciò a uscire l'acqua, all'inizio sei piccole cascate si rovesciarono sulle scale, poi il suono di un secondo ingranaggio creò un potente getto orizzontale. A due a due gli spruzzi si scontrarono a un paio di metri dal suolo, producendo un'onda che in un attimo raggiunse gli uomini alla base del percorso. L'acqua finiva sottoterra, dove veniva incanalata in un condotto attraversato da ruote di legno che permettevano il funzionamento a flusso continuo di quel meccanismo. Lo scroscio delle cascate era amplificato dalla particolare conformazione della scalinata che faceva da cassa di risonanza.

Uno alla volta e a piccoli gruppi i pellegrini cominciarono la salita immersi fino alla vita, come se camminassero in mezzo alle rapide di un fiume. Procedevano lentamente, stando vicini e sorreggendosi a vicenda.

Maj iniziò la salita stando rasente al muro. La corrente era forte e il terreno diventava a tratti scivoloso. Serviva forza ma soprattutto concentrazione per rimanere in piedi e non essere travolti dai flutti.

Aveva già superato la prima rampa quando un'onda travolse due ragazze, sommergendole e trasportandole in pochi secondi fino al punto di partenza. Entrambe si erano subito rialzate, ma una delle due faticava a reggersi in piedi, mentre l'altra aveva del sangue sulla tempia. Distratta da quella scena Maj scivolò, ma riuscì ad aggrapparsi a una fessura tra le rocce e a non perdere l'equilibrio. Capì che da quel momento in poi avrebbe dovuto pensare solo a se stessa. Al termine della seconda rampa passò sotto un porticato, contro il quale l'acqua si infrangeva. Le colonne erano rosse e bianche e sorreggevano alcuni grossi blocchi di marmo su cui erano scolpiti bassorilievi che raffiguravano lo schieramento di un esercito guidato da una figura alata, più grande dei soldati.

Man mano che procedeva, le pareva che la corrente si facesse più forte, o forse era solo la stanchezza. Superò la terza e la quarta rampa, ma a quel punto dovette fermarsi per qualche minuto a riprendere fiato prima dello sforzo finale. Davanti a lei, si ergeva un tempio dalla forma circolare.

Maj si fece coraggio e percorse gli ultimi metri ritrovandosi finalmente fuori dalla corrente assieme a un gruppetto di pellegrini, che come lei si era fermato a guardare il percorso compiuto. Avvertiva una strana energia nelle gambe, come se l'improvviso arrestarsi della spinta che la trascinava verso il basso avesse creato un movimento uguale e contrario che la invitava ad avanzare.

Entrò nell'edificio, scomparendo sotto la sua ombra e ritrovandosi dopo qualche passo immersa in un buio fitto, rischiarato appena dalla luce che arrivava da un foro sul tetto. Quando la vista si abituò all'oscurità, poté riconoscere tre figure umane immobili attorno a lei. Le loro maschere raffiguravano tre diverse teste di serpente: una aveva la fronte larga, gli occhi piccoli e gialli e la pelle verde maculata; un'altra aveva la forma allungata con due specie di grandi orecchie rosse sotto il collo; la terza era simile alla prima ma con gli occhi chiusi.

«Sei pronta per indossare la tua nuova pelle» disse la voce risuonando nel tempio. «È il primo passo importante per diventare un cittadino della Polis. Abbandona qui un piccolo pezzo di te, e prendi qualcosa di molto più grande, una parte di una comunità forte e unita.»

Uno dei tre cittadini si fece avanti e le consegnò quelli che si rivelarono dei pantaloni e una casacca di tela ruvida.

«È arrivato il momento di cambiare pelle» concluse la voce.

Maj ripensò al giorno in cui era stata accolta dalla rete delle amazzoni, quando si era spogliata della sua divisa di dannata sulla cima del grattacielo a Dite. Anche allora aveva provato un iniziale senso di estraneità, ma poi era diventata parte di quel gruppo.

Lentamente si liberò dei suoi abiti logori e bagnati e si rivestì con quelli nuovi. Il buio non le permetteva di vedere che aspetto avessero, ma immaginò che fossero i semplici indumenti che aveva visto indosso a molti abitanti della Polis.

Le tre figure mascherate rimasero immobili, mentre Maj passava loro davanti e usciva dal tempio ritrovandosi in una larga terrazza, scavata nella montagna sulla quale si innalzavano alte gru di legno legate da corde e fissate al terreno tramite lunghi tiranti.

C'era una casa di legno costruita a ridosso del monte. Decine di pellegrini erano raccolti in fila davanti a una finestra: lì veniva dato loro cibo e un liquido fumante.

Maj si affrettò a raggiungerli, ottenne una ciotola di riso e una bevanda calda che sapeva di erbe. Le parve il pasto migliore che avesse mai mangiato e lo consumò con lentezza, accucciata contro la parete rocciosa. Solo quando si fu rifocillata prese a esplorare quella terrazza, sebbene sapesse che se Alec fosse stato lì si sarebbero già incontrati. La paura, il senso di smarrimento, l'angoscia avevano iniziato a prendere una nuova forma in lei, come se ognuna di quelle emozioni fosse ora una freccia tesa nello stesso arco. Aveva un obiettivo adesso, assieme agli altri pellegrini che erano con lei, c'era un cammino e una destinazione, e ciò dava una consistenza particolare al tempo, al momento della giornata, alla percezione di sé. Si guardò le mani, le braccia, poi alzò la testa al cielo, sentendosi parte di un ingranaggio più ampio. Forse non era sbagliato soffrire, non era sbagliato provare dolore, se si pensava a se stessi come a un singolo arto ferito in un corpo molto più grande.

«La vita vi ha costretto a guardare in basso» disse la voce. «Il Purgatorio vi spingerà a elevare i vostri pensieri.»

Dieci cittadini con indosso maschere che raffiguravano diversi pianeti si disposero attorno alle gru verso cui si dirigevano i pellegrini. A tutti venivano legati mani e piedi, dopodiché venivano fatti sedere su una piattaforma di legno a gruppi di sei alla volta. La gru veniva infine issata fino a un'altezza di dieci o quindici metri.

Dovettero rimanere lì sopra tre giorni, durante i quali ricevettero solo acqua, pane e stecche di pesce affumicato. Trascorsero tre giorni in balìa del vento freddo della notte e della pioggia che impregnava i vestiti. A intervalli regolari i cittadini calavano le lunghe braccia delle gru e liberavano i pellegrini per pochi minuti, perché potessero provvedere ai propri bisogni, e subito dopo venivano nuovamente imbragati e sollevati.

Al termine di quella prova, al suono di una campana, le braccia meccaniche furono fatte scendere piano e gli uomini slegati. Mentre si massaggiava le gambe addormentate, Maj ebbe la sensazione che i suoi occhi fossero rimasti sopra di lei, le parve di vedersi dall'esterno, di percepire il suo corpo, il suo pensiero, il suo dolore con una visuale più ampia. Accanto a lei un pellegrino non sembrava altrettanto sollevato. Era un ragazzo sulla ventina, secco secco, i capelli ricci e gli occhi infossati e neri.

I cittadini non avevano ancora finito di slegarlo, che lui si era già alzato in piedi, togliendosi da sé le corde e i ceppi di legno che gli bloccavano i piedi.

Spintonò un paio di uomini e si allontanò imprecando. «Questi sono pazzi!» urlò.

«Torna qui! Dove vuoi andare?» lo richiamò un pellegrino più vecchio.

«Me ne vado. Torno giù. Non sono venuto qui per farmi torturare.»

Quello gli corse dietro e lo fermò al bordo della terrazza, dove un parapetto delimitava lo spazio della quinta cornice.

«Io me ne vado!» gridò. «Non mi puoi fermare. Non dovevamo venire qui.»

«Non ha senso tornare indietro ora.»

«Non ha senso andare avanti!» sbottò lui. «Non sono andato via da Europa per questo, è una follia, te ne rendi conto? Torniamocene a Europa.»

«Quello è il posto dal quale veniamo, per questo siamo qui.»

«Per che cosa?»

«Per vivere in una città diversa, in un mondo diverso... e comunque come credi che ci accoglieranno a Europa? Siamo fuori dai piani lavoro, siamo scomparsi, non abbiamo più nessun diritto lì.»

«Lo sai anche tu che questo non è un problema» fece il ragazzo, brusco. Il tono della sua voce adesso era più calmo e quelle parole non sembravano frutto di una decisione improvvisa, quanto piuttosto di una lunga riflessione. «Due anime false le troviamo, e non ce ne torniamo a casa nostra, possiamo andare più a sud, sull'oceano, siamo due uomini, siamo forti, non abbiamo bambini o donne da portarci dietro, possiamo fare quello che vogliamo.»

Per un attimo quelle parole fecero breccia nella mente di

Maj, che immaginò di andare a Europa. Il luogo dove Alec era cresciuto, dove suo padre era stato oligarca, quella terra che lei non aveva mai conosciuto né visto, se non attraverso le riprese aree che di tanto in tanto venivano mostrate durante il servizio meteorologico. Quando aveva conosciuto Alec, quando se n'era innamorata, aveva visto quel mondo dietro ai suoi occhi, e la possibilità di annullare le distanze, di affrontare l'ignoto, dopo che per anni aveva vissuto nel recinto sicuro del suo quartiere Paradiso. Inseguendo il filo di questi pensieri si ritrovò a chiedersi se la Polis non fosse altro che un nuovo recinto, e se il cammino non avrebbe invece dovuto condurla in un posto senza barriere e confini.

Assorta in questi ragionamenti, non si accorse che una figura l'aveva raggiunta. Sentì una mano sulla spalla e si voltò. Davanti a lei c'era una donna sulla quarantina, lo sguardo dolce e sofferente, la pelle liscia e lucida nonostante le rughe sulla fronte e attorno agli occhi. Conosceva quel viso: quella donna era sua madre.

La guardò incredula, provando confusione e sconcerto. L'ultima volta che l'aveva vista era stato in Paradiso, prima di venire arrestata e condannata all'Inferno.

«Maj, angelo mio» mormorò sua mamma. Il viso era sereno, con l'accenno di un sorriso sulle labbra.

Maj lanciò un'occhiata attorno chiedendosi se non stesse sognando.

«Non ho molto tempo» continuò la donna. «Ma ascoltami attentamente. Mi devi raggiungere in Paradiso, devi dire ad Alec di non farsi illusioni, di non commettere l'errore di tuo padre, il vostro cammino è appena iniziato, ma presto non potrete più guardare il mondo con gli occhi con i quali avete imparato a riconoscere la realtà. La risposta è nel terzo occhio.»

Maj la ascoltò trattenendo il respiro. La sua mente si rifiutava di elaborare quelle informazioni, perché stava ancora cercando di capire se quella di fronte a lei era davvero sua madre e come era possibile che fosse lì e che l'avesse trovata. «Ma sei veramente tu?» domandò allungando una mano verso la donna.

«Bevi un po' d'acqua, su, il tuo cammino è quasi finito» le sussurrò questa volta una voce maschile.

Maj scosse la testa, aveva paura di essere impazzita, chiuse e aprì gli occhi, scoprendo che non si trovava più nella quinta cornice e che la donna che le aveva parlato era scomparsa.

Accanto aveva una ciotola d'acqua. Riconobbe il luogo in cui si trovava, lei e altri pellegrini erano sdraiati o seduti a terra, con la schiena appoggiata alla montagna, sotto di loro un precipizio di diverse decine di metri che terminava nelle cornici sottostanti del Purgatorio. Poi, oltre il bosco e la spiaggia, si vedeva il mare illuminato dal sole a picco di mezzogiorno. Come era arrivata lì? Quanto tempo era passato?

«Il vostro cammino è quasi compiuto» disse la voce. «Potete rompere il digiuno. Il vostro corpo ha appreso la privazione ed è quasi pronto per accogliere un cibo più alto, il frutto della conoscenza e della consapevolezza che permette il libero arbitrio. Nasciamo come gli animali, ma ben presto delle creature della natura dimentichiamo pregi e virtù, mentre non apprendiamo il percorso per diventare uomini. Il vostro cammino invece vi ha mostrato la strada verso la vera conoscenza, la Polis è vicina.»

Maj si guardò le braccia e il corpo smunto, smagrito. Afferrò la ciotola d'acqua e cominciò a bere avidamente. Incrociò lo sguardo della donna accanto a sé. Doveva avere sì e no quarant'anni, l'età di sua madre. Si chiese se in qualche modo poteva essere stata lei a condizionare i suoi sogni, a spingerla a quell'allucinazione. Chiuse gli occhi e si lasciò andare contro la parete rocciosa, riprese fiato per qualche minuto, poi si alzò in piedi e guardò verso l'alto.

La sesta cornice cominciava proprio lì, dopo una doppia serie di archi di pietra sovrapposti oltre i quali si ergeva una collina con un prato verde e rigoglioso. In cima, prima delle mura della città, c'erano tre alberi carichi di frutti rossi.

# 22

Alec non sapeva quanti giorni fossero passati da quando aveva varcato la porta del Purgatorio. Aveva perso il senso del tempo e anche i suoi pensieri si erano fatti rarefatti, inconsistenti. Le prove che aveva superato si ripetevano invece nella sua testa, come un pensiero circolare inarrestabile: il cammino con il carico di pietre della prima cornice, il percorso con il cappuccio, la strada in mezzo al fumo della terza, lì erano cominciate le prime allucinazioni.

Dopo l'incontro con il sé bambino aveva capito che c'era qualcosa nella montagna che gli occhi non riuscivano a cogliere, perché la realtà fisica tendeva a sfumare all'interno della sua mente, trasformandosi in continuazione e rompendo la logica dello spazio e del tempo.

Non aveva idea di quanto fosse durato il digiuno, ma, ora che vedeva l'albero carico di frutti rossi, capì che non era necessario farsi altre domande. Aveva bisogno di mangiare al più presto, per cui afferrò un frutto e lo staccò dal ramo. Stava per addentarlo, quando gli tornò in mente quello che aveva sognato giorni prima.

*E il serpente disse alla donna: «Non morirete affatto!».*

La frase questa volta si completò nei suoi pensieri con altre parole: *Anzi, Dio sa che il giorno in cui voi ne mangiaste si aprirebbero i vostri occhi e sareste come Dio, conoscendo il bene e il male.*

Cosa voleva dire? Che significato aveva quel sogno?

Stava per dare il primo morso quando vide Maj giungere in mezzo al prato. Camminava piano, si guardava attorno confusa, finché non lo vide e gli corse incontro.

Alec lasciò cadere il frutto a terra e la raggiunse accogliendola nel suo abbraccio e stringendola a sé con forza. «Dimmi che stai bene» disse. «Ho provato a cercarti, a tornare indietro, non sapevo più cosa fare.»

Maj piangeva ma, quando si scostò da lui e i loro sguardi si incrociarono, al di là del dolore c'era solo la gioia di essersi ritrovati. «Sto bene, ora, il resto non ha importanza.»

«Hai capito anche tu?» chiese Alec, che non osava confessare i suoi pensieri e sperava che assieme avrebbero trovato la conferma ai suoi sospetti, ossia che gran parte del percorso non fosse reale, ma avvenuto soltanto dentro le loro menti.

«Non era vero» affermò Maj.

«È quello che credo anch'io, ma sono ancora confuso. Ho fatto dei sogni, sogni strani.»

«Pure io... adesso è meglio andare, dobbiamo uscire da qui, ho ricordi fumosi di questi giorni.»

«Tu hai idea di quanti giorni siano passati?»

«No, ho perso la cognizione del tempo dopo l'incontro con Laura.»

«Hai incontrato Laura?»

«Lei mi ha aiutato, ma forse era solo un sogno, anche se mi ha detto che sapeva che dopo poche ore avrei dubitato di averla incontrata veramente.»

Alec la abbracciò di nuovo, poi la prese per mano e la condusse sotto l'albero. «Ti devo raccontare quello che ho sognato, penso che abbia un significato, qualcosa che dobbiamo capire per arrivare fino in fondo.»

«Che cosa ci hanno fatto?»

«Non lo so, c'è qualcosa in questa montagna e... io non credo che questo sia solo opera di mio padre.»

«Cosa intendi?»

«Non lo so, probabilmente in seguito sarà tutto più chiaro.»

«In un sogno ho incontrato mia madre» disse Maj. «Mi raccomandava di avvertirti, che non devi farti illusioni e che lei ci aspetta in Paradiso... non so cosa significhi.»

«Non so, non mi illudo di niente...» rispose Alec guardandosi attorno. «Non più almeno.» Nel tono della sua voce c'era un fondo di amarezza che creò un breve silenzio. Poi Alec raccolse due frutti e ne porse uno a Maj. Diede un morso per primo. «È buono, è dolce.»

L'interno era morbido e rosso, assomigliava a un cuore. Ne mangiarono due a testa e poi ne raccolsero altri quattro. La scala per l'ultima cornice cominciava proprio lì, in mezzo al prato, a pochi metri dall'albero. Era sorretta da una struttura in marmo bianco e, a differenza degli edifici antichi rovinati dal tempo che avevano visto fino a quel momento, questa sembrava appena costruita. Dalla settima cornice proveniva una luce chiara che illuminava l'erba e proiettava l'ombra dell'arbusto. Tenendosi per mano cominciarono a salire, ritrovandosi ben presto alla base di un'ultima balza rocciosa in cima alla quale c'erano le mura della Polis.

Decine di piccole fiamme alte poco più di un metro spuntavano da buchi nella pietra, creando un manto di luce che ricopriva il terreno, sfumando verso il cielo più scuro del crepuscolo.

«Aspetta, Alec» disse Maj, fermandosi di fronte a una di quelle lingue di fuoco.

«Che c'è?»

«Dopo questa collina saremo arrivati, il viaggio sarà finito.»

«Sì, è quello che spero, dobbiamo ancora superare l'ultima prova. Che c'è, Maj? Meglio che andiamo, ce l'abbiamo quasi fatta.»

«Ho bisogno di fermarmi, non so cosa ci aspetta qui davanti, ma se è davvero l'ultima prova sarà difficile e io sono stanca morta. Forse è meglio recuperare un po' le forze.»

Alec rifletté qualche istante. Non era affatto convinto, ma Maj poteva aver ragione. Non avevano idea di cosa li attendeva e quella collina era certamente il luogo più tranquillo che avevano incontrato. «Va bene, fermiamoci allora, dobbiamo trovare un posto dove dormire.»

«Stiamo qui, mangeremo ancora quella frutta, più su credo ci sia dell'acqua, si sente il rumore, abbiamo bisogno di lavarci e pulirci le ferite.»

Alec si guardò i vestiti sporchi di fango e sangue, stracciati in più punti. «Va bene.»

Si arrampicarono fin sulla cima del colle, dove cominciava un altipiano, su cui scorrevano due torrentelli. L'erba era verde e fresca, il terreno morbido e l'aria profumava di fiori. C'erano alcuni cespugli tra cui cinguettavano uccelli colorati.

«Dove siamo?» chiese Maj.

«Guarda, la Polis è lassù» rispose Alec, indicando le mura a qualche centinaio di metri di distanza, circondate dai boschi.

Abbandonarono i vestiti sulla riva, in un punto in cui il corso d'acqua curvava creando una pozza più larga e profonda.

Poi Alec si immerse con i piedi. «Non è fredda» disse. «Vieni, dài.»

Maj gli porse la mano ed entrò. Uno di fronte all'altra si guardarono negli occhi e poi osservarono i propri corpi spogliati, provando un inaspettato imbarazzo. Non erano mai stati nudi a quel modo; fino ad allora avevano condiviso la loro intimità nel segreto del buio. Si conoscevano, ma era come se non si fossero mai visti.

Scesero nella pozza fino a immergersi completamente. Lavarono le ferite, strofinando la pelle più volte, e rimasero a mollo nell'acqua tiepida godendosi il senso di leggerezza.

«Va meglio?» domandò Alec nuotando verso Maj.

«Molto. È qualcosa di... non so come definirlo, mi pare di...» Non riuscì a finire di parlare perché le scappò un sorriso, era il primo da quando aveva appreso della morte del padre, e lui provò una strana compassione per quell'aria un po' infantile. «Non sento più dolore» disse Maj. «Com'è possibile?»

Alec tentò di capire se anche lui avvertisse quella sensazione. «È vero... come te ne sei accorta?»

«Non lo so...» disse Maj e sorrise abbracciandolo con gioia, con la felicità di chi ha scampato un pericolo o è sopravvissuto a morte certa.

Dopo che si furono lavati, misero ad asciugare i vestiti sopra i cespugli. Si guardarono nuovamente, ma quel senso di estraneità che avevano provato poco prima non c'era più.

Alec le diede un bacio e poi si scostò. Le prese le mani e la tirò a sé, il suo seno sul petto, la pelle liscia del corpo di lei che premeva sulle ferite di lui. Le cinse i fianchi e la strinse con forza sentendo crescere la passione, Maj lo baciò con foga, gli occhi chiusi, le dita che si arrampicavano sulle sue spalle e gli graffiavano il collo e la schiena. Alec la fece stendere sul prato e cominciò a baciarla sulla fronte, sulle labbra, sul collo, ascoltando ogni centimetro del suo corpo, come se ogni più piccola parte di lei gli stesse parlando. Per qualche istante non si mosse, ma quando Maj aprì gli occhi piano e sorrise, Alec si chinò, poggiando le mani sull'erba perché il suo peso non le gravasse addosso. Il respiro di lei divenne caldo, lui sentì il corpo incendiarsi e la mente abbandonarlo. La vita prese a scorrere dentro di lui, un'energia dirompente che si diffondeva come un liquido bollente nelle vene, desiderò essere sopraffatto da quel piacere che gli artigliava la carne annullando ogni altra sensazione. Osservò il volto di Maj, la pelle rosea umida di sudore, le labbra lucide leggermente strette. La baciò ancora, tenendole la testa tra le mani e desiderando fondersi con il suo corpo.

L'ultima luce del crepuscolo scomparve all'orizzonte, lasciando solo il bagliore dei fuochi fatui che sbucavano dalle rocce. Il gorgoglio dei torrenti risuonava nell'aria come un arpeggio di chitarra.

Alec si assopì per pochi minuti, e quando riaprì gli occhi vide Maj sdraiata accanto a lui sul prato. Aveva un sorriso etereo, una leggera increspatura delle labbra che contrastava con lo sguardo spento del sonno. Pensò che avrebbero dovuto coprirsi e andò a controllare i vestiti, che nel frattempo si erano asciugati. Guardò il monte sotto di lui, al di là delle fiamme, e si chiese se il loro cammino stava veramente per compiersi.

Quando tornò da Maj, però, notò qualcosa di strano. Un leggero vento le scostava appena i capelli, li soffiava sopra i suoi occhi, ma il corpo era fisso in un'immobilità irreale, le gambe e le braccia dritte, il capo inclinato di lato.

«Maj, è meglio se ci vestiamo ora» le disse inginocchiandosi di fianco a lei. «Maj, svegliati.»

Le carezzò il viso, poi le poggiò una mano sulla spalla e la scosse dolcemente. Gli sembrò normale che fosse stanca e fosse crollata in un sonno profondo, forse avrebbe potuto vestirla senza svegliarla, ma gli era venuto il sospetto che non stesse bene. Le toccò la fronte, era fredda. Si avvicinò al suo viso, mentre il cuore prendeva a battergli nel petto, fortissimo. Maj non respirava.

Alec questa volta la scosse con veemenza, mentre si accorgeva del colorito violaceo delle sue labbra. «Maj!» urlò. «Svegliati!»

Ma la ragazza non reagiva. Accostò l'orecchio al naso e trattenne il respiro, in modo da cogliere anche il minimo cenno di vita. La prese in braccio, il suo corpo sembrava diventato più pesante, non opponeva alcuna resistenza, nessun riflesso incondizionato, nessun movimento involontario.

«Non puoi... non puoi lasciarmi solo» disse Alec, mentre dentro di lui il dubbio si concretizzava, anche se non lo aveva ammesso a se stesso.

Si guardò attorno, provando a misurare la distanza delle mura della Polis per capire quanto avrebbe impiegato a raggiungerle.

«Maj, svegliati!» urlò con tutta la voce che aveva in corpo. La appoggiò a terra, la scosse, provò a praticarle una respirazione bocca a bocca, nonostante non ne fosse capace. Poi la scosse ancora, ma lei non rispondeva, rimaneva immobile, inerte. Dal suo volto era scomparso il sorriso che doveva esserle rimasto impresso sulle labbra nel momento in cui aveva smesso di respirare.

Le sue ultime parole risuonarono nell'aria come se lei fosse ancora lì. «Non sento più dolore» aveva detto. «Com'è possibile?»

Adesso quella frase suonava come un terribile presagio. Maj non provava più dolore perché era morta. Non poteva accettarlo. Non poteva essere vero. Forse stava respirando, anche se pianissimo, ed era svenuta, sicuramente stava male, ma questo non significava che fosse morta. La vestì, poi la prese di nuovo in braccio e corse verso il fitto bosco.

In quell'istante si rese conto che ci sarebbe voluto troppo tempo per raggiungere le mura, e non aveva nemmeno idea di cosa avrebbe incontrato lungo la strada. «Aiuto!» cominciò a gridare. «Ho bisogno di aiuto! C'è una ragazza che sta male!»

Nessuno rispondeva.

«Aiuto! Rischia di morire!» urlò ancora.

Non appena si fu inoltrato nel folto della foresta si accorse che era difficile capire in che direzione muoversi, rischiava di perdersi. Inciampò e cadde ma riuscì a evitare che Maj si facesse male, ricominciò a correre piangendo e disperandosi, e più passava il tempo più aveva la certezza che fosse finita, che era rimasto solo e che nulla a quel punto aveva più senso.

Quel pensiero lo fece arrestare. Ripercorse la scala fino alla sesta cornice e al prato dove scorrevano i due torrenti e ne seguì per qualche decina di metri il corso, fin dove iniziava la costa rocciosa illuminata dai fuochi fatui. Le fiamme erano più alte e più numerose. Dopo pochi passi fu costretto a rallentare, una lingua di fuoco gli lambì la schiena, un'altra gli sbarrò la strada di colpo e infine una terza, all'improvviso, sgorgò dal terreno come un getto d'acqua. Alec fece un balzo indietro ma perse l'equilibrio e scivolò, ritrovandosi a terra accanto a Maj.

«Dimmi che non è vero» sussurrò tra le lacrime. «Dimmi che sei viva.»

Le fiamme ora erano sempre più vicine. Doveva andarsene e in fretta, ma ormai non c'era più un passaggio. Alec vide i propri vestiti incendiarsi mentre il fuoco si arrampicava sul corpo esanime di Maj. Il calore divenne insopportabile. Capì che era la fine e si inginocchiò per dare un ultimo bacio a Maj e stringerla nell'abbraccio che avrebbe condotto anche lui alla morte.

# 23

Alec era in ginocchio sul prato, accanto al corpo esanime di Maj. Sulla loro pelle non c'erano ustioni, nessuna traccia del fuoco. Il cielo aveva appena cominciato a schiarirsi, ma Alec non vedeva altro che il viso di Maj, lo animava con i suoi occhi, cercando di dargli vita attraverso i ricordi per fingere che non fosse morta. Non si accorse di un'ombra che si stava avvicinando e, quando alzò la testa, per un istante credette di vedere una grossa aquila con quattro arti ricoperti di pelo e zampe possenti con artigli. I suoi occhi erano offuscati dalle lacrime, impiegò qualche secondo a mettere a fuoco la creatura che aveva di fronte, alta quasi quanto un uomo, con il corpo di un felino, le ali e il becco ricurvo di un rapace.

«Sei arrivato» esordì l'animale, ma nel momento stesso in cui pronunciò quelle parole la sua immagine impallidì.

Alec scosse la testa e strizzò gli occhi, ritrovandosi davanti un uomo mascherato.

«Hai compiuto il cammino del pellegrino e sei quasi pronto per diventare un cittadino della Polis» disse l'uomo rapace. «Ora devi fare una scelta.»

Alec scosse il capo ancora, incapace di formulare pensieri coerenti. Abbassò lo sguardo su Maj, la pelle del viso era bianca e lucente. «Lei è morta» disse con voce strozzata dal dolore. «Non sono arrivato. Non posso essere arrivato, se non c'è lei...»

L'uomo rimase fermo e impassibile, sembrava non vedere il corpo esanime della ragazza tra loro. «Ognuno è sempre solo sul proprio cammino. È ciò che ci rende forti e liberi.»

«Io non ero solo» ribatté lui, mentre i pensieri diventavano chiari e dentro di lui montava la rabbia per quella Polis senza volto che gli aveva tolto la ragazza che amava. «Voi l'avete uccisa...» gridò Alec. «Io l'ho portata fuori dall'Inferno, e voi l'avete uccisa...»

In quell'istante l'uomo si tolse la maschera.

Impiegò qualche secondo a riconoscerlo. «Tu... tu l'hai uccisa?» chiese incredulo.

«Nessuno l'ha uccisa, Alec» rispose Lando. «Hai compiuto il tuo cammino, ma lei non ce l'ha fatta.»

«No!» urlò Alec e quelle parole risuonarono nella sua testa come all'interno di un'enorme caverna vuota. Poi si chinò sul morbido manto erboso e abbracciò Maj piangendo. Gli pareva intanto di udire rumori di spari e grida, anche se attorno a lui c'era solo buio e silenzio. «Dimmi che non è vero» supplicò. «Dimmi come tornare indietro! Questa cosa non è successa... sei stato veramente tu? Perché?»

La rabbia e la sofferenza creavano in lui un equilibrio precario, pronto a rompersi non appena una delle due emozioni avesse avuto il sopravvento sull'altra. La sua mente si rifiutava di accettare il fatto che Maj fosse morta, che non ci fosse più, che non le avrebbe più parlato e che la responsabilità della sua fine dipendesse proprio dalla persona che aveva creato quel cammino.

«Non c'è un perché, Maj non è riuscita a completare il

cammino, non tutti arrivano in fondo perché non è per tutti la Polis.»

Alec scosse la testa e scattò in piedi. «Tu non puoi parlare sul serio! Tu sei pazzo!»

Lando ebbe un attimo di esitazione, aprì la bocca per dire qualcosa, ma invece tacque e alzò gli occhi al cielo dove una serie di lampi aveva illuminato le nubi di un grigio elettrico. Un tuono, più simile a un'esplosione, fece tremare il terreno.

«Cosa sta succedendo?» chiese Alec.

«Niente» rispose secco Lando. «Non affrettare il giudizio, Alec» aggiunse con una nuova urgenza nella voce. «Cerca di capire.»

«Cosa c'è da capire?! Maj è morta! Ed è colpa tua.»

«Lo sapevi che c'erano dei rischi, lo sapevi che il cammino vi avrebbe messo alla prova, per questo avrei voluto risparmiarvelo... se voi non foste scappati, se mi aveste dato retta.»

«Non puoi accusarmi» disse Alec, sebbene quelle parole avessero scatenato in lui il senso di colpa per l'accaduto. Se fosse riuscito a fermare Maj, se le avesse impedito di fare il percorso, o se solo fosse stato più attento e non l'avesse persa nella seconda cornice. Era colpa sua se Maj era morta.

«Alec, ognuno di noi è solo sul suo cammino» continuò Lando. «Questa cosa riesci a capirla? Ha senso per te?»

«Non lo convincerai in questo modo» intervenne una voce femminile che giunse ovattata alle orecchie di Alec.

«Chi ha parlato? Chi ha detto che non mi convincerai?»

Lando si girò un istante alla sua destra e poi tornò a guardare il figlio. «Nessuno ha parlato, Alec, concentrati, ascoltami. Questo cammino è nato per creare cittadini liberi, pronti a sacrificarsi per la Polis, per la comunità, per un mondo migliore.»

Alec si scagliò contro il padre con tutta la forza che aveva in corpo, gettandolo a terra. Cominciò a tempestarlo di pugni sul petto e sulla faccia, ma Lando non opponeva resistenza. «Non puoi avermi fatto questo!» urlava Alec. «Tu sei pazzo!»

«Apri la tua mente, Alec» fece Lando, con un'espressione serena nonostante il volto già insanguinato. «Cerca di capire il senso del cammino.»

«Non c'è nessun senso!» gridò ancora Alec. «Non senza di lei...»

«La Polis è il senso, il cammino verso una realtà più giusta.»

Alec si bloccò e si alzò guardandolo con disprezzo. «La Polis? Io non credo nella tua città perfetta. Non credo nella tua gabbia di cristallo fuori dal mondo, non credo nella pace, nella felicità, nella democrazia che ostentate, perché sono tutte false, quegli uomini sono schiavi e adesso conosco anche il motivo! Hai costruito il tuo Paradiso, ma lo hai costruito sopra l'Inferno, non sei migliore degli oligarchi, sei come loro!» Si buttò di nuovo contro Lando, lo colpì più volte, preso da una furia cieca. All'improvviso si fermò, qualcosa stava accadendo nel cielo anche se non riusciva a capire. Esplosioni, ronzii, fischi e poi voci provenivano dalla montagna, assieme a versi di animali, che si confondevano tra loro. «La felicità...» disse Alec, la voce affannata, rotta dal pianto, «per me era lei. E tu me l'hai tolta.»

«È arrivato il momento di scegliere» disse Lando.

«Cosa mi stai chiedendo di scegliere?!» urlò Alec.

«O te o la Polis.»

Alec scosse la testa. «Non hai capito. Non scelgo né me, né la Polis» rispose Alec abbassando lo sguardo su Maj.

«Forza, sveglialo» si intromise di nuovo la voce femminile.

Alec si guardò attorno, ma non vide nessuno. «Chi ha parlato?» domandò sentendosi sempre più confuso. «Cosa sta succedendo?» Strizzò gli occhi e li riaprì, era sdraiato nell'erba. In ginocchio accanto a lui c'era Maj che piangeva. «Maj?» mormorò incredulo con un filo di voce.

Udendo quelle parole lei strabuzzò gli occhi. «Hai parlato veramente? Sei... vivo?»

Alec annuì appena.

«Dimmi che non sono impazzita.»

«E tu dimmi che... non sto sognando.» Si tirò a sedere, ma Maj lo abbracciò con violenza crollandogli addosso e ritrovandosi stesa sopra di lui.

«Tu... tu eri morto» gli sussurrò in un orecchio.

«Ho sognato mio padre» raccontò Alec. «Prima era mascherato, poi però era lui, e tu eri morta...»

«Ho fatto lo stesso sogno, Alec, lui mi diceva che dovevo scegliere, che tu non ce l'avevi fatta e...»

Alec la strinse di nuovo. Anche se non riusciva a capire esattamente cosa era successo e come avessero potuto vivere quello stesso sogno lucido, adesso gli importava solo che lei fosse viva, non gli sembrava ancora vero. Rimasero abbracciati, i cuori che battevano all'unisono, immersi in un'atmosfera onirica che pareva diradarsi lentamente, come una nebbia che scompare al mattino con il sorgere del sole. Ma il sole che li illuminò poco dopo svelò qualcosa di altrettanto irreale.

La foresta attorno a loro era bruciata. Le mura della Polis erano state in parte distrutte, verso valle grossi hovercraft si muovevano tra le cornici, dove avanzavano dalla spiaggia i soldati dell'esercito oligarchico, mentre in mare c'erano due imponenti incrociatori militari. Un piccolo aereo da guerra sbucò da dietro il monte e si allontanò verso l'orizzonte, subito seguito da altri due velivoli. Nel cielo volteggiavano decine di figure alate. Sembravano le arpie dell'Inferno, ma più grandi, le loro ombre si stagliavano contro le nuvole tinte di arancione dalle luci dei mezzi.

I fari degli hovercraft puntavano la montagna, illuminando delle creature che precedevano l'avanzata dell'esercito. Le gambe muscolose, il petto gonfio in maniera innaturale, il volto spigoloso sopra il collo taurino, la fronte corrugata e gli occhi gialli.

«Forza, venite qui sotto!» urlò Laura, che li stava chiamando da una fessura nella roccia che pareva l'imbocco di un tunnel. C'era anche un uomo con lei, seduto a terra, la testa piegata di lato.

Alec e Maj si guardarono, poi corsero verso di lei, e lì riconobbero Lando, era ferito.

Per un istante Alec sentì di nuovo quell'odio e quella rabbia che aveva provato poco prima, ma subito quelle emozioni si volatilizzarono, lasciando il posto a una domanda che si era materializzata con chiarezza nella sua mente. «Cos'è successo veramente? È reale questo?»

Il padre annuì, respirava affannosamente.

«Sono arrivati due giorni fa» spiegò Laura. Alle sue spalle ora erano ben visibili anche i cittadini, molti feriti, altri armati, si preparavano a uscire dal corpo del monte. «C'è un sistema di collegamenti nella montagna» proseguì. «Lo utilizzeremo anche noi.»

«Ma perché? Cosa sta succedendo?» chiese Alec.

«L'Oligarchia ci ha trovati, ci hanno attaccato via terra, via mare e dal cielo... ma ci stiamo difendendo. Noi conosciamo i loro mezzi, loro non conoscono i nostri.»

«Non riesco a capire, ma noi... dov'eravamo? Eravamo sulla montagna quando è cominciata la guerra e...»

«No» lo interruppe Laura. «Non avete fatto in tempo a capire cos'è la montagna, la realtà esterna e quella interiore lì si confondono, questo è il cammino, è lì che avete vissuto.»

«Ma questo significa che...»

«Questo è il pellegrinaggio, le prove sono vere solo in parte, avete scalato la montagna, ma il percorso di ognuno è diverso e si crea in base alla sua mente.»

Alec e Maj si guardarono, ma non c'era bisogno di dar voce ai loro pensieri: il cammino li aveva riuniti e si era concluso con lo stesso sogno e la stessa scelta.

«Sapevo che avresti preso quella decisione» disse Lando alzandosi in piedi. «Non eri ancora pronto. Ma questo adesso non conta. Ora dovete andarvene, e in fretta, prima che sia troppo tardi.»

«Che stai dicendo? Dove dovremmo andare?»

«Laura vi accompagnerà a Europa, e Jorgos verrà con voi.»

Lando si voltò verso il tunnel dove, in piedi in un angolo, in parte nascosto dalla roccia, li attendeva il bambino. Alec provò una gioia improvvisa, gli sembrava strano essersi separato per così tanto tempo da lui, dopo che l'Inferno aveva unito le loro vite. E questo pensiero lo condusse a Guido, che da qualche parte nel vulcano era ancora vivo.

«Laura conosce chi può proteggervi a Europa» continuò Lando.

«E tu?»

Il padre sorrise. «Io la mia scelta l'ho già fatta molti anni fa. Rimarrò qui a combattere.»

Laura prese Maj per un braccio e le fece cenno di seguirla dentro il monte, dove li aspettava anche Filippo, suo fratello.

«Non so cosa tu abbia visto» disse Lando anticipando ogni possibile domanda. «Il cammino riproduce la vita, ti pone di fronte a delle scelte.»

«Ma tu mi hai fatto delle domande, tu mi chiedevi di scegliere.»

«Non ero io o, almeno, non ero la persona che hai davanti in questo momento, ma in un certo senso sì, ero io, ero quello che sono per te, ero l'anima libera dal corpo... non ci sono parole per descrivere quell'esperienza.»

«Mi chiedevi di scegliere tra la Polis o me stesso, ma Maj era morta.»

Lando guardò il figlio con uno stupore felice. «È questo quello che hai visto?»

«Sì. Maj era morta e tu mi dicevi che dovevo decidere, ma prima eri una specie di aquila, non eri umano, eri...»

«Un grifone...» replicò Lando. «La creatura che ti ha fatto visita è il grifone, una via di mezzo tra un'aquila e un leone, non appare nei cammini di tutti... se è venuto da te, significa qualcosa.»

«Ma cosa? Non riesco a capire.»

«Un giorno ti racconterò il mio percorso, e forse capirai. Per adesso, fidati di ciò che hai vissuto.»

Dopo l'odio e la rabbia che aveva provato, Alec si ritrovò travolto da sentimenti opposti. «Vieni con noi, papà.»

«No, Alec, io devo rimanere qui a combattere.»

«Ma l'esercito dell'Oligarchia... sono molti più di voi e...»

«Un giorno comprenderai perché sto facendo tutto questo, ma non adesso. Il Paradiso ci attende, non smettere di cercarlo.»

«Dobbiamo andare» lo interruppe Laura tornando da loro. «Ci serve almeno mezz'ora per raggiungere la barca.»

«Va bene» disse Lando. «Lasciaci ancora un secondo.»

«Sì, ma fate in fretta.»

«Continua a cercare il Paradiso, perché è lì che ci rincontreremo» proseguì Lando.

«Di che stai parlando?»

«Il Paradiso non è quello che l'Oligarchia vuole farti credere. Esiste un vero Paradiso, Alec, ed è qualcosa che la mente umana non può immaginare né descrivere.»

«Ma come posso trovarlo? E tu cosa farai? Quando ci rivedremo?»

«Addio, Alec» concluse Lando, stringendolo in un ultimo abbraccio. «Le parole non conducono alla fine del cammino, devi fidarti del tuo cuore.»

# 24

Maureen conosceva la neve, ma lo spettacolo che le si parò davanti agli occhi quando scese dalla slitta era molto distante dalle strade sudicie d'Europa imbiancate. Attorno a lei le vette bucavano il lago bianco delle nuvole, che nascondeva le valli sottostanti.

«Ti aiuto a scendere» disse Aura, che era già a terra e si stringeva in un pesante giaccone di pelle. Era una delle lavoranti che la assistevano in Paradiso e per la quale nutriva una particolare simpatia. Era servizievole e aveva le orecchie lunghe, le riferiva tutto ciò che sentiva in giro e, per qualche ragione, era l'unica che non sembrava giudicarla, come invece facevano le altre, con i loro sguardi e le loro cortesie sempre troppo affettate per risultare sincere.

«Ci dovete aspettare qui» ordinò Maureen ai due uomini che avevano trainato la slitta su per la montagna. Erano dei tipi rozzi, i volti grotteschi gonfi e paonazzi, ma avevano gambe e braccia robuste. Parlavano una lingua incomprensibile, nonostante fossero in grado di farsi capire. Era stata Aura a contattarli, in un villaggio a pochi chilometri dal Palazzo dell'Oligarchia, ed era solo una delle tante doti di quella ragazza, grazie alla quale Maureen aveva cominciato a conoscere le vaste terre selvagge a nord della penisola italica.

«Torneremo tra due ore» disse Maureen.

«Due ore?» protestò Aura. «Morirò di freddo.»

«Tieni, bevi questo.» Le porse una fiaschetta di legno.

«Cos'è?»

«Alcol ben caldo, basta un sorso, è forte.»

Aura ne buttò giù un po' e fece una buffa smorfia soffiando dalle labbra una nuvola di condensa. Poi anche Maureen scese dalla slitta. Indossava la divisa delle amazzoni che le lasciava scoperte le cosce, ma il busto era fasciato da un corpetto di spesso cuoio. I bicipiti e i polsi erano stretti da bracciali d'argento, la stessa tinta delle creme che le coloravano il viso. Le ali ripiegate sulla schiena erano coperte da un telo bianco fissato attorno alla vita con delle cinghie di pelle.

«Come fai a non avere freddo?» chiese Aura.

«Il freddo mi distrae dal dolore.»

Dal giorno dell'operazione era cominciato il suo calvario: un continuo susseguirsi di fitte e brividi che si scaricavano lungo la spina dorsale. I medici le avevano assicurato che era normale, che con il passare dei mesi i muscoli si sarebbero assestati. Il corpo umano era quello che rispondeva peggio agli innesti necessari a fissare i nervi sintetici sul tessuto preesistente.

Maureen si incamminò sul ghiacciaio, mentre i due uomini restarono seduti sulla slitta a fumare.

«Quand'è che mi dici cosa siamo venute a fare?» domandò Aura.

Maureen non rispose, affrettò il passo e girò dietro a uno spuntone di roccia che sbucava dalla neve. Quando Aura la raggiunse, lei si era già tolta il telo e fissava dritto davanti a sé il manto compatto di nubi.

«Tu hai un figlio, vero?» le chiese Maureen.

«Due, un maschio e una femmina.»

«Com'è essere madre?»

«Perché?»

«Io non ho mai conosciuto i miei genitori, e tu mi sembri una persona buona, immagino che una mamma dovrebbe essere così.»

«Sarà per questo che ti sto simpatica.»

Maureen sorrise e scosse la testa. «E chi ti ha detto che mi stai simpatica?»

«Forse sono io che sono troppo buona con te, guarda dove mi hai portato.»

Maureen tornò immediatamente seria. La leggerezza di quelle poche battute scomparve all'istante e lei si concentrò sul motivo per cui aveva voluto salire lassù, senza avvisare nessuno. «Ho scritto una lettera» spiegò. «È per Alec, ma conservala tu, magari un giorno potrai dargliela, e nella slitta ci sono dei soldi per te, molti soldi, se non ce li hanno rubati quei due.»

«Ma cosa significa? Tu dove vai?»

«Forse da nessuna parte.» Maureen tornò a scrutare il mare di nuvole tra cui le vette delle montagne sbucavano come tante piccole isole. Poi avanzò di pochi passi fino a dove il ghiacciaio lo permetteva: un burrone sprofondava sotto di lei perdendosi tra le nubi.

«Stai attenta!» la richiamò Aura. «Rischi di scivolare.»

Maureen si girò ancora una volta e la salutò con un gesto infantile, il braccio alzato e il pugno che si apriva e chiudeva. «Grazie per tutto» disse e poi si buttò nel crepaccio.

«No! Maureen!» gridò Aura correndo verso di lei e facendo giusto in tempo a vedere il corpo che scompariva tra le nuvole.

Non un rumore, né un urlo.

Solo il fischio del vento a scandire i secondi che Aura contava mentalmente. Ma non succedeva nulla.

Cercò di sporgersi per vedere se Maureen era atterrata nella neve, magari era caduta, priva di sensi. «Maureen!» la chiamò, ma le sue ultime parole prima di tuffarsi nel vuoto erano state troppo simili a un testamento perché lei non cominciasse a nutrire un terribile sospetto. Inspirò, tentando di dominare l'ansia, contò di nuovo, come faceva ogni volta che aveva paura.

Uno, due, tre, quattro.

Poi udì un grido lontano, si sollevò dal basso come un'onda e crebbe di intensità, finché Maureen non ricomparve squarciando le nuvole, il corpo teso, i muscoli lucidi che si contraevano mentre le ali sbattevano con forza spingendola verso il cielo. Superò il ghiacciaio, volteggiò fin sopra la vetta più alta, lasciandosi investire dal vento che la trascinò per alcuni metri prima verso il basso e poi verso l'alto. Maureen sparì alla vista della lavorante che assisteva attonita a quel volo.

Un altro grido e Maureen risalì veloce, dritta verso il sole. La sua sagoma scura risaltava nel cielo limpido e la sua ombra si rifletteva sul ghiaccio. Distese le ali e si fermò in modo che fosse il vento a sostenerla per qualche secondo, poi iniziò a scendere velocemente, verso Aura, fino a crollarle addosso facendola cadere nella neve. Rotolò assieme a lei ridendo con tutta se stessa, con il suo dolore e la sua tristezza che erano diventati una cosa sola assieme a quella sensazione di onnipotenza, di forza estrema. Rideva come da bambina e come se quello fosse un gioco innocente ma, mentre ascoltava il suono delle sue risate provenire da un passato dimenticato, vide il volto spaventato di Aura.

La lavorante si staccò da lei scivolando indietro. Era piena di neve, le era entrata nei pantaloni e nella giacca, ma in quel momento non sentiva più freddo, aveva il volto bollente, il corpo scosso da un tremito di orrore.

Maureen si alzò e si ricompose. La pelle le bruciava come se avesse preso fuoco, sentiva il ventre e i dorsali pulsare come se nel suo corpo si fossero svegliati all'improvviso nuovi muscoli, avvitandosi e contraendosi.

Aura andò a prendere il telo e le coprì le ali. «Perché lo hai fatto?» le chiese.

Maureen non rispose.

«Perché lo hai fatto?!» urlò questa volta mettendosi di fronte a lei.

«Lo vuoi sapere sul serio?»

«Sì.»

«Poi penserai che sono veramente pazza.»

«Lo penso già, non ha importanza, ma, se devo continuare ad assisterti, voglio sapere cosa ti passa per la testa.»

Maureen inspirò e sollevò gli occhi al cielo. «Volevo uccidermi o, almeno, questa era la mia intenzione. Credevo che non avesse più senso vivere, dopo tutto quello che ho fatto, e guarda come sono diventata, sono un mostro e... avevo deciso di togliermi la vita. Ma non volevo che nessuno lo sapesse, per questo avevo pensato a queste montagne... Ho cambiato idea venendo qui.»

Aura la fissò allibita. «Hai cambiato idea venendo qui?»

«Sì, ma non del tutto, volevo sfidare me stessa e i miei limiti, mettere alla prova... le mie ali, vedere se mi avrebbero salvato la vita, se ero veramente in grado di volare come un falco, alta nel cielo, e non come una gallina.»

«E se non ce l'avessi fatta? Se le ali non ti avessero sorretta?»

«Sarei morta» ribatté Maureen tranquilla.

«Quindi tu sei matta veramente» disse Aura.

«Sì, ma ho scoperto di saper volare» rispose la ragazza, ma le sue parole furono interrotte da una forte fitta di dolore alla schiena.

«Che c'è?» chiese Aura.

«Andiamo a casa.»

Per quel giorno non parlarono più. Gli uomini del villaggio le riaccompagnarono a valle, poi su una slitta trainata da cavalli fino al limite del parco cintato che circondava il Palazzo dell'Oligarchia.

Di fronte al sontuoso ingresso, all'inizio delle scale che conducevano all'arco di marmo simile a una pietra incastonata nella parete di vetro, le guardie dell'Oligarchia si inchinarono al suo passaggio, così come Kronous aveva voluto, definendo il rituale e il tributo che meritava la prima dea di Europa.

Maureen entrò nel suo appartamento all'ultimo piano del Palazzo quando il dolore era ormai diventato insopportabile. Si precipitò in bagno, prese una siringa e una fiala da un armadietto, prelevò il potente antidolorifico che c'era al suo interno e conficcò l'ago con forza nel fianco. Quindi si lasciò cadere sulla poltrona di pelle nera che aveva fatto mettere in un angolo della stanza, là dove poteva avere la visuale migliore attraverso le vetrate.

L'antidolorifico fece subito effetto, ma alla scomparsa del dolore si accompagnava la confusione della mente. Non riusciva più ad articolare pensieri coerenti e il passato, come il futuro, perdeva consistenza.

Rimase così, seduta sulla poltrona, per tutto il pomeriggio, fino a quando il cielo non si tinse di arancione e il sole scomparve tra le nuvole che oscuravano l'orizzonte. Poi chiuse gli occhi e, come ogni sera, desiderò per un attimo di non doverli riaprire mai più.

«Come stai?» chiese una voce alle sue spalle.

Maureen si girò di scatto e vide Kronous proprio dietro di lei. Fece per alzarsi in piedi, ma lui le poggiò le mani sulle spalle costringendola a rimanere seduta.

«Stai pure tranquilla, volevo solo fare quattro chiacchiere. Non abbiamo più avuto modo di parlare e... be', ho preferito far passare un po' di tempo, perché ti abituassi.»

«Credi che ci si possa abituare?»

Kronous sorrise, Maureen lo vide, nel riflesso della vetrata davanti a sé, mentre poggiava entrambe le mani sulla curvatura delle ali e faceva scivolare i palmi verso il basso. Sul suo viso era evidente il compiacimento.

«Siamo quasi pronti, il popolo già ti conosce, sei già una dea per loro, sai cosa significa?»

«No.»

«Vuol dire che presto ci saranno milioni di persone pronte a battersi in tuo nome, pronte a difendere la propria terra, a sacrificarsi per te.»

«Io non chiederò nessun sacrificio.»

«Certo che no, non sarai tu a chiederlo, ci penseremo noi.»

«Mi ucciderò piuttosto che aiutarvi.»

Kronous sorrise ancora e scosse la testa. «Come fai a non

capire l'opportunità che ti sto offrendo? Milioni di persone vivono come formiche subendo gli eventi della storia, mentre tu puoi fare la storia, hai questa possibilità.»

«Io o tu?»

«Non vorrai credere che la storia la possa fare un solo uomo?» domandò lui con voce minacciosa.

Maureen si alzò, si voltò e fece un passo indietro sentendo le ali che sbattevano contro il vetro. Un riflesso incondizionato e le ali si spiegarono completamente, urtando la parete di cristallo. Per qualche istante rimasero aperte, tremanti, mentre i muscoli del collo e del petto si contraevano sostenendo lo sforzo.

Kronous osservava quella potenza che lui stesso aveva creato con timore e ammirazione assieme. Finché il volto di Maureen non si deformò in una smorfia di dolore e lei ricadde sulla poltrona. «Non puoi tirarti indietro, ora, lo capisci?» le chiese.

«E Marvin?» ribatté Maureen.

«Marvin ormai è fuori dai giochi.»

«E cosa hai intenzione di farne? Lo farai fuori? È questo che intendi con "fuori dai giochi"?»

«Marvin non può più assolvere al compito che gli ho dato, non in queste condizioni.»

«Cosa dirai alla gente allora? Che ti sei sbagliato? Che il nuovo giovane oligarca in realtà è un derelitto in sedia a rotelle?»

«Niente affatto» rispose Kronous sicuro. «Mostrerò loro il vero nuovo oligarca, il ragazzo che è andato all'Inferno, ormai tutti conoscono il suo nome, la vicenda è nota... sarà lui il nuovo oligarca, sarà lui il tuo sposo, se lo vuoi...»

Maureen ascoltò attonita quelle parole. «Non farà mai una cosa del genere» ribatté secca.

«Ah, no? Nemmeno per te? Ne sei sicura?»

«Io l'ho tradito, per lui adesso non sono niente, non è andato all'Inferno per me, ma per Maj.»

Kronous si lasciò scappare un sorriso divertito. «Guarda come ti scaldi» le disse. «È evidente che questa proposta ti alletta.»

«Ti sbagli.»

«Ah, sì? Non vorresti avere di nuovo Alec al tuo fianco? Non lo vuoi rivedere?»

«Non a questo prezzo.»

Un rumore alle loro spalle li fece voltare. La porta della stanza era aperta e Marvin era in piedi sull'uscio, il corpo piegato sul bastone su cui si reggeva, il volto sudato, ma l'espressione vigile e cosciente.

«Oh, figliolo» fece Kronous. «Stavamo giusto parlando di te, di voi.»

Marvin rimase in silenzio e avanzò zoppicando.

«La fisioterapia sta dando i suoi risultati, vedo» commentò Kronous.

«E così vuoi farmi fuori» esordì Marvin. «Vuoi fare fuori tuo figlio.»

«Non ho mai detto che voglio farti fuori» ribatté Kronous. «Hai travisato la nostra conversazione.»

«E cosa significa allora che sono fuori dai giochi? E che Alec diventerà il nuovo oligarca? Cos'è che ho travisato esattamente?»

«Tutto» rispose Kronous secco. «Hai travisato tutto.» La sua voce era grave e profonda. Si avvicinò a lui deciso, gli poggiò un braccio attorno alle spalle. «Ehi, che succede, figliolo?»

Marvin si divincolò da quella stretta e indietreggiò. «Non mi chiamare figliolo.»

«Ascolta, Marvin, sono certo che ti rimetterai in sesto, ma ora dobbiamo pensare alla gente, a Europa...»

«Mi hai sfigurato, hai giocato con me, come se fossi uno dei tuoi soldati, e proprio con me... l'esperimento non ha funzionato.»

«Hai sempre saputo che c'erano dei rischi, gli stessi a cui è andata incontro Maureen e ogni soldato che si è sottoposto all'operazione, con la differenza che tu eri stato avvertito. Adesso devi farti da parte, lo capisci? È per il tuo bene.»

Marvin rimase immobile per alcuni istanti. Poi estrasse una pistola da sotto la giacca e la puntò contro il padre.

«Marvin, che fai? Stai calmo.»

«Mi stai chiedendo di stare calmo?»

«Cerca di ragionare.»

«Addio, papà» disse Marvin e fece fuoco.

L'oligarca cadde a terra con un tonfo sordo. Maureen e Marvin si guardarono immobili. Kronous si contorse e istintivamente cercò di rialzarsi, ma non ci riuscì. Marvin gli si avvicinò e si inginocchiò con fatica accanto a lui, l'arma ancora in mano.

«Chiama qualcuno» mormorò Kronous con un filo di voce.

Maureen osservava la scena attonita.

«Va bene. Tu però dimmi dove sono» disse Marvin freddo. «Voglio il nome di quella terra e le coordinate per arrivarci.»

«Ci andremo assieme» replicò Kronous. «Chiama qualcuno, però.»

«Prima dimmi il nome.»

«Purgatorio, si chiama Purgatorio... Le coordinate sono nella mia tasca, prendile.»

Con un gesto brusco Marvin aprì la giacca del padre e da

una tasca interna sfilò un vecchio foglio ingiallito, piegato in quattro: era una mappa. Vi erano raffigurate diverse isole, mari e arcipelaghi. Marvin riconobbe la sagoma di Europa, poi vide le rotte segnate dalle linee tratteggiate.

Infine puntò la pistola sulla fronte del padre e sparò di nuovo guardando nel riflesso dei suoi occhi l'immagine della dea alata che avrebbe dovuto essere la sua compagna nella guida della nuova Oligarchia. Capiva solo ora come ogni suo gesto, ogni suo desiderio, non fosse stato altro, fino a quel momento, che un'estensione della volontà di Kronous. E adesso che osservava le sue palpebre abbassarsi, mentre l'autorità scompariva dal suo corpo esanime, sentiva di possedere nuovamente la propria vita. Fu un attimo di assoluta perfezione che finì quando si ricordò del suo corpo deturpato dall'operazione e delle conseguenze del gesto che aveva appena compiuto. Il proiettile che aveva colpito il padre avrebbe continuato la sua corsa e prima o poi, lo sapeva, lo avrebbe raggiunto. Anche la sua vita era terminata. Ripensò alla sua vecchia esistenza, al Paradiso, ai giorni in cui era stato felice, assieme a Maj, quando trascorrevano il tempo in piscina o al lago con gli amici, nella ricchezza e nel benessere. Quel mondo non era scomparso, e se chiudeva gli occhi lui era ancora lì, seduto sul sedile in pelle bianca della sua decappottabile rossa, assieme a Maj. Poi era cambiato tutto il giorno in cui era arrivato quel ragazzo: Alec, il lavorante. Lui gli aveva portato via Maj, gli aveva rubato il Paradiso.

Adesso era arrivato il momento di andarselo a riprendere.

# 25

«Sei sicura che te la senti?» chiese Joseph. Dalla finestra del terzo piano di un palazzo affacciato sulla piazza, osservava da giorni gli uomini che montavano l'impalcatura per la costruzione della nuova statua. «Se non te la senti posso fare da solo» continuò.

«No, dobbiamo andare assieme.»

Beth aveva indossato abiti che la facevano sembrare anche un po' più giovane di quanto fosse in realtà. Aveva un gonna verde, una camicetta e un piccolo cappello. Sembrava una bambolina.

«Allora andiamo» disse Joseph e le porse la mano.

«Ti devo dare la mano?»

«Sei o no una bambina innocente?»

«Certo.»

Assieme scesero le scale fermandosi prima del portone. Una volta certi che non passasse nessuno, uscirono senza voltarsi, infilandosi nel flusso di persone che camminava sul marciapiede. C'era chi tornava a casa dal lavoro, e chi cominciava il turno serale. Era il momento giusto per non essere notati.

L'hovercraft di guardia al cantiere era fermo su un lato della piazza. Joseph e Beth si avviarono dalla parte opposta, cercando di definire una traiettoria che si avvicinasse il più possibile all'impalcatura.

«Poi torni a casa da tua mamma?» domandò Joseph.

«Sì» rispose Beth.

«Non che abbia voglia di fare conversazione, ma danno meno nell'occhio due persone che chiacchierano del più e del meno. Se ti scappa pure un sorriso, tanto meglio.»

Beth lo guardò e sorrise senza esitazione.

«Ricordati, non ce ne andiamo subito» fece Joseph. «Dobbiamo reagire come tutti gli altri, con lo stesso stupore.»

«Okay.»

«Sei tranquilla?»

«Tranquillissima.»

«Brava. Io non tanto, invece.»

Al momento concordato, Beth contò mentalmente fino a tre. Poi con un movimento secco e preciso lanciò la piccola borsa con il liquido incendiario. La mano di Joseph si strinse più forte sulla sua e i due continuarono a camminare indifferenti. Beth si sforzò di non girarsi a guardare cosa stava per succedere.

«Al fuoco!» gridò qualcuno alle loro spalle. Altre persone cominciarono a urlare, mentre la folla si spostava veloce dal centro della piazza verso l'esterno. Joseph e Beth si voltarono fingendosi sorpresi.

Le fiamme avevano attecchito rapidamente sui teli di plastica. Dal lato dove si trovavano loro, una striscia di fuoco correva da terra fino in cima e si stava allargando. La plastica fondeva e colava al suolo scoprendo man mano ciò che nascondeva.

La statua della ragazza alata comparve all'improvviso in mezzo all'incendio.

Non era di cemento come le altre, ma in marmo liscio, sebbene sulla sua superficie bianca si fosse depositato il telo, che, bruciando, era diventato nero. L'hovercraft avanzò veloce, andando quasi a urtare la base del ponteggio, e le vie di accesso alla piazza vennero bloccate da altri mezzi.

Joseph e Beth si allontanarono proprio mentre due jeep stavano ostruendo la strada davanti a loro. Non avevano nulla da temere, in teoria, ma era meglio evitare di essere identificati sul luogo di un attentato incendiario.

«Piangi» le ordinò Joseph, guardando i fuoristrada.

«Come?»

«Piangi, ho detto, hai paura del fuoco, comincia a frignare!»

Beth ricordava l'ultima volta in cui aveva pianto, era stato parecchi anni prima, quando suo padre era stato portato via dalle guardie dell'Oligarchia. Da quel giorno nulla era stato abbastanza forte o doloroso da provocarle quella reazione. Perciò non le dispiacque che quel pianto fosse solo una finzione. Si mise a strillare.

Erano ormai a due metri dalle guardie. «È solo un fuoco, non succede niente» la consolò Joseph ad alta voce perché anche quegli uomini sentissero. «Adesso ti porto a casa, dài, ma non puoi reagire così, dài, su.»

«Tutto a posto?» chiese una guardia.

«Si è spaventata, non è nulla.»

«Avete visto qualcosa? Avete visto dov'è cominciato l'incendio?»

Joseph si voltò, sentiva la schiena sudata e gelida, mentre guardava le fiamme che avvolgevano le ali della statua. «Non lo so, non credo, c'era tanta gente... dei ragazzi, sì, stavano fumando, ma non saprei...»

Beth cacciò un urlo più forte e tirò il braccio di Joseph, che si girò verso di lei.

«Stai tranquilla, non è niente» le disse, ostentando una punta di esasperazione nel tono della voce.

«Forza, allontanatevi» ordinò la guardia fermando poi due uomini dietro di loro.

Attraversarono il quartiere Gotico quasi senza parlare, superando la Cattedrale del Mare e costeggiando i quartieri residenziali. Sui vetri crepati delle città grattacielo si riflettevano il sole rosso e le nuvole arancioni. Joseph temeva che il cuore potesse esplodergli nel petto da un momento all'altro. Sul volto di Beth invece era comparso un sorriso soddisfatto.

«Puoi lasciarmi qui» disse la bambina a un certo punto.

«No, ti accompagno a casa, è meglio.»

«Non ce n'è bisogno.»

«Ordini del Movimento» mentì Joseph, che in realtà aveva sviluppato un senso di protezione per quella bambina coraggiosa.

«Va bene, comunque siamo arrivati.»

Joseph si fermò un istante all'inizio del vialetto, contemplando la baracca in cui viveva Beth e che ormai stava imparando a riconoscere, sebbene non avesse idea di come facesse lei a orientarsi in quel labirinto di costruzioni decrepite e identiche.

«Ciao, mamma» salutò Beth entrando.

Nessuno rispose.

La bambina si affacciò alla finestra sul retro e vide che la madre era china a terra nel piccolo orto dove coltivavano un po' di verdura.

Beth prese una bottiglia d'acqua, bevve a canna e la passò

a Joseph. Poi accese il televisore. Non ci volle molto perché si imbattessero nel telegiornale che riportava le ultime notizie.

«Un incendio è divampato proprio pochi minuti fa» diceva una giornalista. «Di nuovo la causa è la siccità. A farne le spese questa volta è stata una delle nuovissime statue: l'angelo del Paradiso. Il governo raccomanda massima prudenza fino a quando la situazione non sarà tornata sotto controllo.»

Joseph e Beth si guardarono e a entrambi sfuggì un sorriso soddisfatto.

Non importava che l'Oligarchia continuasse a cercare di insabbiare gli atti dimostrativi del Movimento. Loro sapevano che sempre più persone conoscevano la verità. In molti pensavano che presto o tardi tutto sarebbe cambiato, che l'Oligarchia sarebbe crollata, che il ragazzo dell'Inferno sarebbe tornato.

La madre entrò in casa in quel momento con in mano delle zucchine e alcuni pomodori ancora verdi. «Meglio coglierli prima... che perderli» disse tra sé, soltanto poi si accorse di Beth e Joseph, il ragazzo del Movimento che nelle ultime settimane aveva riaccompagnato spesso a casa sua figlia. Un giorno erano venuti da lei quelli del Movimento, le avevano detto che sapevano chi era e che l'avrebbero protetta. Lei non voleva avere niente a che fare con la ribellione e le loro idee, ma non era così orgogliosa da rifiutare il loro aiuto, e da impedire che un loro membro scortasse sua figlia da scuola a casa, portando spesso anche cibo e regali. Di certo non immaginava cosa sua figlia avesse appena fatto. «Ciao, Joseph.»

«Buongiorno, signora, le ho portato del pane» disse porgendole un sacchetto di carta marrone con dentro tre pagnotte.

«Sei molto buono, Joseph, vorrei solo trovare il modo per ricambiare.»

«La prossima volta porterò della carne in scatola.»

«Me l'hai già portata l'altra volta» gli ricordò Elena, indicando il tavolo su cui si trovavano diversi barattoli di frutta sciroppata, farina e carne secca.

«Il Movimento vuole trattarvi bene, è il minimo. Se voi accettaste di lasciare questa casa...»

«Di' al Movimento che questa casa va più che bene» ribatté brusca Elena, ma poi sembrò pentirsi di quella risposta. «E ringraziali... non so come farei senza di voi.» La donna guardò tutto quel cibo senza riuscire a trattenere la commozione. Da quando Alec se n'era andato, era sempre più difficile provvedere a sé e a Beth.

Il rumore improvviso delle pale di un elicottero sovrastò le loro parole per qualche secondo, allontanandosi poi rapidamente.

«Fermati almeno a mangiare con noi» lo pregò Elena.

«Grazie ma non posso, mia madre mi aspetta.»

«Accetta due zucchine, sono piccole ma buone, le ho coltivate io.»

«Ma no, grazie, sul serio.»

Di nuovo il frastuono dell'elicottero li interruppe. Questa volta sembrava che il mezzo si fosse fermato proprio sopra le loro teste. Attraverso la finestra Joseph vide un cono di luce gialla che scendeva dal cielo. Erano i fari del velivolo che squarciavano il buio della notte, che era calata improvvisa. In strada erano comparsi due hovercraft e diverse guardie dell'Oligarchia.

«Che succede?» chiese Elena avvicinandosi alla finestra.

Scostò appena la tenda e guardò fuori. Le guardie erano in fila davanti agli hovercraft, i cui fanali si accesero proprio in quel momento. Un fascio di luce filtrò tagliando in due la stanza, mentre il rumore dell'elicottero si faceva ancora più forte.

«Deve essere successo qualcosa di grosso» commentò Elena. «Forse un altro incendio.»

Qualcosa colpì il muro dall'esterno, facendo traballare le pareti della baracca. Joseph, Beth ed Elena erano immobili, in piedi al centro del soggiorno.

«Uscite dalla casa con le braccia alzate» ordinò una voce metallica attraverso il megafono dell'hovercraft.

Elena guardò i due ragazzi, le loro espressioni ambigue, gli sguardi sfuggenti. «Che sta succedendo?» chiese perentoria.

«La casa è circondata» si sentì ancora. «Dovete uscire adesso.»

Il tetto di lamiera cominciò a tremare.

«Devono averci seguito» disse Joseph a quel punto.

«E perché avrebbero dovuto seguirvi? Cosa avete fatto?»

«Uscite dalla casa o apriremo il fuoco» disse la voce nel megafono.

«Ditemi che sta succedendo!» sbottò Elena.

«Noi, noi abbiamo dato fuoco a quella statua» rivelò Joseph, indicando lo schermo del televisore che ancora mostrava la piazza. Elena guardò prima sua figlia, poi lui, annuì piano, inspirò e a quel punto cambiò completamente espressione mostrandosi ferma e risoluta. «Va bene, ora fate quello che vi dico.» Andò verso il camino dove erano ammucchiate delle pentole e alcune scatole. Con un gesto brusco scaraventò tutto a terra. Poi prese una pala di ferro e la piantò nel muro, facendo saltare via una lastra di metallo arrugginito dietro alla quale comparve l'imbocco di un cunicolo. «Forza, dentro, veloci» ordinò la donna con una grinta che Beth non aveva mai visto. «Vai prima tu» disse a Joseph.

«Dove porta?»

«Muoviti.»

I ragazzi entrarono nella botola ritrovandosi in un canale buio, dove erano costretti a procedere carponi, in discesa. Elena guardò la sua casa, le mura con i disegni di Beth che non aveva mai cancellato, in un lampo le passarono davanti agli occhi i momenti che aveva condiviso con i figli e con il marito, vide ciò che c'era stato di bello nella sua vita, isolato dalla miseria e dal dolore.

Poi prese la bombola del gas, strappò il tubo di gomma dal piano cottura e aprì le valvole al massimo. Afferrò una bottiglia di alcol, la rovesciò sopra il divano e le diede fuoco con un cerino. Fece appena in tempo a infilarsi nel passaggio quando udì l'esplosione che fece saltare in aria la casa. Chiuse gli occhi nell'oscurità e inghiottì un singhiozzo, mentre le lacrime le rigavano il volto. «Dài, coraggio, tra poco si allarga» disse allungando una pacca sul sedere della figlia.

Pochi minuti più tardi stavano camminando in un tunnel stretto ma abbastanza alto per stare in piedi. Elena avanzava per prima, seguita da Beth e Joseph.

Sbucarono in un prato circondato da vecchie case diroccate. La luce debole della luna illuminava i resti delle mura di pietra e, in un angolo, un gruppo di ragazzi era accampato attorno a un fuoco.

«Dove siamo?» chiese Joseph.

Elena lo ignorò. «Seguitemi e basta.»

Si trovavano a sud del loro quartiere. Era un'area quasi completamente distrutta e, come capirono lungo la strada, per lo più frequentata da giovani che andavano lì a bere e fumare. Solo una volta si fermarono per osservare l'incendio che divorava la loro casa, il bagliore arancione che tingeva il cielo e il fumo nero che si univa alle nuvole rischiarate dalla luce della luna appena sorta.

Elena camminava con passo svelto, sicuro, arrabbiato, simile a un calcio dato sulla terra. Beth non la riconosceva.

«Scusa» le disse a un tratto, mentre attraversavano uno dei primi ponti sui canali che annunciavano l'inizio del quartiere portuale. «Mi dispiace.»

La madre si voltò verso di lei. «È tardi per le scuse. Avresti dovuto informarmi di quello che stavi facendo.»

«Tu me l'avresti impedito.»

«Esatto, e adesso avremmo ancora una casa» ribatté Elena, il tono della sua voce era inspiegabilmente tranquillo. «Se vi cercano vuol dire che vi tenevano d'occhio. Non avete notato niente di strano?»

«No» rispose Joseph. «Abbiamo anche superato un posto di blocco. Avrebbero potuto fermarci prima.»

«Vi hanno fatto passare apposta, per vedere dove andavate. Chissà quanta gente avete messo in pericolo in questi giorni... da quanto va avanti questa cosa?»

«Da poco» rispose Beth.

«Speravo che quelli del Movimento fossero più furbi.»

«È colpa mia» disse Joseph. «Quelli del Movimento... be', loro non sanno che lei ha dodici anni.»

«Dodici? Beth ha nove anni, ha preso in giro anche te, e comunque i tuoi amici del Movimento avrebbero dovuto accorgersi che è soltanto una bambina!»

«Loro non l'hanno mai vista» replicò Joseph fulminando Beth con lo sguardo.

Elena si fermò un istante per guardare il ragazzo negli occhi. «Spero per te che tu non abbia fatto qualcos'altro a mia figlia, perché altrimenti sarò io ad ammazzarti.»

«Lui non ha fatto niente!» strillò Beth. Entrambi si voltarono verso di lei.

«E perché allora non mi hai detto niente?»

«Perché tu non ne volevi sapere del Movimento» disse Beth, la voce stridula rotta questa volta da un vero pianto. «Non volevi parlare di Alec, non volevi parlare di niente e per me così era come essere morta. Era come essere morta! E invece lui...»

Solo in quel momento Elena si rese conto di come doveva essere stato difficile per la figlia vivere in casa con lei, condividere quella rassegnazione che non poteva in nessun modo conciliarsi con l'istinto di una bambina di nove anni. Non la lasciò finire di parlare e si inginocchiò abbracciandola con forza, ma senza dire nulla.

Camminarono in silenzio per più di mezz'ora, percorrendo una stretta passatoia che costeggiava un canale a pelo d'acqua.

La casa spuntò all'improvviso dietro un vicolo. La scala di cemento, il portone di legno, la vetrata a quadri mezzo distrutta e, sul lato opposto della strada, i locali a luci rosse.

«Cos'è questo posto?» chiese Joseph.

Elena non rispose.

Salirono le scale, il portone del pianterreno era aperto. Al secondo piano Elena bussò forte tre volte.

La porta si aprì quasi subito e comparve Marcus, la faccia scavata, gli occhi fuori dalle orbite, lo sguardo folle e assente.

«Una giovane amazzone bussa alla mia porta» esordì Marcus come se stesse recitando una specie di filastrocca. «E porta con sé due piccoli guerrieri.» Posò gli occhi prima su Beth, rivolgendole un sorriso, e poi su Joseph, soffermandosi un secondo di più. «Tu non sei Alec» disse corrugando la fronte.

«No, mi chiamo Joseph.»

Marcus sollevò il fucile da terra e lo puntò contro il ragazzo, che indietreggiò spaventato. «Chi sei tu? Dov'è Alec?» gli urlò addosso spingendolo indietro con la canna dell'arma.

«Non sei cambiato per niente» esordì Elena entrando in casa.

Lui abbassò il fucile e la osservò con una buffa espressione allibita dipinta in volto.

«Forza, venite» disse Elena. «Non vi preoccupate, non è pericoloso. È solo pazzo.» Si avvicinò al tavolo e vi poggiò sopra la borsa nella quale aveva cacciato dentro all'ultimo momento il cibo portato da Joseph. Poi cominciò a preparare la cena, come se non fosse successo nulla, come se quella fosse una sera qualsiasi, ma i movimenti nervosi tradivano il suo stato d'animo. Prese un coltello da un cassetto, tagliò a metà un pezzo di carne secca e, mentre la lama affondava, si rese conto di quello che aveva fatto. Aveva bruciato la sua casa, distruggendo tutti gli oggetti che l'avevano accompagnata in quegli anni, conservando solo se stessa, sua figlia e un po' di cibo. All'improvviso le sembrò di essere di nuovo all'Inferno, si sentì forte, giovane, senza nulla da perdere. Ma soprattutto, nel momento in cui aveva deciso di agire, era cambiato qualcosa in lei. La paura era scomparsa, l'ansia che l'aveva seguita ogni giorno della sua vita era come evaporata all'istante. Se ora guardava al passato non vedeva più gli anni trascorsi nel terrore, ma solo un attimo. Il giorno in cui era diventata un'amazzone.

Un ronzio elettrico anticipò di pochi secondi l'accensione del televisore dentro al camino.

Marcus si avvicinò al divano e lo guardò come se fosse appena comparso, poi si sdraiò e appoggiò la testa sul cuscino, crollando in uno stato di incoscienza.

«Io devo... dovrei avvertire la mia famiglia» disse Joseph.

«Non puoi» ribatté Elena. «Saranno già andati da loro.»

A quel pensiero sul viso del ragazzo si dipinse il panico.

«Temo che tu non abbia valutato bene le conseguenze delle tue azioni» disse la donna e poi, pentendosi di essere stata così dura, lo rassicurò: «Comunque non faranno niente ai tuoi. Non ti preoccupare».

«Ne è sicura?»

«Certo» mentì Elena. «Qui siamo al sicuro, per ora... se non ci hanno seguito, se non avete fatto altro che io non so... mi dovrete raccontare un bel po' di cose questa sera.»

Marcus scattò in piedi respirando con affanno, come se fosse appena riemerso dall'acqua. Quando ebbe ripreso fiato vide Elena che lo guardava con un sorriso tranquillo.

«Bentornato, Marcus.»

«Cosa ci fai tu a casa mia? Da quanto tempo sei qui?»

«Siamo appena arrivati, non preoccuparti.»

Marcus si portò le mani al viso. Camminò veloce verso la vetrata, poi si girò e scoprì il volto. «Alec è vivo. Ma lo andranno a prendere, li uccideranno entrambi.»

«Cosa... è vivo?» sussurrò Elena.

«È vivo, ma è in pericolo.»

«Come fai a sapere queste cose?»

«Perché Maureen è stata qui. Loro sanno dove si trova.»

# 26

Beth e Joseph si addormentarono su un materasso che avevano trovato arrotolato in un armadio. Elena e Marcus invece rimasero svegli, sul divano di fronte al camino.

«Ti ho aspettato» disse Marcus.

Elena lanciò un'occhiata alla figlia per essere certa che stesse dormendo.

«Perché non sei più venuta?»

«Non ho potuto.»

«O non hai voluto.»

«Fa molta differenza ora?»

«No, nessuna. Ma volevo chiedertelo.»

Elena guardò quella casa che conosceva bene, mentre affioravano i ricordi di un passato con il quale credeva ormai di aver chiuso i conti.

Alec aveva solo pochi mesi quando erano sbarcati sul molo alla periferia del quartiere portuale. Sotto la grande volta in ferro, parzialmente coperta da vetri ingialliti e teli di plastica, quel giorno c'erano alcuni pescatori e contrabbandieri. Marcus li attendeva in piedi, con le braccia incrociate, un cappello dalla tesa larga calato sulla fronte e la pipa in bocca. Li aveva condotti a casa sua, dove avevano vissuto assieme qualche anno.

In quel periodo si era innamorato di Elena.

«Assomiglia a te» disse ora Marcus guardando Beth sdraiata, con la testa appoggiata sulla pancia di Joseph.

«Dici?»

«Sicura, determinata, spensierata, imprudente.»

«Non sono più così, io.»

«Non è vero, lo sei ancora. Sai che vedo attraverso la paura.»

Elena scosse la testa e sorrise. «Sono passati troppi anni.»

Marcus non ribatté. Era trascorso molto tempo, ma era convinto di ciò che diceva. La donna di cui si era innamorato era ancora l'amazzone di una volta. Cinque anni all'Inferno valgono molto più di una vita intera a Europa e lasciano un segno che non si può dimenticare. «Lo ami ancora?» chiese.

«Come si può amare un ricordo.»

«Perché non sei venuta da me?»

«Non mi fare questa domanda.»

Marcus chiuse gli occhi.

Nelle sue parole, Elena sentiva ancora il desiderio che lei aveva ignorato. Non era cambiato nulla, pensò. Ma il mondo attorno a loro era diverso. «Maureen ci può aiutare?» domandò.

«No. Non credo.»

«Ma tornerà?»

«Difficile dirlo. Quando è stata qui la prima volta aveva appena scoperto che Alec e Maj erano ancora vivi. Era pentita, disperata, continuava a piangere, diceva che era stata una stupida, che meritava di morire.»

«È stata qui più volte?»

«Solo due, la seconda pochi giorni fa, dopo... dopo l'operazione. Mi ha raccontato che Kronous è morto, è stato Marvin a ucciderlo, e che ora guiderà l'esercito fino al Purgatorio, sanno tutto.» Marcus si fermò perché la testa aveva cominciato a formicolare, percepì un paio di pensieri sconnessi articolarsi in mezzo ai ricordi, e capì che non gli era rimasto molto tempo. Con mani tremanti aprì un mobiletto sotto il lavabo della cucina ed estrasse una scatola di legno. Dentro c'era una palla di nepente grande come una noce. Ne staccò un pezzo e lo sbriciolò dentro una pipa che accese con un cerino. Inspirò con forza e sbuffò una lunga fumata bianca. La sua fronte si distese per qualche secondo e poi il suo sguardo cominciò a offuscarsi.

«Cosa faremo?» chiese Elcna.

«L'unica cosa che possiamo fare è metterci in contatto con il Movimento, capire di che forze dispone. Le cose stanno cambiando e Alec è diventato il simbolo di quel cambiamento, tutti lo attendono. Parleremo con i capi, bisognerà andare a prenderli, sperando che l'Oligarchia non sia più veloce di noi.»

«Chi guida il Movimento?»

«Primo.»

«Il capo degli anarchici?»

«Lui. Ha abbandonato l'Inferno dopo la battaglia a Dite, molti anarchici e amazzoni sono qui ora, si sono uniti ai ribelli.» Marcus smise di parlare di colpo, prese la pipa e inspirò con avidità, trattenendo il fumo in bocca e soffiandolo poi fuori lentamente. Poco dopo la realtà cominciò a scomporsi e a mischiarsi alle immagini di un passato troppo lontano e troppo doloroso per essere affrontato da lucido. «Ti amo ancora» disse sorridendo. «Quando tutto sarà finito ci sposeremo e andremo a vivere assieme.»

Elena annuì piano, tra le lacrime. Marcus non era più con lei.

«Prenderemo una casa sul mare, ti piace il mare?»

«Sì, molto.» La sua voce era rotta dal pianto, ma lui sembrava non accorgersene.

«Io potrei fare il pescatore, ho sempre desiderato farlo. E tu starai a casa. Faremo un figlio. E lo chiameremo Alec. Ti piace come nome?»

«Sì, è un bel nome.» Elena sapeva che ormai Marcus stava delirando. Le conosceva bene, le sue allucinazioni. I pensieri si scomponevano e si ricomponevano senza una logica. Non sapeva più esattamente chi era, quanti anni aveva e chi erano le persone che lo circondavano. Lei invece sì.

«Alec...» ripeté Marcus come se quel nome gli avesse fatto tornare in mente qualcosa. «Ma tu hai già un figlio che si chiama Alec...» Gli occhi si spalancarono di colpo e scattò in piedi, ma perse l'equilibrio e cadde. Joseph e Beth si svegliarono.

«Che succede?» chiese Joseph.

Elena cercò di aiutare Marcus ad alzarsi, ma lui urlò e si accasciò di nuovo con le mani strette sullo stomaco.

«Mamma, cos'ha?» domandò Beth, ma sua madre non rispose.

Elena si inginocchiò accanto a lui, lo aiutò a sdraiarsi per terra. Il suo corpo era rigido, i muscoli contratti. «Prendi la pipa» disse. «È sul tavolo.»

Joseph gliela porse e lei la infilò tra le labbra di Marcus.

«Aspira, forza.»

Non appena sentì il legno della pipa tra le labbra, i suoi muscoli parvero distendersi. Ma, subito dopo aver aspirato, una nuova fitta lo fece gridare di dolore. Questa volta si alzò. «Alec...» mormorò a denti stretti.

«Stai calmo, vieni qui» gli sussurrò lei tentando di abbracciarlo.

«No!» ribatté Marcus, poi si buttò sul pavimento e cominciò a battere i pugni. Urlava e colpiva il suolo.

Beth e Joseph lo osservavano immobili, lei con le spalle al muro accanto al camino, lui dietro al tavolo della cucina.

Elena conosceva quel panico. Sapeva che non c'era nulla da fare, se non aspettare che l'avesse consumato. Era un fuoco che doveva bruciare per spegnersi. Lo strinse forte tra le braccia mentre lui iniziava a piangere. Marcus si addormentò poco dopo sul divano.

Elena rimase a guardarlo qualche secondo per essere certa che la crisi fosse finita. Poi si avvicinò alla grande finestra a quadri e si sedette per terra, la schiena contro la parete.

Beth si avvicinò e le si accucciò accanto, come quando era più piccola, quando la sentiva piangere e andava a consolarla. «Mamma, che succede?»

«Ci sono tante cose che non ti ho raccontato.»

«Raccontamele ora.»

Lei le diede una carezza sulla testa. Poi cominciò a spiegarle di quando era una ragazza, di come a Europa esistessero movimenti clandestini animati da alti ideali. Volevano un mondo libero, una società democratica, l'abolizione dei privilegi e la ridistribuzione della ricchezza. Gli appartenenti a questi gruppi si rifacevano ad antichi valori, contenuti in libri che circolavano illegalmente nei ritrovi che erano sorti proprio lì, nel quartiere portuale. Erano testi di più di duemila anni prima, parlavano di amore, democrazia e filosofia. Sostenevano un modello di città ideale che tutti avevano cominciato a chiamare

Polis. Quando le persone avevano iniziato a uscire allo scoperto, chiedendo nuove leggi e diritti, l'Oligarchia aveva represso nel sangue il principio di quella rivolta. Migliaia di giovani erano stati mandati all'Inferno, accusati di eresia. Ma, relegando l'anima del Movimento nel sesto cerchio, l'Oligarchia aveva involontariamente gettato le basi di una protesta ben più profonda. A Dite sarebbero nati poco dopo i gruppi delle amazzoni e degli anarchici, e la ribellione avrebbe cominciato a riorganizzarsi all'Inferno.

Beth corrugò la fronte mentre tentava di mettere in ordine quelle informazioni. Ma una rivelazione soprattutto le aveva fatto battere il cuore, e non c'era orgoglio né stupore. Era solo una conferma. Lei, sua mamma, l'aveva sempre vista così. «Tu eri un'amazzone» disse, e un sorriso le si allargò sul volto.

# 27

Il sole era sorto da pochi minuti, ma il peschereccio solcava già il mare aperto, dopo la notte trascorsa in rada al largo di una piccola isola rocciosa. Erano in viaggio da ormai quattro giorni, durante i quali avevano parlato poco, ognuno preso dai propri pensieri, ognuno concentrato sul proprio cammino. Seduto sul ponte, Alec osservava i colori dell'acqua virare dal verde scuro al blu e pensava a suo padre, chiedendosi cosa ne sarebbe stato di lui, sforzandosi di credere che l'esercito della Polis sarebbe riuscito a resistere all'Oligarchia, ma giunse alla conclusione che era impossibile e che nella migliore delle ipotesi forse qualche cittadino superstite sarebbe riuscito a salvarsi.

Laura invece non aveva smesso un attimo di studiare sul suo palmare i dati degli archivi dell'Inferno e alcune complicate mappe, grazie alle quali sosteneva di poter individuare la posizione di Guido, nel caso in cui gli avessero reimpiantato l'anima per una nuova condanna. E questo perché, a poche ore dalla partenza, la donna aveva confessato quale fosse la loro vera destinazione.

Laura e Filippo preparavano quel viaggio da mesi. Sarebbero salpati presto, anche se non fosse arrivato l'esercito oligarchico, ma Lando non era d'accordo, diceva che era troppo imprudente, che rischiavano di farsi scoprire e di mettere in pericolo la Polis e il Purgatorio stesso.

Ora quel pericolo non c'era più. Come non c'era più la speranza di trovare una terra libera dove costruire una nuova vita, e non c'era una casa o una famiglia da cui tornare né per Maj, bandita dal Paradiso, né per Alec.

Sarebbero tornati all'Inferno.

«Ecco, l'ho trovato!» esclamò Laura. «Sulla mappa il vostro amico non compare, ma è nel database dei dannati. Qui dice che... dice che è morto. È normale, suppongo, se si è tolto l'anima anche lui.»

«Cosa c'è scritto d'altro?»

«Il crimine. Qui lo segnano come...» Laura fece scorrere le scritte sul display fino alla colonna in cui era indicata la condanna e il crimine commesso. Poi sollevò le sopracciglia e fece una strana espressione.

«Cosa ha fatto Guido?» domandò Alec. «Qual è il suo crimine?»

Laura lo guardò stupita. «Non lo sapete?»

«So che spacciava, qualcosa del genere.»

Laura avvicinò lo schermo luminoso al viso e lo coprì con una mano perché i riflessi del sole rendevano difficile la lettura.

La barca si inclinò verso l'alto scavalcando un'onda più grande e Alec e Maj dovettero tenersi per non perdere l'equilibrio. Il cielo era limpido e sereno, ma il mare piuttosto mosso. Filippo era seduto a poppa con il braccio stretto al timone, lo sguardo fisso davanti a sé.

«Il vostro amico ha una lista di crimini piuttosto lunga...» riprese Laura. «E sicuramente c'entra anche lo spaccio di nepente, oltre a vari furti, ma il motivo per cui è stato condannato è un altro.»

«E sarebbe?»

Laura scrutò Alec titubante. «Il vostro amico ha ucciso suo fratello. Era troppo piccolo però per finire nel settimo cerchio, per cui lo hanno mandato nel Limbo.»

Alec e Maj erano increduli. Guido non aveva mai parlato della sua famiglia, e aveva sempre attribuito la causa della condanna alla vita da criminale che conduceva a Europa.

«Non è possibile» disse Alec. «Non può aver fatto una cosa simile.»

«È quello che c'è scritto.»

«Non sapevamo nemmeno che avesse un fratello.»

«Be', questo farebbe pensare che quanto c'è scritto qui sia vero» ribatté Laura.

«No, no» replicò secco Alec. «Non può aver fatto una cosa del genere, non senza un motivo.»

«Può mai esserci una ragione per uccidere qualcuno?»

«Sì, decisamente sì» rispose Alec.

Laura lo guardò con un certo stupore.

«Che c'è?»

«Nulla, ma ricordati di quello che hai detto, quando saremo all'Inferno.»

Alec ripensò a Guido, a quello che sapeva di lui. Il giorno in cui si erano incontrati nel Limbo, lui lo aveva derubato e lo stava lasciando morire nelle sabbie mobili. In fondo, riflettendoci, fin dall'inizio non aveva tenuto nascosta la sua indole. Ma Europa non era l'Inferno, e uccidere il proprio fratello era qualcosa di più che lasciar morire un dannato che avrebbe potuto rivelarsi un pericolo.

«Perché l'ha fatto? C'è scritto?» chiese Maj.

«Non ci sono le motivazioni dei crimini.»

«Mi sembra impossibile» continuò Alec.

«Volete sempre andarlo a riprendere?»

Alec si voltò di scatto verso di lei. «Certo. Questa cosa non cambia nulla. Perché non è vera.»

Laura lo osservò in silenzio e annuì.

La barca s'inclinò ancora mentre all'orizzonte erano comparse alcune nubi sottili. Filippo le fissava preoccupato. Poi girò il timone cambiando bruscamente direzione.

«Che succede?» domandò Laura.

«È una tempesta.»

«Una tempesta? Ne sei sicuro?»

Il fratello fece cenno di sì, completando la manovra. «Non possiamo evitarla, però è meglio se non ci buttiamo dentro.»

Alec guardò le nuvole lontane faticando a riconoscere un pericolo, sebbene anche lui si fosse reso conto che l'aria si era fatta più fresca, smorzando il calore del sole a picco.

«Mangiate qualcosa ora. Poi forse non ce ne sarà il tempo» disse Filippo. Era un uomo sulla trentina, magro e di corporatura nel complesso piuttosto esile. Portava i capelli lunghi, ma li teneva legati sulla nuca. Aveva occhi piccoli e neri, e una barba di qualche settimana che però lasciava scoperte alcune chiazze sotto gli zigomi. Parlava poco, limitandosi alle indicazioni essenziali alla navigazione. E forse per questa ragione Jorgos era diventato subito il suo compagno di viaggio ideale; fin dall'inizio si era seduto accanto a lui, le mani ben salde sul parabordo, lo sguardo teso verso l'orizzonte dove attendeva di veder comparire la terra da un momento all'altro.

Alec scese sottocoperta assieme a Maj e Laura. La barca era

attrezzata e curata in ogni dettaglio. Le pareti di legno erano dipinte con una spessa vernice lucida, c'erano casse e semplici mobiletti inchiodati al telaio dello scafo, un desalinatore per l'acqua, una postazione con due monitor collegati tra loro da un tubo di plastica dentro al quale passavano i cavi elettrici e che risaliva in coperta per unirsi all'antenna parabolica attaccata all'albero.

Alec prese del pane secco e una confezione di carne in scatola. Poi tornò in coperta. «Vi ho portato qualcosa, volete?»

«No, grazie» disse Filippo, fissando sempre davanti a sé.

Jorgos si limitò a scuotere la testa.

«Da quanto tempo preparate questo viaggio?» chiese Alec.

«Da un po' di mesi.»

«Perché mio padre non voleva che partiste?»

«Perché era troppo pericoloso, rischiavamo di farci trovare, uccidere o seguire. Aveva ragione, anche se ora non ha più importanza. L'Oligarchia ha già scoperto la Polis. Gli unici a correre un pericolo adesso siamo noi.»

«Vuoi molto bene a tua sorella?»

«Laura è speciale, non è una donna qualsiasi.» Filippo smise di parlare e sollevò appena gli occhi al cielo. Ad Alec ricordava Jorgos nei momenti in cui fiutava l'aria. «Laura dice che l'informazione cambierà ogni cosa» riprese Filippo. «Finché l'Oligarchia avrà il controllo dell'informazione, noi non avremo alcuna possibilità di vittoria. Quando tutti potranno dire ciò che pensano, le cose cambieranno.»

Alec rifletté su quelle parole, in cui Filippo credeva ciecamente. Parlava della sorella con una sorta di rispetto e venerazione, come se il loro viaggio riguardasse solo lei e lui fosse al suo servizio.

«È così importante quello che pensano le persone?»

Filippo gli lanciò uno sguardo fugace, ma non rispose.

«Questa è la Polis» intervenne Laura comparendo alle loro spalle. «Tutti possono esprimersi, tutti hanno uguali diritti e non esistono privilegi. Anche se l'Oligarchia la raderà al suolo, la Polis vivrà sempre, le idee non temono le bombe.»

«E cosa ne sarà delle persone rimaste lì?»

«Combatteranno.» Laura dovette accorgersi di un'ombra sullo sguardo di Alec, perché gli si avvicinò e gli parlò sottovoce. «Non aver paura per lui, non più di quanta ne devi avere per te stesso. State entrambi rischiando la vita. Non siete così diversi, e nessuno sa dove vi porterà tutto questo.»

Un vento più forte si sollevò improvviso, portando aria fredda e umida. Poi un tuono lontano risuonò nel cielo ancora sgombro, che come una cupola azzurra ritagliava quel cerchio di mare di cui loro erano il centro esatto.

La tempesta esplose poco dopo con uno scroscio di pioggia. La vela era stata calata e arrotolata accuratamente e tutte le provviste, oltre alle taniche di benzina, erano già al sicuro dentro le casse. La barca cominciò a dondolare su e giù e poi a destra e a sinistra, scavalcando l'una dopo l'altra le onde che si erano trasformate in alte colline blu e grigie.

Alec e Maj non avevano mai visto niente del genere. La pioggia colpiva il legno della barca, il vento sferzava la cresta delle onde e l'imbarcazione ora saliva e ora affondava tra i flutti che nascondevano il cielo come una bocca che sta per chiudersi e all'ultimo momento si apre.

«Legatevi!» urlò Filippo, mentre un fulmine squarciava il buio irreale del giorno, diventato di colpo notte.

Una massa d'acqua si rovesciò dentro il peschereccio e per alcuni secondi Alec fu certo che si sarebbe rovesciato o che sarebbe sprofondato. Poi il mare li spinse di nuovo verso l'alto, come una gigantesca mano emersa dagli abissi. Alec fece appena in tempo a legarsi con la corda già assicurata a un anello di ferro, prima che l'imbarcazione si piegasse bruscamente di lato facendolo cadere a terra.

Poi Jorgos fu sbattuto fuoribordo.

Senza nemmeno pensarci, Alec tirò la fune per essere certo che fosse ben stretta attorno alla sua vita e si lanciò giù.

Cercò di afferrare Jorgos per i vestiti, ma in un attimo le onde avevano inghiottito entrambi. Alec sprofondò con le braccia in avanti nella speranza di trovare il ragazzino, finché non sentì lo strattone della corda e Maj che urlava il suo nome. Respirò affannosamente e aprì gli occhi. La barca scivolava assieme a lui sulla gobba di un'onda. Alec si guardò attorno, ma Jorgos non c'era, poi si tuffò nuotando fin dove era talmente buio che era impossibile vedere.

«Alec!» gridò di nuovo Maj. La sua voce era acuta, perforava il rombo dei tuoni spezzandosi tra le raffiche di vento.

«Cerca di nuotare verso di noi!» urlò Laura. «Ti tiriamo.»

All'improvviso Alec intravide un braccio, poi una testa a pochi metri da lui. Inspirò cercando di riempire d'aria i polmoni e con tutta la forza che aveva prese a nuotare in quella direzione. Il peschereccio scivolò su un flutto in un attimo di calma surreale, mentre il mare si sollevava creando imponenti mura traballanti.

La massa d'acqua crollò sopra di loro. Alec smise di respirare solo all'ultimo, poi si lasciò trasportare dall'onda che lo spingeva veloce verso il basso. Quando la corrente si fermò, udì il rumore delle assi di legno della barca che scricchiolavano su di lui, ma in quello stesso istante vide anche Jorgos, privo di sensi. Con uno scatto lo afferrò, stringendolo a sé in un abbraccio violento.

La corda tirò in superficie Alec, che riemerse sputando acqua, le braccia sempre avvinghiate attorno al corpo esanime di Jorgos. Non respirava, la pelle era pallida, la testa piegata all'indietro. Laura e Maj li issarono sulla barca e solo a quel punto Alec sciolse l'abbraccio, lasciando che le due ragazze stendessero Jorgos sul ponte.

Un raggio di sole squarciò le nubi e illuminò il mare mentre la pioggia cessava di colpo. Raffiche di vento improvvise e intermittenti rompevano le creste delle onde che iniziavano ad abbassarsi, come le colline che verso valle smussano le proprie cime.

Jorgos cominciò a tossire, spalancò gli occhi mentre nuovi raggi penetravano le nubi, creando lunghi coni gialli che sembravano reggere il cielo stesso. Alec sentì la testa girare e ripensò a quell'abbraccio con cui aveva strappato Jorgos alla morte. Pensò che forse un abbraccio non era altro che il gesto di chi prova a salvarti la vita, in ogni istante, in ogni momento, anche quando il mondo si dimentica di te.

Poi chiuse gli occhi e si sdraiò, esausto.

Il mare si calmò del tutto all'imbrunire. Della tempesta rimase solamente il vento impetuoso e freddo che aveva spazzato ogni nuvola dal cielo, svelando un mosaico di stelle tra le quali era ben visibile la Croce del Sud.

Alec si svegliò il mattino dopo, scoprendo di avere il petto fasciato e di essere nudo. Maj era accanto a lui, in ginocchio, gli teneva la mano. Erano nella cabina a poppa e il sole filtrava attraverso l'oblò aperto.

«Che è successo? Jorgos dov'è?» chiese Alec.

«Sta bene, è di là con Laura.»

«Quanto tempo è passato?»

«È giorno inoltrato, hai dormito parecchio.»

«Sono ferito?»

«Sì» rispose lei, la voce commossa. «Ma sei vivo.»

I due si guardarono. La morte si era infilata tra di loro per pochi interminabili istanti.

«Forse il mare non vuole che torniamo all'Inferno» disse Alec.

«Perché?»

«Perché nessuno dovrebbe tornare all'Inferno.»

«Se il mare volesse qualcosa, sarebbe più saggio, secondo me.»

«Ah, sì?» chiese lui tirandosi a sedere e sentendo le ossa e i muscoli doloranti. «Hai qualche consiglio per il mare?»

«Vorrei dirgli di lasciarti stare e di non provare mai più a dividerci.» La voce di Maj si incrinò, gli occhi divennero lucidi.

«Credo che ormai abbia capito» disse Alec e la baciò.

Lei chiuse gli occhi e gli mise una mano sotto il mento, trattenendo le labbra sulle sue. «Vorrei essere sicura del tempo che abbiamo davanti. E invece ho capito che la nostra vita potrebbe finire da un momento all'altro.»

«Era così anche prima, anche a Europa, ovunque.»

«No, non è vero. In Paradiso si muore solo quando si è vecchi.»

«Dovremmo guadagnarcelo, allora, il nostro Paradiso.»

Maj appoggiò le mani sul petto di Alec. Lui la guardò e sorrise, poi le sfilò la maglietta. Si piegò in avanti sulle ginocchia e le diede un bacio sulla bocca, avvertì il calore del suo petto.

Lentamente scivolarono l'uno sull'altra, rimanendo nudi e abbracciati, cullati dalla marea che faceva dondolare la barca. Alec pensò a come fosse diverso, nel caos infinito, amare ed essere amato. Sapere di essere in due, in piedi, sopra il mondo.

Seguì la curva dei suoi fianchi e poi tornò su fino al seno, le sue mani volevano registrare ogni cosa, ogni linea, ogni sensazione. Lei si strinse al suo torace, che era diventato più largo e muscoloso dal giorno in cui lo aveva visto per la prima volta. I loro corpi erano cambiati.

Una folata di vento filtrò attraverso la porta socchiusa della cabina. Maj rabbrividì e Alec sentì quel fremito sulla sua pelle.

«Non voglio che sia un addio» disse lui. «Non ho intenzione di perderti.»

«Sarà solo quello che è.»

Gli occhi di lei erano lucidi, la fronte appena sudata, il corpo teso nell'emozione di quel momento che si era presentato all'improvviso, con l'urgenza di un addio per cui non c'è tempo.

Alec la baciò tremante, voleva perdersi nelle sue labbra, immaginare le parole mute che scivolavano tra le loro bocche. Non era più un ragazzo da solo nel mondo che gira, non erano in due su una barca che attraversa l'universo, erano un ragazzo e una ragazza che stavano facendo l'amore trasformando il loro presente in un futuro che avrebbe potuto sopravvivere alla loro morte.

# 28

«Guardate cosa ho trovato» disse Laura, mostrando le immagini di un telegiornale di Europa sul palmare. Si vedevano palazzi incendiati e guardie che cercavano di spegnere le fiamme. La scritta in sovrimpressione si limitava a riportare il fatto senza commentare la notizia: «Continuano gli incendi in tutta Europa».

Erano da poco passate le sei di pomeriggio e la barca procedeva spedita lungo la rotta per l'Inferno. Filippo, impassibile al timone, sembrava essersi dimenticato della tempesta, che cinque giorni prima aveva quasi rischiato di ucciderli. Nella sua vita di pescatore aveva visto morire più gente in mare che sulla terraferma, e sapeva che la terra osserva, mentre il mare decide, come dicevano spesso nei porti a Europa.

Il resto del viaggio era stato più fortunato. Il cielo era sgombro e il vento moderato. Aveva piovuto due volte al tramonto, pochi scrosci di breve entità che però avevano risvegliato in tutti la paura. Per Alec e Maj qualcosa era cambiato. Trascorrevano sempre più tempo a parlare la sera, sotto le stelle, si raccontavano i loro ricordi, la loro vita, tentando di condividere ogni momento. Il timore, che nessuno dei due osava confessare nemmeno a se stesso, era che i loro giorni potessero terminare all'improvviso, lasciandoli con il rimpianto di un passato troppo breve trascorso insieme.

«Spiega la ragione di questi incendi?» chiese Alec.

Laura scosse la testa, gli occhi fissi sullo schermo. «Prima un altro telegiornale mostrava le stesse immagini, non so cosa dice la cronista, l'audio è troppo disturbato, ma le scritte in sovrimpressione riportano solo la notizia e i luoghi. Ci sono stati degli incendi nel quartiere Gotico e in qualche città grattacielo, ma negli ultimi giorni pare che siano avvenuti soprattutto a Konema.»

«A Konema?» domandò Alec allarmato. «Sei sicura?»

«C'è scritto così, perché?»

«È dove vivevo io.» Ripensò alla sua casa e alla sua famiglia. Lando gli aveva detto che Elena e Beth erano tornate a Europa, quindi ora si trovavano lì, in mezzo ai roghi. «Ma ci sono feriti?» la incalzò.

«Non parla di feriti, né di morti.»

«Pensi che siamo vicini?» disse Alec a Filippo, costringendosi a cambiare discorso.

«Difficile dirlo.»

«Perché?»

«Il vulcano è fuori dalle rotte ordinarie, è circondato da un'area instabile.»

«Non credo di capire.»

«Non lo capisce nessuno, ma è così, il mare attorno all'Inferno non è normale.»

Dopo un'ora di navigazione, il vento cessò di colpo, il mare divenne calmo e piatto, mentre un caldo umido si diffuse improvviso.

«Che succede?» chiese Maj.

Il peschereccio adesso era perfettamente immobile, la vela ricadeva sull'albero come un lenzuolo bagnato.

Filippo lasciò il timone e si alzò in piedi. I suoi passi fecero scricchiolare le assi del ponte mentre scendeva sottocoperta. Ne riemerse poco dopo con una tanica di gasolio. «Dobbiamo proseguire a motore.»

Un silenzio irreale calò tra loro, spezzato solo da un suono cupo e continuo che ricordava tuoni lontani, quasi un'unica melodia che a tratti faceva pensare al cigolio delle lamiere di una grande nave.

«Cos'è?» domandò Alec, e intanto a quella sinfonia si aggiunse il gorgoglio del carburante che scivolava nel serbatoio.

«Cosa?»

«Questo rumore.»

«Questo rumore?» ripeté Filippo, e con il dito indice disegnò un cerchio in aria.

«Che vuoi dire?»

«È il rumore del mondo.»

Alec lo guardò chiedendosi se stessero parlando della stessa cosa.

«Sì, o almeno è quello che affermano i pescatori.»

«Non ti seguo.»

«Quando si è in mare aperto e non c'è nemmeno un alito di vento, si dice che si può udire il suono del mondo che gira.»

Alec tese le orecchie e immaginò il globo terrestre che ruotava sotto la barca. Si immaginò trascinato nell'universo, in mezzo alle stelle, a una velocità folle.

Il motore si accese con un rombo, cui seguì un più tenue borbottio. Il peschereccio si mosse lentamente, ora si sentiva lo sciabordio delle deboli onde che si allontanavano dalla chiglia definendo un triangolo di schiuma che si allargava alle loro spalle.

Una fitta nebbia si sollevò dall'acqua, creando un muro bianco e impenetrabile. Il sole divenne un cerchio sbiadito e poi scomparve completamente, l'aria si rinfrescò e un sottile strato di bruma si depositò sull'imbarcazione.

Maj guardò Alec in silenzio. Nelle sue pupille vide il primo bagliore rosso, seguito da due lampi gialli la cui luce sparì dietro un'ombra, che si allargò lenta sul volto del ragazzo, sulla barca e sul mare. L'acqua divenne verde e poi grigia, fino a quando la nebbia si dissolse del tutto svelando un cielo fitto di nubi porpora e nere, che si avvitavano in spirali ora verso l'alto, ora scendendo in vortici fino al mare, dal quale si sollevavano schizzi e onde.

La sagoma scura e imponente del vulcano comparve improvvisamente e un tuono esplose con un frastuono assordante, il peschereccio tremò, mentre un vento leggero iniziò a gonfiare la vela arrotolata facendo tintinnare gli anelli di ferro.

La montagna si ergeva toccando le nuvole con le sue vette innevate dove i crateri più giovani sputavano lava e scintille. I lampi si susseguivano, l'atmosfera era carica di elettricità. Non si udiva il rumore del mondo, lì. Il mondo era lontano, era alle loro spalle.

Laura si alzò e camminò fino a prua, fissò il vulcano, le nubi tra cui le saette si insinuavano come crepe create da un terremoto. Poi si voltò verso i compagni. Un alone scuro era calato sulla sua fronte. I capelli biondi sembravano sporchi di cenere, e gli occhi azzurri erano velati da un grigio vacuo. Solo una persona tra loro mostrava ora l'accenno di un sorriso, forse perché per la prima volta un pensiero umano aveva preso forma nella sua mente. Era un pensiero semplice, che esprimeva un sentimento universale, ma annunciava in lui la nascita della consapevolezza.

«Sono a casa» disse sottovoce Jorgos, ma nessuno lo sentì.

# 29

Si avvicinarono al vulcano subito dopo il tramonto, in modo da poter sfruttare quel poco di luce necessaria per trovare un approdo sicuro. La costa era rocciosa e frastagliata, e dovettero fare diversi tentativi prima di essere certi che fosse il luogo adatto, non troppo distante dal punto che Laura aveva individuato sul radar.

Attraccarono infine in una stretta baia di sabbia nera, sulla quale il pendio del vulcano si conficcava come una ripida parete. C'erano tracce di frane recenti e alcuni grossi massi erano precipitati in mare formando degli isolotti. Alberi di fichi si arrampicavano tra le pietre, avevano rami sottili e frutti piccoli e acerbi.

Al riparo dalle correnti, il peschereccio dondolava appena. Sottocoperta si udiva solo lo sciabordio delle onde e il fischio del vento mentre, alla luce di una lanterna, Laura, Filippo, Alec e Maj cenavano in silenzio.

Quando ebbero finito, Alec si alzò e salì sul ponte. Si sedette a poppa sul legno ricoperto da un sottile strato di salsedine. «Hai già deciso?» chiese.

«Io non ti ho detto niente.» Jorgos era accucciato poco lontano, guardava il cielo dove le nubi arancioni sopra il vulcano lasciavano spazio alle stelle.

«Lo so, ma si capisce quello che vuoi fare» disse Alec. «Anche gli uomini hanno fiuto, per cose diverse rispetto a te, credo. Stai aspettando il momento giusto per andartene. È così?»

Gli occhi di Jorgos luccicarono nel buio. «Sì.»

«Perché?»

«Questa è la mia casa.»

«Capisco. Hai sempre desiderato tornare qui.»

«Non lo so, no» rispose Jorgos con l'esitazione che contraddistingueva i momenti in cui provava a spiegare il proprio comportamento. «Io non prendo decisioni, ma questa è la mia casa.»

«Non ci vedremo più?»

«Non lo so, no, forse no. Tu però mi hai salvato la vita. Grazie.»

«Tu l'hai salvata a me.»

«Sì, ma nessuno l'aveva fatto per me, prima. Quindi mi dispiace non vederti più.»

Alec lo osservò con occhi nuovi, sentendo di voler bene a quel bambino che ignorava le convenzioni umane e seguiva il suo istinto. «Perché non rimani con noi? Torneremo a Europa, vivremo assieme lì, ci inventeremo qualcosa.»

«No» disse secco Jorgos. Si alzò in piedi e Alec lo imitò. Fu il ragazzino ad avvicinarsi e a stringerlo a sé, poggiando la testa sul suo petto per alcuni secondi. «Non hai più paura» sussurrò, l'orecchio schiacciato contro il suo cuore. Poi si staccò da lui e saltò giù dalla barca, atterrando sulla roccia solida del vulcano.

Il mattino dopo, sbarcarono prima dell'alba.

Seduti sulla riva, davanti alle onde che si infrangevano sulle rocce e sulla chiglia del peschereccio, mangiarono del pane secco e della carne in scatola, poi riempirono due zaini con provviste e acqua, oltre a un terzo con la strumentazione di Laura. Infine indossarono le divise da guardia oligarchica che lei aveva recuperato in Purgatorio.

Si incamminarono lungo la costa. Alcuni tratti erano relativamente facili da percorrere, la spiaggia si allargava e la vegetazione creava una stretta cornice a ridosso della montagna che permetteva di non essere visti. In altri invece il pendio precipitava quasi in mare, costringendoli a farsi strada schiacciati contro la roccia sotto gli schizzi delle onde.

Il porto mercantile comparve all'improvviso in mezzo a una larga baia sulla quale erano distribuite pile di container arrugginiti.

Man mano che si avvicinavano, Alec si rese conto che il porto non era poi così piccolo. Contò almeno quaranta tetti raccolti attorno a una via di cemento costruita direttamente sul mare. Sul molo c'erano numerose imbarcazioni, assieme a quattro grossi hovercraft con il simbolo del cerchio infuocato con i quattro raggi sulla fiancata. Altri edifici erano affastellati gli uni sugli altri sulla costa ripida del vulcano.

Il piccolo agglomerato distava ormai poco più di un centinaio di metri. La compagnia camminava compatta tra i cespugli e i massi che occupavano una vasta zona brulla tra il mare e una larga strada, dove ogni tanto vedevano passare un hovercraft o una squadra di guardie a piedi.

Il sole sorse sbucando dall'acqua e illuminando solo per pochi minuti il vulcano e il porto di una luce gialla irreale. Poi, man mano che saliva nel cielo, i suoi raggi si persero nella nebbia e nelle nubi grigie, cosicché quella breve alba si trasformò in un lungo crepuscolo.

«Adesso prendiamo la strada» disse Laura, la voce ferma, sicura.

La banchina cominciava proprio a una decina di metri da dove si trovavano. Attesero alcuni secondi che un gruppetto di uomini in abiti civili si allontanasse e salirono veloci, costeggiando un basso edificio che doveva essere un magazzino per le merci. Si ritrovarono nella via principale affollata di guardie, mezzi militari e uomini. C'erano le facce peggiori che Alec avesse mai visto; nemmeno nei quartieri più malfamati di Europa, compreso quello in cui viveva, si era mai imbattuto in una simile concentrazione di feccia umana.

Alec e Filippo camminavano davanti, seguiti da Laura e Maj. Le due ragazze si erano sporcate il volto ad arte, il casco faceva il resto, nascondendo i capelli lunghi e facendo ombra sulla fronte e gli occhi.

«Chi sono quelli senza divisa?» chiese Alec a Filippo.

«Pirati.»

«E che ci fanno qui?»

«Trattano con le guardie, portano merci, droga, donne.»

Da dietro una curva spuntò un hovercraft, che avanzava a passo d'uomo e trainava tre grosse gabbie. Le guardie e i pirati si scostarono al suo passaggio.

«Largo, fate largo!» urlavano i due uomini che precedevano il mezzo.

Le gabbie sfilarono accanto ai ragazzi. Nella prima erano stipati cinque cerberi. Sembravano sedati perché tre di loro erano accucciati a terra, mentre il quarto stava in piedi roteando piano le tre teste, che si guardavano in giro con occhi spenti. Solo uno dei cinque era attivo, abbaiava con rabbia e sbatteva i musi contro le sbarre. A ogni colpo il sangue schizzava dalle sue fauci.

«Dove li portano?» domandò Alec.

«Li liberano nei condotti, da lì raggiungono i cerchi.»

Nella seconda gabbia c'erano tre centauri con le mani umane avvinghiate al metallo. La carne grigia dell'addome era in parte ricoperta dal pelo che cresceva sul corpo di cavallo, mentre il petto era glabro e lucido. La testa umana oscillava nervosamente sul collo, e il volto mutava espressione di continuo, distorcendosi in smorfie di rabbia e dolore. Allo stesso tempo anche le loro bocche si muovevano in modo disarticolato, riproducendo a malapena la parlata degli uomini.

Nella terza c'era un numero imprecisato di arpie accasciate le une sulle altre. I corpi tozzi e goffi sui quali erano rannicchiate le ali, simili a vecchi teli di plastica bruciata. Sotto gli occhi femminili che parevano addormentati, le labbra rosse si tendevano sul becco ogni volta che l'animale articolava il suo verso gracchiante. Ogni tanto una si arrampicava sulle ali di un'altra, per poi rotolare sulla schiena senza riuscire più ad alzarsi. Due erano aggrappate con gli artigli in cima alla gabbia, ma al primo scossone crollarono al suolo.

Il frastuono delle pale di un elicottero anticipò di pochi istanti la comparsa del velivolo, basso sopra le loro teste. Un secondo mezzo sorvolò il porto subito dopo e calò a terra una gabbia di ferro con dentro cinque uomini.

Alec si ricordò del suo ingresso all'Inferno, quando aveva visto un velivolo che trasportava una piattaforma simile. Allora, vedendo i corpi martoriati e i volti scavati dei due uomini all'interno, aveva pensato che fossero cadaveri. Ora sapeva che quelle erano persone che avevano scontato la loro condanna e venivano rilasciate, erano libere.

«Ehi, come va?» disse un uomo sbucando da un vicolo buio e maleodorante. «Guardate che meraviglia, non vi va di rilassarvi un po'?» disse indicando tre donne appoggiate al muro.

Filippo fece un gesto con il pollice alzato e quello non insistette.

«Che gli hai detto?» chiese Alec

«Che siamo a posto. Codici tra pirati.»

«Conosci i codici dei pirati?»

«Sono un pescatore, la maggior parte dei pirati sono ex pescatori che hanno trovato un modo più facile per stare al mondo, conservano la nostra lingua, i nostri modi di dire.»

Man mano che avanzavano nella via cominciarono a comparire banchetti di ogni tipo. C'erano quelli del cibo, chi vendeva tabacco o alcolici, ma anche vestiti e cinture. I mercanti urlavano per attirare i clienti che si affollavano attorno.

«Ecco, ci siamo» disse Laura. «Al prossimo incrocio dobbiamo girare a sinistra. La strada risale nel paese.»

Alec iniziò a sentirsi cautamente ottimista.

Stavano per svoltare, quando si accorsero che la via era bloccata, due hovercraft si era scontrati e uno adesso era riverso a terra, in fiamme. Una colonna di fumo nero, che puzzava di olio bruciato, si sollevava dal mezzo.

Due guardie facevano cenno ai passanti di girare al largo, che di lì non si passava.

«Proseguiamo» ordinò Laura senza esitazione. «Svolteremo alla prossima.»

Una fila di costruzioni basse e identiche si estendeva come

una lunga muraglia congiungendosi agli edifici del porto. Rischiavano di allontanarsi troppo e di perdersi nei vicoli. Inoltre, nel punto in cui si trovavano, c'era meno gente ed era più difficile mimetizzarsi.

«Torniamo indietro» disse Laura, ora nella sua voce c'era una nota di agitazione.

«Ma di lì non possiamo passare» ribatté Filippo.

«Andiamo oltre, l'importante è non fermarsi.»

Passarono di nuovo davanti all'hovercraft incendiato. La situazione non era cambiata. Dovevano trovare il modo di non essere notati finché non fosse stata liberata la strada.

«Andiamo per di qua» propose Laura. Aveva avvistato un vicolo più stretto che risaliva verso l'interno, parallelo alla via che avrebbero dovuto imboccare.

Dalle finestre dei piani alti si sentivano urla e risa, mentre da terra si alzava odore di spazzatura e urina. Incrociarono due prostitute, un gruppo di guardie visibilmente ubriache e un paio di garzoni che fumavano nepente nel retro di una locanda.

«Ehi, voi» fece una voce alle loro spalle, cogliendoli di sorpresa.

Filippo si voltò e subito superò Laura e Maj. Alec capì le sue intenzioni e fece lo stesso.

C'erano tre uomini: due erano delle guardie comuni, ma quello che aveva parlato indossava una divisa rossa, lucida, e aveva due vistose pistole infilate nella cintura. Al posto del casco bianco, ne portava uno rosso con una visiera sulla fronte. Tutto faceva pensare a una carica più alta nella gerarchia dell'esercito.

«C'è un casino giù in strada, bisogna far arrivare al porto

l'hovercraft che si è rovesciato, servono uomini, andrete dopo a divertirvi.»

«Certo, signore» rispose prontamente Filippo. «Andiamo, dài» disse poi rivolto ai compagni.

Alec si strinse a lui, e Laura e Maj li seguirono, la testa bassa. Mentre gli passavano davanti, l'uomo li squadrò con un'espressione compiaciuta. «Aspettate un attimo.»

Filippo si fermò e si voltò. L'uomo aveva in mano un palmare con un display luminoso.

«Di che reparto siete?» chiese.

Alec si sentì gelare il sangue, durante il tragitto non avevano mai parlato di reparto, e aveva forti dubbi che Filippo fosse in grado di rispondere.

«Allora?» li incalzò l'uomo. «Identificatevi.»

Le due guardie si avvicinarono.

«Identificatevi, forza» ripeté. Poi indicò Maj: «Tu, piccoletto».

Alec avvertì un brivido corrergli lungo la schiena. Non c'era modo di uscire da quella situazione, e la loro esitazione aveva definitivamente insospettito le guardie. Pregò che Laura avesse previsto anche questo, ma lei era immobile, lo sguardo fisso al suolo, non faceva niente.

Due elicotteri passarono in quel momento e il frastuono delle pale regalò loro qualche secondo in più.

«Generale, mi scusi» disse Filippo. Poi estrasse dalla tasca una pistola e sparò due colpi precisi, centrando in faccia lui e una guardia, che si accasciarono mentre Laura affondava un pugnale nella pancia del terzo uomo.

«Scappiamo!» ordinò lei. «Su di qua, veloci!»

Alec guardò i tre uomini a terra. Quello che era stato accoltellato non era morto, ma si contorceva agonizzante.

I due elicotteri ormai erano lontani, Filippo non avrebbe potuto ucciderlo senza che il rumore delle esplosioni destasse sospetti. Ma non poteva lasciarlo lì, con il rischio che sopravvivesse. Con un gesto rapido gli tolse il casco e lo colpì con il calcio della pistola. Poi si mise a correre dietro a Laura. «Alec, forza» lo sollecitò vedendo che lui esitava, gli occhi fissi sull'uomo e sulla pozza di sangue che si allargava sotto di lui.

Maj, a pochi metri di distanza, osservava la stessa immagine.

«Alec, non fare sciocchezze, muoviti!» esclamò Filippo con un tono pratico e imperativo, con lo stesso atteggiamento con il quale aveva governato la barca in mezzo alla tempesta.

«Dobbiamo andare» gli disse Maj poggiandogli una mano sulla spalla.

Alec vide che dal fondo della strada stavano arrivando degli uomini, probabilmente non avevano visto quello che era successo, ma loro non dovevano comunque farsi trovare lì. «Okay» rispose, affrettando il passo dietro ai compagni.

Una cinquantina di metri più su, riuscirono a svoltare a destra e a ritornare sulla via che avrebbero dovuto prendere. C'era ancora l'hovercraft fumante che ostruiva il traffico, ma le guardie lo avevano legato con dei cavi d'acciaio a una gru che lo stava issando su un rimorchiatore.

Alla fine della strada cominciava una collina erbosa, sulla quale erano accatastati i container che fungevano da abitazioni provvisorie. Erano poco più che grandi scatole di ferro arrugginito, e sui lati erano ritagliate porte e finestre.

Laura ora guidava il gruppo, il palmare con il radar stretto nella mano destra.

Mentre attraversavano i sentieri fangosi all'ombra di quelle baracche, Alec si lanciò un'occhiata alle spalle: il porto rimpiccioliva ma, nel buio che nascondeva i suoi vicoli luridi, gli pareva che il sangue di quei tre uomini brillasse ancora. «Perché li abbiamo ammazzati?» chiese.

«Perché era necessario» rispose Laura senza voltarsi.

«Dovevate dircelo.»

«Cosa? Che avremmo fatto fuori qualcuno?»

«Non uccido la gente, io.»

Laura gli rivolse uno sguardo freddo, un sorriso a denti stretti che ribadiva solamente quello che aveva appena detto. Poi gli porse la pistola. «Prendila, servirà anche a te, vogliamo uscire vivi da qui.»

Alec prese l'arma per il calcio. Sul metallo lucido era inciso lo stemma del Paradiso. Guardò Maj che camminava in silenzio dietro di lui e gli parve che quei cadaveri fossero crollati in mezzo a loro. Ogni scelta ha un prezzo da pagare, si disse. E forse quelle morti erano solo un anticipo.

Oltre la collina, cominciava la costa ripida del vulcano, che in quel punto era coperta da una frana di sassi larghi e piatti. Ci si arrampicarono, camminando veloci a quattro zampe. Raggiunsero infine un viottolo sterrato che tagliava trasversalmente la zona crollata. C'erano alcune scavatrici abbandonate, cumuli di sabbia e gabbie di ferro spaccate. La strada entrava nella montagna tramite una galleria.

«Forza, muoviamoci» ordinò Laura. «Dobbiamo entrare lì dentro.»

Alec si fermò un attimo. Da quella posizione poteva vedere chiaramente come la frana avesse travolto più in basso alcuni edifici. Dall'ammasso di pietre affioravano infatti pezzi di muro, travi e lamiere. La piccola cittadina, vista dall'alto, non era così diversa dai quartieri portuali di Europa, e anche i traffici che fervevano ricalcavano abbastanza fedelmente il mercato nero, il contrabbando, lo spaccio di nepente e la prostituzione che rappresentavano le attività principali della metropoli.

L'urlo di una sirena, seguito dal rombo di un motore, fece arrestare di colpo la compagnia. Alec e Laura si appiattirono contro la parete che delimitava a monte la strada, Filippo era più avanti, quasi all'ingresso della galleria, e si limitò a voltarsi, mentre Maj si acquattò a terra. Il rumore cessò all'improvviso, sostituito dal cigolio di un cancello e da due latrati profondi che rimbombarono sulla montagna.

C'era un'altra cava ad almeno cinquecento metri da loro. Un camion che trasportava una gabbia con due cerberi si era arrestato di fronte a uno dei condotti che si susseguivano a distanze regolari lungo la costa del vulcano. Alcuni uomini a terra dirigevano le operazioni.

«Possono averci visto?» chiese Alec.

«No, non credo, e comunque siamo guardie oligarchiche per loro» lo rassicurò Laura indicandosi la divisa. «Di là ci sono i tunnel ancora in uso, stanno mandando dentro nuove bestie.»

«E dove vanno?»

«Non lo so, però so dove porta il nostro condotto. Questo è già abbastanza.» Detto ciò prese la pistola di Alec e lo fissò negli occhi. «Non usciremo di qui se voi non farete la vostra parte, vi è chiaro?» Poi si rimise in cammino raggiungendo Filippo. Lì estrasse dallo zaino una torcia e illuminò una galleria che si stringeva fino a diventare un corridoio di appena due metri e non molto più alto. A terra correvano due binari inchiodati a piccole traversine di cemento.

Avanzarono all'interno del vulcano. Ogni tanto il condotto si allargava in spiazzi dove erano parcheggiati dei vagoni con le gabbie. In due trovarono alcune carcasse, che potevano appartenere a cerberi o minotauri. C'erano anche dei teschi umani. La strada non era particolarmente faticosa dato che i cunicoli dovevano permettere il passaggio dei vagoni con gli animali e non potevano essere quindi troppo ripidi. Un paio di volte, in corrispondenza di bivi, Laura si fermò e consultò il radar.

Dopo un'ora sbucarono in una larga galleria verticale che saliva. Le pareti erano ricoperte di lucido metallo, mentre dei faretti bianchi e blu illuminavano un cilindro che ruotava al centro, producendo un rumore continuo e vibrante.

Filippo procedette, impugnò la pistola e colpì due telecamere. Poi presero la scala che saliva lungo le pareti e varcarono una seconda porta. Questa dava accesso a un condotto di aerazione che passava sopra una grande sala piena di monitor e computer.

Nella stanza c'erano cinque uomini, tre seduti attorno a un tavolo circolare al centro, dal quale si innalzava una colonna tappezzata di schermi. Altri due erano in piedi davanti a un piano inclinato con numerosi pulsanti, cavi e led luminosi.

«Siamo arrivati» disse Laura.

Filippo puntò l'arma sul primo uomo attraverso la grata di ferro. Poi fece cenno ad Alec e Maj di allontanarsi. Il primo colpo esplose. Si udì un urlo e un suono metallico. Un altro fu sparato da Laura. Pochi secondi dopo nella sala giacevano a terra cinque uomini privi di vita.

Filippo diede un calcio a una delle grate e saltò giù, seguito dalla sorella.

«Blocca la porta, dobbiamo fare in fretta» ordinò lei. «Abbiamo dieci minuti al massimo.»

Si sedette al tavolo, collegò il proprio palmare a quello della sala controllo e cominciò a trasferire i dati. Filippo aveva svitato il pannello di metallo che copriva la pulsantiera, e stava estraendo le schede con i software per la trasmissione.

Alec guardò gli schermi con le immagini dei dannati, quelle che poi sarebbero state selezionate e montate per essere diffuse nelle cattedrali di Europa. La sua attenzione fu catturata per un istante da una grossa statua, simile a quelle che Laura gli aveva mostrato alla Polis. Solo che questa aveva sulla schiena grandi ali di metallo che si agganciavano al corpo di marmo.

«Filippo, ci sei?» domandò Laura.

Lui estrasse le ultime schede dal computer e le cacciò dentro lo zaino, dal quale poi prese una bottiglia di plastica che conteneva un liquido trasparente. «Tu ci sei? Andiamo?» chiese.

Laura staccò velocemente i cavi dal portatile, poi si fece aiutare da Filippo per arrampicarsi fino al condotto d'aerazione, dove li aspettavano Alec e Maj. L'uomo versò il liquido della bottiglia sopra il computer e vi diede fuoco. Le fiamme divamparono rapidamente, bruciando la plastica e i circuiti e producendo un fitto fumo.

Pochi minuti dopo si erano già allontanati. Procedettero spediti a carponi, finché non spuntarono in un altro condotto, illuminato da fioche luci arancioni che provenivano da lampade montate sul soffitto.

«Questo condotto è ancora in uso» disse Laura. «Dobbiamo fare in fretta. Filippo, tu coprici le spalle, noi andiamo avanti.»

«Va bene» rispose lui, imbracciando un grosso mitra che aveva rubato a una delle guardie nella sala controllo.

Di corsa raggiunsero una stanza. Su una delle pareti c'erano due grandi finestre di metallo, oltre le quali si vedevano degli ingranaggi. Due ruote dentate facevano ruotare tre grossi cilindri che producevano un rumore ritmico, continuo, simile alla locomotiva di un treno.

«Fermiamoci un attimo.» Laura si tolse lo zaino ed estrasse il palmare.

Filippo controllava che nessuno arrivasse dal tunnel. La luce verde del display rischiarò il volto della sorella.

«Che succede? Perché ci dobbiamo fermare?» domandò Alec.

Lei non rispose e continuò a digitare qualcosa.

«Laura» disse Filippo. «Sento dei rumori, sono lontani, potrebbero esserci degli animali.»

«Un attimo, ho quasi finito.»

«Sono dei minotauri» disse Alec tendendo le orecchie e riconoscendo la parlata mostruosa e priva di senso di quelle creature.

«Ecco!» esclamò Laura. «L'ho trovato!»

«Cosa?»

«È tutto il giorno che ci penso, era così ovvio, ma il database dell'Oligarchia mi ha ingannato. Credendo che fosse morto non ho nemmeno controllato.»

«Che vuoi dire?»

«Il vostro amico non ha ucciso suo fratello. Suo fratello è qui, all'Inferno, come lui. Ho cercato il suo codice, è stato condannato lo stesso anno di Guido, appena una settimana prima, ma lui non è finito al Limbo, lo hanno mandato nel settimo cerchio, secondo girone.»

«E chi ci mandano laggiù?»

«Tanta gente, omicidi, stupratori, tossici.»

«Puoi rintracciarlo?»

«L'ho già fatto, ma Ivan non è più lì, il suo segnale è fermo nello stesso punto da due giorni, al terzo lo dichiareranno deceduto, ma potrebbe essere già morto.» Laura corrugò la fronte, stava tentando di interpretare quelle informazioni, ma senza riuscirci. Digitò nuovamente qualcosa, e attese qualche istante che venissero caricate le notizie che cercava.

«Laura, è meglio andare» disse Filippo. «Non sento più rumori, ma potrebbero essere vicini lo stesso.»

«Devo prima verificare un'altra cosa.»

«Non possiamo farlo dopo?»

Laura avvicinò il palmare all'intercapedine, al di là delle finestre di ferro, dove c'erano gli ingranaggi di una delle macchine del contrappasso, che doveva essere pochi metri sopra le loro teste. «Solo qui intercetto il segnale, non possiamo procedere se non capiamo prima in che direzione andare e...» L'espressione di Laura cambiò di colpo, passando dallo stupore alla paura. «Sta succedendo qualcosa, sta succedendo qualcosa nel vulcano.»

«Che vuoi dire? Spiegati!»

«Ci sono decine, no... sono centinaia, di morti.» Laura girò il display: moltissimi puntini rossi lampeggiavano nei diversi cerchi. «Le luci diventano arancioni quando un dannato rimane immobile per più di ventiquattro ore. Dopo quarantotto divengono rosse. Quindi, ogni luce rossa è un morto. Sta accadendo qualcosa nell'alto Inferno, dal Limbo fino a Dite. Sta morendo troppa gente, non è normale... a meno di un'epidemia o...»

«Non può essere una coincidenza» intervenne Maj. «Guido precipita nel settimo cerchio, e suo fratello improvvisamente muore. Poi nell'alto Inferno c'è un'epidemia, vi sembra possibile?»

«Forse non sono davvero morti» disse Alec.

Tutti si voltarono verso di lui.

«Forse si sono tolti l'anima...» spiegò, ripensando al giorno in cui lui si era tolto il microchip nel Limbo, assieme a Guido, prima di cominciare la discesa. «Non è nel settimo cerchio che dobbiamo andare» concluse Alec. «Dobbiamo tornare a Dite.»

# 30

Il vento fischiava attraverso i teli della tenda, collocata tra i faraglioni di roccia. Lingue di ghiaccio si allungavano dalle vette più alte fino ai primi arbusti, tra le frane di pietra lavica e i resti di passate eruzioni.

Guido sciolse il nodo che chiudeva alla buona l'entrata e uscì all'aperto rabbrividendo. Un pallido sole stava sorgendo in quel momento, illuminando di riflessi rosa e azzurri la neve, anche se lui era già sveglio da diverse ore.

Erano trascorse due settimane da quando erano sbucati dal vecchio camino spento del cratere. Dal cimitero nell'ottavo cerchio erano risaliti all'interno della montagna seguendo le tracce lasciate dalla lava, che ricordavano la cera di una candela. Giunti in superficie avevano provato a percorrere la costa del vulcano, per superare la cresta tra le vette, là dove le mura del primo cerchio si interrompevano. Ma proprio per via dei ghiacciai e dei crepacci erano stati costretti a tornare indietro.

Il verso di un animale, forse un'arpia, echeggiò nell'aria, mentre da qualche parte, a monte, si udiva il fruscio di passi, confuso dal vento.

Guardando verso valle, invece, lo spettacolo era sempre lo stesso.

Gli incendi nei cerchi. Gli elicotteri che pattugliavano le

porte di Dite. I dannati che si riunivano in massa e si scagliavano contro gli hovercraft che spesso intervenivano per placare le rivolte.

Guido non aveva dubbi su ciò che stava accadendo, e sapeva che in un certo senso era stato uno degli artefici di quell'insurrezione. Ma non sapeva se Alec, Maj e Jorgos fossero lì in mezzo, se stessero guidando gli anarchici e le amazzoni contro l'Oligarchia. Non sapeva quale fosse stato il destino di Maureen. Per giorni si era convinto che non aveva nemmeno senso pensarci, che in fondo lui per loro era morto, ma adesso che aveva ritrovato suo fratello, voleva ritrovare anche lei, e per farlo aveva bisogno di una strada per tornare a casa.

Il problema era che questa strada non esisteva. O almeno non era quella che stavano seguendo.

«Allora, che si fa?» chiese Ivan cacciando la testa fuori dalla tenda.

Guido comprese in quel momento che dovevano prendere un'altra direzione. «Scendiamo.»

«Come? E dove vuoi andare?»

«Andiamo a Dite, qui rischiamo solo di morire di freddo.»

«E allora andiamo a farci ammazzare a Dite? Ma hai visto quello che sta succedendo? Qui tra un po' salta tutto per aria.»

«Io vado. Tu fai un po' come vuoi.» Cominciò a infilare la sua roba dentro lo zaino, le poche provviste e le armi rudimentali che portava con sé. Poi iniziò la discesa.

«Ehi, aspetta, aspetta» lo riprese Ivan, scattando in piedi.

Guido si fermò e si voltò.

«Vengo anche io, stai calmo.»

In quelle due settimane trascorse assieme in cima alla montagna il loro rapporto era cambiato. Loro erano cambiati. La luce, l'aria fresca e la carne degli animali che ogni giorno cacciavano avevano infuso in Ivan una nuova energia, smussando almeno in parte il suo fatalismo. Non aveva davvero intenzione di cercare una via d'uscita dall'Inferno, ma almeno credeva che fosse possibile, e per raggiungere quell'obiettivo era disposto a dar retta a suo fratello. Guido si era accorto di questa trasformazione: giorno dopo giorno aveva visto affiorare frammenti dimenticati del loro passato, li aveva osservati mentre si intrecciavano e rinsaldavano in un rapporto nuovo, guidato essenzialmente dalla necessità di aiutarsi per sopravvivere.

Infine, c'era qualcosa di più, un equilibrio nuovo tra loro. Guido adesso prendeva le decisioni, e Ivan obbediva.

Cominciarono così a scendere lungo la frana, nascosti dai grandi massi che sembravano sempre sul punto di staccarsi dalla montagna. Ogni tanto un urlo o un verso di animale echeggiava nell'aria. Incrociarono tre sciacalli che si accanivano sopra una carcassa, su cui non pareva essere rimasta alcuna traccia di carne. Ivan rinunciò a fare altre domande, limitandosi a seguire il fratello che faceva strada qualche metro più avanti.

«Ci credi tu?» domandò Guido a un tratto.

L'aria si era fatta più pesante, il fumo si mischiava a una nebbia grigia che nascondeva la piana di Dite.

«A cosa?»

«A quello che hanno detto gli indovini.»

«Non ricordo niente.»

«Che tu stai per morire.»

Ivan si guardò attorno e sbuffò sorridendo. «Be', non ci voleva un indovino per dirlo.»

Guido non ribatté, negli ultimi giorni aveva ripensato più volte a quell'incontro. Era arrivato alla fine del suo percorso, e adesso era lì per aiutare gli altri, così gli aveva detto quella donna.

«Perché stiamo scendendo?» chiese Ivan, fermandosi per riprendere fiato. Si tolse lo zaino e si sedette. Tirò fuori la borraccia e prese un goccio d'acqua. «Fermati un attimo, dài, devi bere anche tu.»

Una raffica di vento soffiò via per qualche istante il fumo e la nebbia, scoprendo le mura di Dite, dalle quali si sollevavano grandi bolle di fuoco. Gli stormi di arpie ricoprivano i camminamenti, sembravano plastica bruciata che colava sulle torri. Poi una si sollevava in volo e allora anche le altre la seguivano compatte per volteggiare qualche minuto prima di posarsi nuovamente.

Oltre le mura, i grattacieli diroccati parevano alti uomini scheletrici che si reggevano gli uni agli altri, pronti a crollare in qualsiasi momento. I vetri, spesso rotti e anneriti dal fumo, riflettevano le nubi rosse.

«Guarda» disse Ivan, puntando il dito verso qualcosa a una cinquantina di metri a valle.

Guido vide una ruota di legno del diametro di almeno cinque metri. Dal centro verso l'esterno partivano otto pale di metallo. Sopra c'era una grossa cupola, di cui erano rimaste solo le travi di legno bruciate. In cima si potevano ancora scorgere le telecamere.

«Che razza di roba è?» chiese Ivan.

«Io credo di saperlo.»

Ivan si voltò stupito verso il fratello. «Sai cos'è quella carcassa?»

«È il contrappasso del quarto cerchio, o quello che ne rimane. Forza, andiamo a vedere.»

Più si avvicinavano al marchingegno, più risultava chiaro il suo funzionamento. Le pale dovevano essere spinte dagli uomini, in modo che la ruota girasse e facesse uscire la gabbia di metallo con il cibo. Ma la macchina era stata evidentemente distrutta e la gabbia nera era a terra, le lamiere squartate, come se l'avessero fatta esplodere o l'avessero investita con un hovercraft.

Le mura che separavano il quarto dal quinto cerchio cominciavano subito dopo un promontorio. Guido si era già accorto che in quella parte dell'Inferno i terrazzamenti definiti dagli anelli delle fortificazioni erano molto più estesi. Ne aveva dedotto che si dovevano trovare in un punto diametralmente opposto a quello della porta dell'Inferno e di Nuova Gerusalemme, troppo lontana perché si potessero intravedere i campanili e i tetti di rame lucido delle cattedrali.

In compenso la muraglia era deserta e in più punti era stata abbattuta, per cui non fu difficile trovare un varco tra le macerie per raggiungere il quinto cerchio.

Man mano che scendevano, l'aria diventava sempre più calda e umida. La Palude Stigia era vicina, ma ancora non si udivano voci umane, né lamenti, né altri rumori fatta eccezione per i tuoni che di tanto in tanto rimbombavano nel cielo.

Anche qui non c'erano guardie, né hovercraft nei dintorni. Una grande frana era finita nella palude.

I due fratelli si guardarono senza dire nulla. Poi terminarono la loro discesa, finché il pendio finiva e la frana si allargava sulla pianura. Lì furono costretti a guadare un breve tratto di palude immergendosi fino alla vita, poi tornarono sulla terra e raggiunsero la base delle mura della città di Dite.

Uno stormo di arpie chiocciava sopra una torre.

«Vai piano» disse Ivan. «Le arpie scattano solo se ti vedono correre.»

Camminarono lentamente tenendosi a distanza dalle fortificazioni ma anche dalla palude, poi d'un tratto comparve un grosso arco sotto al quale erano appostati due hovercraft. Ivan e Guido si fermarono di colpo e si acquattarono al suolo, prima di accorgersi che uno dei mezzi era in parte bruciato, mentre l'altro era ammaccato e inclinato da un lato.

«Perché non c'è nessuno?» domandò Ivan.

«Devono essersi già scontrati qui, questo è ciò che è rimasto... ma non è detto che non ci sia nessuno.»

Ivan tese le orecchie, immobile, per provare a cogliere possibili voci o rumori. «Secondo me la via è libera, andiamo?»

Guido esitò ancora, i suoi occhi osservavano quelle mura con gli occhi della memoria. «C'erano guardie e centauri.»

«C'erano? Quando?»

«Quando siamo passati di qui.»

«Ci sei già stato?» chiese Ivan. Guido non gli aveva raccontato molto del suo viaggio dal Limbo fin lì. E il fratello non gli aveva fatto domande, non le faceva mai, in questo era rimasto lo stesso.

«Tu come credi che sia arrivato nel settimo cerchio?» ribatté Guido.

«Non lo so.»

«Be', non ti stavo certo venendo a prendere. Ce ne stavamo andando.»

«Spero che i tuoi compagni siano stati più fortunati, allora» disse Ivan con il tono strafottente che talvolta tornava a farsi sentire.

All'improvviso qualcosa cadde davanti a loro, un corpo scuro che produsse un tonfo sordo. Guido balzò indietro; era un'arpia che rivolse loro un ghigno mostruoso e poi aprì il becco rosso strizzando i piccoli occhi femminili. L'animale si allontanò zoppicando goffamente e spiccò il volo.

Guido avanzò a passo spedito verso gli hovercraft.

C'erano decine di cadaveri, ne contarono almeno cinquanta carbonizzati e sdraiati nel prato. Molti erano di guardie, tuttavia la maggior parte era di dannati, di certo anarchici e amazzoni. Qualcuno stringeva ancora le spade di ferro e lamiera, ma anche armi, pistole, mitra.

«Sembra che ci sia stata una battaglia» affermò Ivan.

«C'è stata» disse Guido camminando accanto ai corpi di uomini, donne, ragazzi e ragazze, tra i quali a volte gli pareva di riconoscere alcune persone che aveva incontrato a Dite, quelle che lo avevano accudito nel grattacielo delle amazzoni.

Più avanzavano, più la situazione peggiorava. C'erano altri corpi, ma anche carcasse di cerberi e minotauri. La puzza di sangue e putrefazione impregnava l'aria, rendendola irrespirabile.

«Torniamo indietro» disse Ivan.

Guido non rispose e affrettò il passo.

Giunti all'ombra degli alti palazzi all'ingresso della città, imboccarono una via asfaltata a quattro corsie. Le radici di un albero sollevavano il cemento vicino ai marciapiedi, sui quali si affacciavano locali che un tempo dovevano essere stati negozi o bar.

La terra tremò per alcuni secondi e un vento leggero creò piccoli mulinelli di sabbia, che però si spensero subito infrangendosi contro i grattacieli.

Poi, un rumore di passi. Da una strada laterale sbucarono cinque guardie, stavano correndo. Guido intercettò lo sguardo terrorizzato di uno di loro, poi vide da cosa stavano scappando. Un branco di centauri irruppe nella via, come un fiume che straripa sfondando gli argini. Guido afferrò Ivan per un braccio e si infilò dentro un negozio, nascondendosi dietro un bancone di cemento su cui era rimasto qualche frammento di un grande specchio.

Attraverso la vetrina i due ragazzi videro i centauri che aggredivano i cinque uomini, li travolgevano e poi li sollevavano da terra, contendendosi i loro corpi con una violenza e una forza sovrumane. Guido e Ivan rimasero immobili, respiravano appena, mentre le urla delle guardie dilaniate si riducevano a un breve lamento, prima di cessare del tutto.

Solo dopo mezz'ora i due fratelli uscirono dal loro nascondiglio. La sabbia aveva già ricoperto il sangue per strada.

Da lì in poi procedettero più cauti, camminando rasente alle vetrine distrutte, gli occhi attenti a ogni possibile via di fuga.

In lontananza videro un grosso hovercraft attraversare la strada e sbattere contro un muro, per poi fare marcia indietro e ripartire strisciando sulla parete di un palazzo e mandandone in frantumi gli spessi cristalli.

Cominciarono a percepire la presenza di uomini: voci sussurrate, passi affrettati, sembrava che chiunque in quel momento fosse impegnato a fuggire, a mettersi in salvo.

«Eccolo» disse Guido, scorgendo la muraglia fatta con carcasse di auto. «Muoviamoci.»

Giunsero in una larga piazza con al centro le barricate che definivano una barriera circolare, oltre la quale si intravedevano alcuni alberi. Uno di questi era completamente carbonizzato. La strada era coperta di sangue e polvere, mentre l'aria era impregnata dal fumo di due pire. In una bruciavano i cadaveri degli uomini, nell'altra, più grande, quelli degli animali. Non c'erano però segni recenti di battaglia.

Guido si avvicinò al portone di ferro e batté con la mano, ma non ottenne nessuna risposta. Quindi si arrampicò sulla barricata per guardare dentro l'accampamento. C'erano un mucchio di capanne bruciate, cadaveri di uomini e animali. Tutto era stato raso al suolo e distrutto. C'erano anche delle spade e delle lance ammucchiate a terra e legate con una corda.

«Che c'è?» chiese Ivan da sotto.

«Siamo arrivati tardi.»

«Che vuol dire?»

«Che qui non c'è più nessuno, vieni però, dobbiamo prendere delle cose.»

Scavalcarono ed entrarono nell'accampamento, Guido avrebbe voluto portare via le armi, ma si accorse che non c'era un modo pratico per trasportarle. «Forza, andiamo» disse.

«No» rispose secco Ivan.

Il fratello lo guardò senza capire. «Cosa vuol dire no?»

«Ora mi dici dove mi stai portando e che cosa stiamo facendo qui.»

Guido si guardò attorno, sospirò. «Questo era un campo, contavo di trovare le persone che ci avrebbero aiutato ma, come vedi, a quanto pare sono state fatte fuori tutte.»

«Perché siamo venuti qui allora?»

«Perché doveva esserci qualcuno!» urlò Guido, sentendo la rabbia montare all'improvviso. «Perché la battaglia non doveva finire così! Perché loro dovevano resistere!»

«Loro chi? Di chi parli?»

«Di loro» rispose Guido indicando con un cenno del capo due corpi. Erano i cadaveri di un uomo e una donna abbracciati. «Gli anarchici e le amazzoni.»

«Quindi ora cosa facciamo?» chiese Ivan, indifferente alla collera del fratello.

«Non lo so.»

«Come sei arrivato dal Limbo fin qui?»

«Ci sono dei passaggi, sull'altro lato del vulcano.»

«Bene, andiamocene, sarà sempre meglio che qui.»

«Non li conosco quei passaggi, era Alec che aveva la mappa.»

«E chi diamine è questo Alec?»

Guido si voltò verso Ivan che lo incalzava e si sentì sconfitto. Alec non era lì, o forse era morto. E lo stesso destino poteva essere toccato a Maj, Maureen e Jorgos.

In quel momento il fratello raccolse una lancia dal mucchio, la guardò attentamente e poi prese anche un coltello.

«Che fai?» gli chiese Guido.

«Quello che credo volessi fare tu» rispose Ivan, poi gettò a terra la lancia e afferrò un pugnale. «Ne sarà rimasto qualcuno, di questi anarchici o amazzoni. Andiamo a cercarli. O sono tutti morti?»

Guido accennò un sorriso. «Non credo.»
«E allora andiamo, usciamo di qui.»
Nella sua voce c'era determinazione e per la prima volta Guido sentì un'energia nuova scorrere dalle parole del fratello fino a lui, come un ruscello che sgorga all'improvviso da una roccia. «Una possibilità c'è» disse. Poi anche lui raccolse una spada e un coltello e si incamminò verso la porta dell'accampamento degli anarchici. Tirò le funi di ferro per aprire la grande lastra di metallo che fungeva da cancello e osservò la città.
La terra cominciò a tremare in quel momento, facendo vibrare l'asfalto sotto i loro piedi e scuotendo i palazzi in un tintinnio di cristalli che andavano in frantumi. Un grattacielo si piegò come un uomo colpito da un proiettile che cade in ginocchio e stramazza a terra. Prima si accasciò su un palazzo vicino e poi rovinò sopra le altre costruzioni. La scossa durò quasi mezzo minuto.
Guido e Ivan si guardarono. «Andiamo» dissero assieme, e si misero in cammino.
Procedevano svelti, gli occhi ben aperti a cogliere qualsiasi movimento.
Mezz'ora più tardi erano di fronte a un edificio circondato da due fila di barricate fatte con rottami, lamiere e calcinacci. Quelle che circondavano il pianterreno erano presidiate da decine di uomini e donne. Anche ai piani superiori sembrava esserci qualcuno mentre, sulla cima del grattacielo, un filo di fumo faceva capire che il grande braciere era acceso.
«Fermi, voi due!» urlò una donna. «Mettete giù le armi.»
«Siamo amici» disse Guido, ma poggiò il coltello a terra e

ordinò a Ivan di fare altrettanto. «Siamo amici di Alec e Maj, siamo stati all'accampamento, non c'era più niente, abbiamo trovato solo queste armi.»

La ragazza li fissò impassibile. Due anarchici armati e altre amazzoni si erano avvicinati.

«Siamo amici, ve lo giuro. Fatemi parlare con la regina delle amazzoni, lei mi ha conosciuto, ve lo può confermare.»

«La regina è morta» replicò lei.

Guido non disse niente, ricordava bene la regina, era incinta quando l'aveva incontrata. «Sono amico di Alec e Maj, qualcuno qui deve conoscerli.»

«Tutti li conosciamo» ribatté un uomo con la barba lunga e riccia. «Ma non conosciamo voi.»

Ivan osservava con curiosità quella scena. Fu lui a notare un ragazzino che era salito sulle barricate e poi era saltato in strada.

«Guido» disse il bambino.

«Jorgos! Sei tu!» esclamò Guido. C'erano decine di domande che avrebbe voluto porgli, ma prima di tutto doveva superare le barricate e trovare un rifugio sicuro in quello che era stato, e forse era ancora, il quartier generale delle amazzoni.

Jorgos si avvicinò lentamente studiando il suo vecchio compagno di viaggio.

«Perché sei qui?» chiese Guido. «Come stanno gli altri? Dove sono?»

Ora tutti guardavano Jorgos in attesa di una spiegazione. Lui però era concentrato su Ivan. «Tu puoi venire» disse a Guido. «Ma lui no.»

«Perché?»

«Lui non può venire» ripeté Jorgos.

«È mio fratello.»

«Lo so. Non importa, vieni senza di lui.»

«Jorgos, fidati di me, e dimmi di Alec e Maj! Dov'è Maureen?»

Uno scricchiolio di lamiera fece girare tutti di colpo. Poi una saracinesca al pianterreno di un palazzo si piegò, come se fosse di carta, per crollare in strada sotto il peso delle zampe possenti di tre cerberi. Uno di loro rotolò sul metallo, che si accartocciò, mentre gli altri due lo scavalcarono, le teste già protese in avanti. Un istante dopo stavano correndo diretti alla barricata.

«Vengono verso di noi!» urlò Guido. «Presto, entriamo, ci devono accettare.»

Ivan guardava ipnotizzato le creature infernali.

«Muoviti, Ivan!»

«La morte mi è venuta a prendere» sussurrò tra sé.

«Tappati quella bocca e cammina» gli ordinò Guido e lo strattonò per un braccio.

Ivan a quel punto si mise a correre, non verso le barricate, ma nella direzione opposta. I cerberi si avvicinavano velocemente, ogni passo sembrava un pugno dato a terra con forza. Poi un rombo di motore, degli spari, e dietro al grattacielo delle amazzoni sbucarono tre hovercraft. Uno avanzò finché non andò quasi a sbattere contro le barricate, poi fece una rapida inversione e iniziò a sparare agli altri due. Intanto dai piani più alti cadevano grosse palle infuocate. Guido non capiva cosa stesse accadendo, ma non aveva il tempo di pensare, scappò.

Nel cielo comparvero due elicotteri. Il primo si fermò alle spalle degli hovercraft e decine di guardie scesero lungo scale di corda. Il secondo invece girò attorno al grattacielo e imboccò il largo viale che tagliava in due la città, volando a nemmeno una decina di metri da terra.

Guido raggiunse Ivan e lo affiancò. Vide la sua espressione ferma, determinata, una luce si era accesa nei suoi occhi, le labbra increspate nell'accenno di un sorriso.

L'elicottero si abbassò bruscamente dietro di loro.

«Buttiamoci di lato» urlò Guido. «Così non può seguirci.»

Svoltarono in una via più piccola. Attraversarono un ampio salone al pianterreno di un edificio; era pieno di macerie e alcune pareti erano crollate, nel frattempo il suono delle pale si affievoliva dietro di loro. Quando sbucarono dall'altra parte si accorsero però di aver girato quasi in tondo e di essere finiti di nuovo sulla strada principale. L'elicottero si abbassò di colpo di fronte a loro.

«Fermatevi!» disse la voce metallica che proveniva dai megafoni del mezzo.

Ivan e Guido ripresero a correre, ma a questo punto non avevano più possibilità di fuga. Ivan cadde a terra, ma il velivolo lo superò e puntò dritto su Guido. Ormai era a pochi metri sopra la sua testa. Lui si voltò a osservarlo.

Lo sportello era aperto e una guardia si era affacciata, lo fissava. Poi si tolse il casco e Guido vide che quella che aveva di fronte non era una guardia. Era Alec.

# 31

L'elicottero si alzò in volo allontanandosi rapidamente dalla città. Dopo pochi minuti aveva già superato le mura di Dite e puntava dritto verso la cresta del cratere.

A bordo adesso c'erano anche Guido e Ivan. Oltre ad Alec, Maj, Filippo e Laura, che guidava il velivolo.

«Come avete fatto?» chiese Guido. «Che ci fate qui? E...»

«Lascia perdere le spiegazioni, non c'è tempo ora. Prima usciamo di qui.»

Guido guardò Alec, trattenendo tutte le domande che avrebbe voluto porgli. Poi annuì.

«Sta succedendo un vero casino, i dannati si stanno ribellando» spiegò Alec. «Noi siamo riusciti a uscire, ma siamo tornati...»

«E perché?»

«Per tante ragioni, una sei tu.»

«Dov'è Maureen? È viva?»

«Non è con noi, ma è viva.»

Guido provò una gioia improvvisa, anche se sentiva che Alec non gli stava dicendo tutta la verità. Ma non importava, l'unica cosa che contava veramente era che Maureen era viva.

«Si sono ribellate anche diverse pattuglie di guardie» disse Alec. «C'è una specie di guerra civile all'Inferno, è successo tutto in questi giorni, l'Oligarchia sta reagendo, ma a Europa a quanto pare non ne sono al corrente.»

«E voi come fate a saperlo?»

«Sappiamo molte cose» rispose piano Maj.

Alec gli poggiò una mano sulla spalla. «Ti spiegheremo tutto, adesso però dobbiamo levarci di qui.»

Guido gli afferrò i polsi, lo guardò negli occhi e annuì con un cenno nervoso del capo. In quello stesso momento udirono due forti esplosioni alle loro spalle e si voltarono. Sulla costa del vulcano due torri implosero, generando una frana che travolse un hovercraft e lo fece finire in un bosco, dove divampò un incendio.

«Ci seguono!» urlò Filippo. Ma le sue parole furono sovrastate dal rumore delle pale di due elicotteri emersi dal lago di nebbia e fumo che ricopriva la città infernale.

Filippo si sporse fuori dall'abitacolo impugnando un mitragliatore con il quale iniziò a sparare in direzione dei velivoli.

Alec fece lo stesso aprendo il portello sull'altro lato e liberando una raffica di proiettili. «Cambia rotta!» gridò. «Tra un attimo saranno qui.»

Laura piegò in avanti la cloche spingendo il mezzo nuovamente verso il basso, tra la nebbia. «Così non vedo niente!» urlò mentre l'eco delle pale ritornava verso di loro.

Il crinale di una montagna comparve all'improvviso, era a meno di venti metri. Laura sterzò bruscamente e l'elicottero per un attimo si inclinò avvicinandosi al lato del monte. Le pale sfiorarono la terra, e il mezzo rimase per qualche secondo quasi immobile, poco distante dal suolo.

Uno dei velivoli che li seguivano emerse dalla nebbia e andò a schiantarsi contro la scarpata, prendendo fuoco e rotolando giù fino alle mura del secondo cerchio dove esplose.

Finalmente Laura riuscì a riprendere il controllo dell'elicottero, che si sollevò in mezzo alle rocce innevate che sovrastavano la cresta del vulcano. «Siamo fuori» disse sottovoce, ma tutti la sentirono.

I lati esterni del cratere erano scoscesi e neri, e in lontananza si poteva già scorgere il mare, le onde grigie che si infrangevano sugli scogli.

«State pronti, tra poco atterriamo» disse Laura.

«Perché non ce ne andiamo con l'elicottero?» chiese Maj.

«Non c'è abbastanza carburante, non arriveremo mai a Europa con questo.»

«Intanto andiamocene, ci sono altre isole, poi penseremo a come arrivare a Europa.»

«No!» urlò Laura. «Non sappiamo che terre ci sono qui attorno, non possiamo rischiare.»

Filippo osservò la sorella e annuì piano. Alec appoggiò una mano sul braccio di Maj, che si voltò di scatto verso di lui. I loro sguardi si incrociarono, raccontando senza parole ciò che stavano provando. Alec pensò che solo adesso poteva dire di essere uscito dall'Inferno, e il futuro gli parve di nuovo una lunga strada da percorrere.

«Filippo, controllami il radar» disse Laura. «La barca è vicina, ma non possiamo atterrare sulla spiaggia, non c'è spazio sufficiente.»

«Dovremmo esserci, oltre quel promontorio.»

Si abbassarono sopra un fiume di lava spenta da cui spuntavano ancora qua e là delle scintille. Il peschereccio comparve pochi istanti dopo, nella stretta insenatura dove lo avevano nascosto. Scorsero però due hovercraft che avanzavano veloci su una larga strada sterrata.

«Abbassati, presto!» urlò Alec.

«Troppo tardi, ci hanno visto.»

Due elicotteri apparvero dalle mura, diretti verso di loro.

«Non ce la possiamo fare, non possiamo atterrare qui» disse Alec.

«Dobbiamo» ribadì Laura e piegò la cloche in avanti, mentre una raffica di mitragliatore centrava la fiancata, mandando in frantumi i finestrini laterali. Schegge di vetro volarono all'interno.

«Rallenta, così ci ammazziamo!» gridò Filippo. Era la prima volta che contraddiceva sua sorella, ma in qualche modo doveva essere chiaro anche a lui che Laura aveva ormai perso il controllo.

L'elicottero si arrestò a due metri dal suolo. Con una manovra brusca scese ancora e sbatté sul terreno, sobbalzando un paio di volte prima di fermarsi del tutto.

«Forza, veloci!» urlò Filippo.

Ognuno prese zaini, borse e armi, e saltò giù. Gli altri due velivoli erano sopra di loro e un hovercraft era uscito di strada. Non c'erano sentieri che portavano fino al mare, solo la scura roccia lavica. Alec e Maj avanzavano davanti a tutti, Filippo li seguiva assieme a Laura. Ivan e Guido si erano distanziati di proposito; erano scesi in un punto più ripido a un centinaio di metri dai compagni.

Alec fu il primo a mettere i piedi sulla sabbia nera, seguito da Maj e, poco dopo, da Guido e suo fratello. Alec e Guido cominciarono a slegare gli ormeggi velocemente, mentre Maj e Ivan caricavano gli zaini e le armi.

In quell'istante i due elicotteri ricomparvero sopra di loro. Uno si piegò puntando i mitragliatori laterali verso la barca.

Ivan si buttò a terra, sparando in direzione degli hovercraft per rallentarne la discesa. Laura era appena arrivata e osservava impotente ciò che stava per accadere.

Qualcosa brillò sulla montagna e un secondo dopo il velivolo prese fuoco e precipitò in mare. Poi, una nuova luce e un'esplosione, un missile volò sulle loro teste. Qualcuno stava sparando dal vulcano.

«Che succede? Si ammazzano tra loro?» chiese Ivan.

«Un hovercraft deve essere in mano ai ribelli!» urlò Alec.

Laura arrivò alla barca poco prima che un colpo centrasse in pieno il secondo elicottero, che scoppiò in volo e andò a schiantarsi al suolo.

«Muoviamoci!» gridò Alec. «Dov'è Filippo?»

Tutti guardarono verso il monte. Alec andò ad accendere il motore, intanto sia Guido sia Ivan tenevano le armi spianate nel caso in cui le guardie fossero giunte sulla spiaggia.

«Perché non arriva?» domandò Laura guardando la scarpata con apprensione. Poi saltò giù dalla barca e corse verso le rocce.

Filippo comparve sopra di lei, dava le spalle al mare e con il mitra sparava in alto.

«Filippo, dobbiamo andare!» urlò lei.

Il fratello indietreggiò e poi saltò senza voltarsi, atterrando sulla sabbia ruvida. Cadde a terra e lasciò la presa sull'arma.

«Dobbiamo fare in fretta!» lo esortò Laura afferrandogli una mano per aiutarlo a rialzarsi.

Sul petto aveva una macchia rossa che si allargava sulla maglia sporca di fango.

«Sei ferito!» gridò lei, ma il fratello non rispose. Gli occhi erano socchiusi, gli zigomi appena sollevati in un'espressione che sembrava trattenere il dolore.

«Arrivo, aspetta» mormorò con voce sofferente.

Laura lo tirò per un braccio, Filippo provò a camminare, ma una gamba cedette e lui crollò al suolo. Dalla barca capirono quello che stava succedendo. Guido e Ivan corsero a soccorrerli e assieme trasportarono il ferito. Lo adagiarono sul ponte e partirono verso il largo.

Le guardie arrivarono sulla spiaggia quando il peschereccio aveva già preso velocità, ma fu ugualmente investito da una scarica di proiettili. Guido e Ivan rispondevano al fuoco, mentre Alec spingeva il motore alla massima potenza. L'imbarcazione superò le onde attorno alla costa e si allontanò in mare aperto.

Di nuovo calò la nebbia, il vento si placò e un silenzio irreale spense ogni suono, come quando erano arrivati. Solo che questa volta, a confondere quella melodia indefinibile, non c'era solo il borbottio del motore, ma anche il pianto straziante di una ragazza.

«Filippo, per favore, parla!» urlava Laura davanti al fratello privo di sensi.

La camicia aperta lasciava intravedere lo squarcio sul petto e sulla spalla, dove la raffica di mitra lo aveva colpito.

Procedettero alla massima velocità finché le nubi rosse del vulcano cominciarono a sfilacciarsi. Il mare si rianimò in alte onde che li costrinsero a rallentare. In quel momento Filippo riprese i sensi. Con una mano cercò a tentoni la sorella, le sfiorò prima il ginocchio e poi le afferrò il braccio per tirarla a sé. Lei si sdraiò su di lui, macchiandosi con il suo sangue, mentre i singhiozzi la scuotevano con forza.

«Ciao, sorellina» le disse con un filo di voce.

«Perché mi saluti?»

«Perché mi sa che mi è rimasto poco tempo.»

«No, ti cureremo, è solo un graffio.»

Filippo scosse la testa, non aveva abbastanza fiato ed energie per ribattere, e chiuse gli occhi.

«Per favore, non mi fare questo» lo supplicò lei tra i singhiozzi. «Non mi lasciare, non puoi lasciarmi!»

Lui sorrise e si sforzò di sollevare di nuovo le palpebre. «Lo sai che sta succedendo, non chiedermi di vivere ora, non è possibile.»

«No, no...» replicò lei con una foga irrazionale, come se potesse fermare quei secondi di vita che le sfuggivano davanti agli occhi. «Devi rimanere con me, devi resistere, Filippo, non puoi partire senza di me.»

Lui non riuscì subito a parlare. Inspirò con la poca forza che aveva in corpo e tossì sputando saliva e sangue. «Fai tutto quello che avresti fatto con me, non ha importanza se non ci sono...»

«Tu ci sarai!» gridò Laura, ma la sua voce si spezzò in un singhiozzo, mentre con entrambe le mani gli stringeva il braccio. Tentava di trattenerlo, ma sentiva il peso del suo corpo, come se il mare sotto di lui avesse cominciato a tirarlo verso il basso.

«Non ci sarò, Laura, io sono arrivato... ma tu non devi essere triste, poi verrai anche tu, tutti verranno...»

«Non posso accettare di non vederti più, lo capisci?» disse

lei con voce strozzata. Poi vide i tratti duri del volto del fratello che iniziavano a distendersi, le rughe degli anni e del dolore che si scioglievano in un'espressione ormai assente. «Non farlo» sussurrò. «Aspettami... ti prego.» Laura si avvicinò al viso del fratello, accucciandosi accanto a lui. Quando la vita lo abbandonò, percepì il soffio del suo ultimo respiro.

Il tempo perse ogni consistenza, mentre il cielo tornava azzurro e il vento si alzava, ma tutto accadeva soltanto nel mondo esterno, perché nell'animo di Laura era calato un velo nero che aveva cancellato ogni pensiero, ogni emozione, lasciando un vuoto lacerante.

Alec spense il motore, dovevano procedere a vela per risparmiare il carburante. Impugnando il timone che era stato governato da Filippo, gli sembrò di sentire l'eco della sua morte nei gesti che gli erano appartenuti.

Per tutto il giorno e la notte seguente, Laura pianse sdraiata sul cadavere del fratello. Non volle né mangiare né bere. Non si mosse e non aprì gli occhi.

La sera del secondo giorno, Alec le si avvicinò. In mezzo a loro c'era il corpo di Filippo, coperto da un telo. «Dobbiamo salutarlo» le disse.

Lei tenne lo sguardo basso e non rispose.

Alec non era nemmeno sicuro che lei lo avesse sentito, così le poggiò una mano sul braccio. Laura alzò appena lo sguardo, incrociando i suoi occhi.

«Ci ha salvati tutti, non lo dimenticheremo mai» fece Alec. «Rimarrà sempre con noi, ma dobbiamo comunque lasciarlo andare.» Per tutto il giorno aveva cercato le parole giuste, ma adesso le frasi che aveva preparato suonavano vuote e inutili.

Laura appoggiò la mano sul petto di Filippo e lo carezzò. Aveva smesso di singhiozzare, ma il suo viso era una maschera di dolore. «Verrà con noi fino a Europa» ribatté Laura. La sua voce era simile a un vetro sottile, pronto a rompersi in mille pezzi.

«Non sappiamo quando arriveremo» rispose piano Alec, cercando di ignorare il nodo che gli serrava la gola. «Potrebbero volerci molti giorni, settimane, nessuno di noi è esperto di mare... Filippo era la nostra guida.»

«Per questo verrà con noi» replicò lei, concludendo un ragionamento insensato che aveva preso forma nella sua mente. Ricominciò a piangere, ma poco dopo si asciugò le lacrime con il dorso delle mani e alzò la testa al cielo. «Non voglio... non voglio lasciarlo andare.» Poi scostò il telo scoprendogli il volto. La pelle era violacea, ma i tratti del viso ancora vivi e netti. Gli occhi erano chiusi e la mandibola serrata. Non sembrava né un morto, né un uomo che dorme. «Aveva sempre detto che avrebbe voluto morire in mare. Perché il mare è più saggio della terra, diceva.»

Alec notò una luce sul viso di lei, si era accesa nel momento esatto in cui aveva cominciato a ricordare. Era come la fiamma di una candela che riportava in superficie la sua espressione sicura e determinata.

Più tardi usarono una delle casse della stiva per costruire una rudimentale zattera su cui caricarono il corpo di Filippo. Con altri legni realizzarono una capanna e la coprirono con un telo imbevuto di petrolio.

Ammainarono le vele e depositarono la zattera in mare. Poi le diedero fuoco spingendola appena, in modo che fossero le correnti ad accompagnarla alla deriva. Seduti sul ponte della barca osservarono le fiamme che bruciavano sul filo dell'acqua, il fumo che saliva verso il cielo, come la linea nera di una matita che fugge dal foglio. Dopo che anche gli ultimi legni si furono incendiati, il corpo sprofondò nel mare e il vento cancellò quella linea. Laura, in ginocchio a prua, rimase a guardare fino all'ultimo momento il corpo di suo fratello che abbandonava il mondo. Quando nel mare e nel cielo non ci fu più alcuna traccia di quella pira, i suoi occhi si chiusero sul mondo e si aprirono sul passato, trovandovi un volto sorridente, quello di un bambino, quello di un ragazzo, e infine quello di un uomo deciso a cambiare la sua vita. Laura sentì il suo petto farsi profondo come una caverna senza fine, per accoglierlo, per far spazio alla vita che aveva trascorso con lui, al loro rapporto che da quel momento in poi avrebbe potuto esistere solo nel ricordo.

Poi il vento cominciò a soffiare anche su quei ricordi, mischiando il passato che la faceva piangere e sorridere con il viaggio che la stava riportando in una casa vuota.

# 32

Il porto mercantile di Europa distava ormai poche decine di metri. Lo scheletro di ferro ricordava la carcassa di un grande animale, le coperture in vetro e rame ossidato stemperavano la luce del sole. Una nebbia gialla e densa si sollevava tra i vecchi pescherecci e lungo la banchina in pietra, dove qualche bambino si azzardava a pescare con delle esche improvvisate.

Maj osservava le case che si affacciavano sul molo, i muri scrostati, le ringhiere arrugginite dei balconi, le finestre murate e i panni stesi negli stretti vicoli che si inoltravano nella città.

Il viaggio era durato due settimane. Avevano dovuto barattare tutto ciò che avevano, armi, oggetti, utensili, in cambio di cibo, indicazioni e protezione.

La mano ancora stretta sul timone, Alec guidava la barca nel labirinto creato dalle centinaia di natanti, mentre Guido e Ivan si sporgevano a prua per evitare di urtare i pali di legno che emergevano dalla superficie dell'acqua e i moli mezzi affondati. Laura invece, sottocoperta, attendeva seduta e immobile l'arrivo. Non aveva quasi più parlato dalla morte del fratello.

Due uomini a bordo di un peschereccio stavano sbrogliando i nodi di una rete e al loro passaggio li seguirono incuriositi con lo sguardo.

Attraccarono in un angolo poco frequentato, e scesero su

una banchina dove c'era una manciata di barche legate ad anelli di ferro.

Alec e Guido si guardarono, per entrambi era strano separarsi così, dopo quello che avevano passato.

«Che fate ora?» chiese Alec. Fino a quel momento nessuno aveva parlato dei propri progetti, la morte di Filippo era rimasta tra loro come un velo che nasconde la strada, un veleno che impedisce di pensare al futuro.

«Andiamo a casa, a vedere se ci sono ancora... i nostri genitori. Poi non lo so. Qui non possiamo restare.»

«Addio» disse Alec e lo abbracciò. Poi osservò Laura, lo sguardo spento, la testa china, le braccia strette lungo i fianchi, sembrava una bambina che ha appena smesso di piangere. «Vieni con noi» le disse.

Lei scosse il capo. «No, so dove andare ma... grazie. Mi serve solo la barca.»

«È tua.»

«Certo» replicò lei sovrappensiero. «Allora addio.»

Alec si avvicinò per abbracciarla, ma lei fece un passo indietro. Poi si voltò e ritornò verso l'imbarcazione. Sciolse i nodi delle cime e accese il motore, poi poggiò la mano sul timone e senza voltarsi manovrò il peschereccio verso il largo.

Alec e Maj rimasero a fissarla finché non scomparve alla vista, oltre i confini del porto. Si incamminarono sul molo, avvolti dalla nebbia del mattino. L'ultima volta in cui erano rimasti soli, si trovavano ancora sulla montagna del Purgatorio, in una dimensione a metà tra realtà e sogno. Adesso, sfiorati dalla luce tenue che arrivava dal cielo che aveva cominciato a schiarirsi, potevano di nuovo credere di percorrere quella strada, il cammino che avrebbe dovuto condurli alla Polis e che invece li aveva riportati a Europa. Ma c'era una differenza ora: ciò che per Alec era consueto, familiare, sorprendentemente rassicurante, per Maj era sconosciuto e indefinito. Con occhi curiosi divorava ogni dettaglio di quel mondo, i cani randagi che dormivano davanti ai portoni, i bambini che uscivano di casa vestiti con quattro stracci e semplici sandali di plastica, gli uomini dagli occhi spenti che fumavano nepente sull'uscio delle taverne.

Giunti al grande fico di fronte alla casa di Marcus, si fermarono. Alec guardò Maj accennando un sorriso incoraggiante. Poi imboccarono la scalinata che saliva al secondo piano. Lì Alec appoggiò l'orecchio alla porta, e bussò, due volte.

Un fruscio, parole sussurrate, poco dopo il rumore di passi.

«Chi è?» chiese una voce femminile.

«Cerco... Marcus» rispose Alec un po' perplesso.

«Chi lo vuole?» domandò ancora la stessa voce.

Un nodo gli strinse la gola mentre accostava le labbra al legno. «Beth... sono io, sono Alec.»

La porta si aprì di colpo. «Alec?» ripeté Beth incredula.

Lui sentì gli occhi riempirsi di lacrime, la abbracciò con forza. Beth guardò incredula Maj, oltre le spalle del fratello, e scoppiò a piangere.

«Stai bene?» sussurrò Alec commosso. «Dov'è la mamma? E Marcus?»

«Stiamo bene» fece lei titubante. «Anche la mamma.»

«Perché siete qui? Perché siete venute da Marcus?»

«La nostra casa non c'è più, siamo dovuti scappare e...» Beth lasciò in sospeso quelle parole e volse le spalle al fratello. Raggiunse di corsa un armadio a muro accanto alla cucina e aprì un'anta, rivelando una porta al suo interno. Da lì uscirono uno dopo l'altro Marcus, Elena e un ragazzo che né Alec né Maj conoscevano. Marcus teneva stretta in mano una pipa di legno, dal cui braciere si alzava un filo di fumo. «Credevamo fossero le guardie» spiegò la bambina. «Sono già passate, stanno facendo controlli in tutto il quartiere.»

Elena avanzò lentamente, si fermò a un passo dai due ragazzi. Mise una mano sulla spalla di Alec e una su quella di Maj e per qualche istante parve sospesa tra il dolore e l'incredulità di quel ritorno, nonostante non avesse mai perso la speranza. Poi allargò le braccia per abbracciarli entrambi, ma prima si soffermò per un attimo con lo sguardo su Maj, con un sorriso riconoscente, come se in cuor suo pensasse fosse stata lei a riportarle il figlio. Elena e Maj non si erano mai incontrate, sebbene il volto della ragazza fosse ben noto a tutti, perché lei era la figlia dell'oligarca. Adesso quella ragazza, con la fronte distesa non gravata da pensieri, gli occhi di bambina che osservavano la realtà con la curiosità di chi scopre un nuovo gioco e la sua serenità ingenua, non c'era più. Maj era cambiata in quelle settimane, era diventata una guerriera, un'amazzone, e forse per questo Elena vi si rispecchiò, ritrovando per un attimo se stessa.

«Sono stato sulla montagna» fece Alec. Aveva pensato a lungo a cosa avrebbe detto se avesse rincontrato sua madre e Marcus.

Elena gli rivolse uno sguardo interrogativo.

«Non so se potremo rivederlo» continuò lui. «Perché sono successe altre cose, ma... ho incontrato papà.»

«Che stai dicendo?» chiese Elena. «Tu, tu... dove siete stati? Alec, cosa mi stai dicendo?»

«Papà è vivo, è sopravvissuto all'Inferno...» disse lui, ogni parola gli costava fatica. «Voi conoscete la montagna, vero? Il Purgatorio?»

Elena annuì.

«È riuscito a costruire una città lì.»

«Ma adesso lui dov'è? Come sta?» domandò la donna, mentre Beth ascoltava quel dialogo muta e immobile.

«Vi devo raccontare molte cose» disse Alec.

Elena lo abbracciò nuovamente e poi lo staccò da sé per guardarlo in viso, gli strinse il volto tra le mani, mentre era evidente che dentro di lei stavano lottando emozioni troppo grandi.

«Venite a sedervi, non state lì, abbiamo acqua e cibo» disse il ragazzo che Alec non aveva identificato. Il tono della sua voce, più fermo e leggero, lo poneva al di fuori di quel fuoco di sentimenti. «Metto dell'acqua a bollire» aggiunse, visto che nessuno pareva dargli retta.

«Chi sei tu?» chiese Alec.

«Mi chiamo Joseph. Faccio parte del Movimento» ribatté lui e si avvicinò per tendergli la mano. «Non so perché, ma sapevo che saresti tornato» gli disse come se lo conoscesse. «Non credevo che avrei assistito a questo momento, né che avrei fatto parte di questa storia ma... insomma, bentornato.» Poi guardò Maj senza poter fare a meno di scrutarla da capo a piedi, come si farebbe con una statua. «E benvenuta a Europa» fece rivolto a lei stringendole la mano con forza. «Questa città impazzirà, quando il Movimento saprà che siete tornati.» Il ritorno dei due ribelli dell'Inferno, i due ragazzi che si erano tolti l'anima dal petto, che avevano fermato l'Oligarchia, che avevano combattuto a Dite con le amazzoni e gli anarchici, avrebbe cambiato ogni cosa. La gente, anche gli scettici, chi non credeva a quella vicenda, avrebbe dovuto cambiare idea, migliaia di persone sarebbero entrate nel Movimento. «Ammiro molto il tuo coraggio» concluse Joseph.

«Grazie» disse Maj, guardandolo con un misto di curiosità e stupore.

Pochi minuti più tardi erano seduti tutti e sei attorno al camino. Alec, Maj e Marcus sul divano, Beth e Joseph a terra con la schiena appoggiata alla parete. Elena su una sedia. Marcus non aveva ancora detto una parola da quando erano tornati, sembrava tranquillo, ma continuava a riempire la pipa da cui tirava lunghe boccate.

Alec raccontò cos'era successo da quando era stato arrestato a Europa: il carcere, il trasferimento in nave fino al vulcano dell'Inferno e quindi la discesa nel cratere. Maj ascoltava, ma la sua mente era altrove, gli occhi vagavano in quella stanza, inseguivano i dettagli, i pensili della cucina, i piatti di latta ammaccati, i mobili di legno marcio, la vetrata che inquadrava un frammento di quel mondo per lei completamente nuovo. L'odore del camino, del nepente, l'umidità e il sapore amaro del tè, i suoni della casa e della strada che suggerivano una quotidianità a lei estranea.

Quella era la vita, si disse.

Quella povertà ora le comunicava una sensazione mai provata, la faceva sentire vicina a se stessa, come se la felicità del Paradiso l'avesse sempre tenuta distante dalla sua vera identità.

«Non ha mai smesso di pensare a noi» disse infine Alec, dopo aver raccontato dei giorni in Purgatorio. «Non poteva tornare, ma lo avrebbe fatto.»

In quel momento il volume del televisore si alzò di colpo. Joseph in ginocchio accanto allo schermo stava regolando l'antenna cercando di direzionarla verso la finestra. «C'è un telegiornale» disse. «Dovrebbe vedersi ancora...»

«Cosa dovrebbe vedersi?» chiese Alec.

«Quello che sta accadendo qui» rispose lui e spostò leggermente il monitor in modo che potessero guardare meglio.

*Ancora disagi e incidenti per le strade di Europa. All'ondata di siccità che ha causato numerosi incendi, sono seguite numerose scosse di terremoto, il cui epicentro è collocato nelle aree del quartiere Gotico.*

Le parole della cronista furono seguite dalle immagini che mostravano il quartiere Gotico ridotto in macerie, mentre uomini e donne scavavano a mani nude tentando di estrarre i pochi superstiti.

«Incendiano i palazzi e provocano scosse di terremoto» spiegò Marcus. Erano le sue prime parole, la voce era roca e impastata, ma la mente era lucida. «L'Oligarchia non esce allo scoperto, non riconosce il Movimento e non ha dato nessun allarme. Vogliono distruggerli senza farsi vedere.»

«Distruggerci, vorrai dire» intervenne Joseph. «Oppure non fai più parte del Movimento?»

«Io non faccio parte di niente. Aspetto solo di morire.»

Joseph sorrise, svelando una confidenza e una sicurezza che stupì sia Alec, che conosceva bene suo zio, sia Maj, che non credeva che si potesse sorridere per una frase simile. «Giusto, e mentre attendi di morire fai quello che si può» disse Joseph, che sembrava quasi fare il verso alle parole di Marcus.

«È ciò che facciamo tutti» intervenne Elena per mettere fine a quella breve discussione, che aveva l'aria di un consueto battibecco.

*Intanto risultano interrotti i collegamenti sulla Manica da Londra verso il porto di Amsterdam a causa del maltempo e del mare mosso. Anche i collegamenti via terra risultano bloccati per via delle alluvioni.*

«Hanno isolato Amsterdam» disse Marcus. «Lì il Movimento è già riuscito a liberare un paio di quartieri nel centro, sono forti e armati bene, perché hanno l'appoggio di un'intera divisione dell'esercito, quasi duemila disertori con tanto di mezzi armati. L'Oligarchia vuole assediare la città prima di distruggerla.»

Il telegiornale mostrava onde che si infrangevano su un molo e sugli scogli.

«Questa tempesta per esempio non esiste» commentò Joseph. «Sono tutte balle, il problema è che la gente se le beve.»

«Come non esiste?» chiese Maj.

«Be', è semplice, l'Oligarchia racconta quello che vuole, immaginati una persona che si inventa una storia, un mucchio di bugie, solo che questa persona dispone anche di videocamere, attori, televisioni, e quindi racconta una menzogna molto convincente, che sembra vera. Ma le cose stanno per cambiare. Non appena vi presenteremo al Movimento...»

«Prima dobbiamo pensare a metterli al sicuro» disse Marcus alzandosi di scatto dal divano. Diede una boccata di pipa e si avvicinò alla finestra, rimanendo però a debita distanza in modo da non essere visto dall'esterno.

In strada, dal porto, stavano arrivando due pattuglie di guardie oligarchiche a piedi, alle loro spalle c'era un hovercraft.

«Vi stanno già cercando...» proseguì con tono grave. «Qui

non potete rimanere.» Quindi estrasse dalla tasca un sacchetto di stoffa e ne rovesciò il contenuto sul palmo della mano. C'erano tre microchip. Marcus richiuse il pugno e andò in cucina dove, in un pentolino di rame, stava bollendo dell'acqua con dentro una grossa siringa. Sia Alec sia Maj conoscevano quella siringa, l'avevano vista quando erano bambini, il giorno in cui l'Oligarchia aveva impiantato le anime nel loro corpo. «Andrete a Londra, la città è tranquilla, non ci sono ancora stati disordini, e lì comincerete una nuova vita, con nuove identità.»

# 33

Nella tenda al centro dell'accampamento, Marvin stava trascorrendo la serata assieme a tre prostitute e al suo nuovo generale maggiore. Aveva sì e no trent'anni e proveniva dal continente al di là dell'oceano. Per farlo conoscere all'esercito, Marvin lo aveva messo a capo di una delle divisioni più spietate e fedeli, quella che suo padre aveva utilizzato spesso per sedare le rivolte nelle province orientali, ma il suo ruolo era un altro e si sarebbe espresso appieno in America.

«Brindiamo alla nostra alleanza» disse il generale.

Marvin alzò il calice di vino e lo bevve tutto d'un sorso. Poi fece un cenno del capo a una delle tre prostitute, una ragazza dalla pelle chiara e i capelli biondi e lisci. Gli ricordava Maj e, sebbene parlasse una lingua che lui a stento comprendeva, la soddisfazione di poterla avere a comando ogni volta che desiderava compensava di gran lunga i suoi modi sciatti e le sue movenze volgari. «Brindiamo all'alleanza tra Europa e America» disse Marvin. «E al principio di un nuovo ordine mondiale.»

«Attendono solo un segnale da me, e poi apriranno una frequenza tramite il satellite. Il primo messaggio lo vedranno almeno duecento milioni di persone e girerà per ventiquattro ore. Il giorno dopo proclameremo la nuova Oligarchia, se il popolo ti verrà dietro sarà tutto più facile.»

«Non ho alcun dubbio, aspettano solo questo.»

«Cosa?»

«Qualcuno di più forte che li protegga, il Movimento fa più paura che altro, l'esercito non è più affidabile. Vedranno in voi un potere più determinato e neutrale, sarete i liberatori, i pacificatori, arriverete con aiuti e denaro. E intanto ristabiliremo il controllo sulle frontiere a sud e a est.»

Il generale annuì soddisfatto. «Abbiamo atteso fin troppo. Tuo padre non credeva in questo progetto.»

«Mio padre aveva idee antiquate. E comunque lui ora non c'è più.»

«Restano da convincere gli altri oligarchi.»

«Quelli non mi preoccupano. Il loro potere non esiste più da molto tempo. L'unica persona che ci serve è lui.» Marvin prese il bastone, si alzò lentamente dalla poltrona in velluto verde e andò nel bagno alle spalle della tenda. Si sciacquò la faccia in una bacinella su un ripiano di legno e si guardò allo specchio. Nel volto non era rimasto quasi niente del giovane che era stato, non c'era traccia delle forme tonde e della sua espressione un po' infantile. Il dolore aveva scolpito nuovi lineamenti, spigolosi, duri, gli occhi scavati, la mandibola tagliente e la fronte attraversata da profonde rughe. L'operazione gli aveva lasciato lunghe cicatrici su tutto il corpo ma, grazie ai successivi interventi, ora poteva camminare anche se con l'aiuto di un bastone.

«Signore, l'oligarca desidera parlarle» disse una voce.

Marvin scostò la tenda e vide una giovane guardia ferma e impettita, le braccia dritte lungo i fianchi. Aveva la fronte sudata e si stava mordendo il labbro inferiore, si capiva che aveva paura. Tutti lo temevano da quando, due giorni prima, aveva fatto ammazzare quattro uomini che si erano rifiutati di sparare sulle tende che avevano trovato su un promontorio in mezzo al bosco. Non c'era quasi più nessuno in quello che sembrava un accampamento provvisorio, tranne qualche decina di uomini e donne, che avevano catturato per interrogarli.

«Di' all'oligarca di aspettare qui fuori.»

«Va bene, signore» rispose il ragazzo dileguandosi in fretta.

Marvin prese dal ripiano del bagno una boccetta di vetro che conteneva un liquido trasparente e una siringa. La riempì e se la piantò nella coscia destra, iniettando lentamente la sostanza. Per un riflesso condizionato piegò la testa a destra e a sinistra e strinse i pugni; era diventato dipendente da quella roba, un mix adrenalinico che lo rendeva più forte e lucido e che veniva somministrato a tutti i soldati che si erano sottoposti all'operazione.

Poi uscì dalla tenda, dove ad attenderlo trovò l'oligarca.

Era un uomo magro sulla sessantina, indossava la lunga tunica con decorazioni dorate sul petto e sulla schiena, e parlava con un tono pacato.

«Mi stavi cercando?» chiese Marvin.

«Vieni, facciamo un giro» disse l'altro.

Si incamminarono sulla spiaggia tra le centinaia di tende rischiarate dalla luce dei fuochi. Il cielo era scuro, senza stelle, e l'aria puzzava di carne arrostita e sudore. La montagna del Purgatorio si intravedeva appena.

«Non vedo che bisogno ci sia di tenerli lì» disse Marvin, mentre passavano davanti alle gabbie al cui interno erano rinchiusi i nuovi soldati. «Ti sembrano pericolosi?»

L'oligarca gli rivolse uno sguardo di traverso. «Le loro menti sono instabili. È stato un errore portarli qui.»

«E dove avremmo dovuto portarli?»

«All'Inferno. Lo sai. La sperimentazione genetica è nata per l'Inferno e lì avrebbe dovuto rimanere. Il popolo non manderà giù questa cosa.»

«Non vedo popolo da queste parti.»

«Sai di cosa parlo. Non otterrai il consenso in questo modo.»

«Non mi dare lezioni su come ottenere il consenso, se Europa è ridotta così è colpa vostra, non mia.»

Giunti ai margini dell'accampamento, l'oligarca si fermò.

«Perché mi hai portato qui?» chiese Marvin.

«Perché voglio che le parli.»

A poche decine di metri, proprio sulla linea di confine tra il bosco e la spiaggia, c'era un gruppo di tende. Una era illuminata dall'interno e, attraverso il telo bianco e rosso, si scorgevano le ombre di alcune persone.

Una di queste aveva le ali.

«Non è con lei che devo parlare. Avete sbagliato a farla venire.»

«Ascoltami, Marvin, non sono stato io a voler fare di lei una dea, ma adesso tutta Europa guarda a lei come alla liberatrice, come alla nuova guida, hai bisogno di lei. Tu... tu non ti rendi conto del potere che hai tra le mani. Il potere va gestito e tu...»

«E io?»

«Sei troppo giovane. E instabile, come i mostri che hai voluto creare.»

«Non sono mostri, sono nuovi soldati, e voglio che ti abitui a chiamarli così.»

L'oligarca non ribatté, Marvin si allontanò, senza dire nulla, verso il gruppo di tende. All'orizzonte la luna era appena spuntata. Era grande e arancione, faceva pensare a un impossibile tramonto in piena notte.

Il bivacco era circondato da una ventina di guardie che si scostarono non appena videro Marvin. Lui non attese di essere annunciato e puntò dritto alla tenda illuminata. Trovò Maureen sdraiata su un materasso coperto da un drappo di velluto rosso, mentre due lavoranti la ungevano con oli profumati e le massaggiavano la schiena e le spalle.

A pochi passi da lei, seduto su una poltrona, c'era un soldato che, all'ingresso di Marvin, scattò in piedi.

«Non ti devi alzare» disse Maureen. «Non ha bisogno del tuo rispetto.»

«Chi è questo?» domandò Marvin.

«È un soldato, non lo riconosci?»

«Che ci fa qui?»

«Mi stava raccontando cosa sta succedendo sulla montagna.»

«E perché mai?»

«Perché gliel'ho chiesto io.»

Marvin annuì e rivolse un sorriso sarcastico al soldato. «Bravo, dài, racconta anche a me quello che sta accadendo.»

L'uomo rimase immobile, in silenzio.

«Dimmi quello che hai detto a lei.»

La guardia inspirò due volte prima di parlare. «Questi uomini sono più forti di quello che credevamo.»

«Ah sì, la pensi così?»

«No, signore, non penso nulla. Riporto solo quello che ho visto.»

«A me sembra un pensiero, hai detto che sono più forti di quello che credevamo.»

«Scusi, mi sono espresso male, allora.»

«Forza, vai avanti.»

«Hanno abbattuto ogni elicottero che si è avvicinato alle mura in cima alla montagna, ne sono caduti almeno sei al primo attacco e altri cinque al secondo, ieri. Il problema è che... hanno i nostri stessi mezzi.»

«Pare che la città sia deserta» intervenne Maureen. «Gli abitanti di questa... Polis si sono rifugiati da qualche parte, colpiscono senza essere visti. Sono più furbi di voi. Non ci vuole tanto a ben guardare.»

Marvin si avvicinò al soldato e gli diede una pacca sulla spalla. L'uomo rabbrividì. «È vero, è vero. Hanno le nostre armi, i nostri hovercraft, ma ancora per poco. Trasformeremo questa montagna nell'Inferno, vedrai.»

«Perché vuoi distruggere questo posto?» domandò Maureen.

«Perché l'esercito sappia cosa succede se ci si ribella al proprio padrone» rispose Marvin, fissando la guardia negli occhi. «E per prendere i miei trofei... naturalmente. Ma, se i topi si nascondono nella tana, dobbiamo trovare un modo per farli uscire. Sta a loro capire se preferiscono che facciamo fuori tutta la gente che c'è in questa stupida città, o se è meglio che si consegnino a noi.»

Maureen fece cenno alle lavoranti di fermarsi e si alzò dal materasso. La pelle grigia della muscolatura artificiale aveva incominciato ad arrossarsi attorno all'addome e alla base delle ali, per effetto dell'irrorazione del sangue. Da una settimana ormai riusciva a controllare con estrema precisione il movimento delle ali e le protesi non le facevano più male, le sentiva come una parte di sé, come fossero arti naturali. «Lascia che li trovi io» disse. «Io so come fare, mi ascolteranno, te li porterò qui.»

Marvin ragionò per qualche istante su quella proposta. «Perché?»

«Eviterai una guerra che ti sta facendo perdere uomini e mezzi, e non siete ancora riusciti a vedere in faccia il vostro nemico.»

«Va bene» acconsentì lui alla fine. «Ma vai adesso. Trovali. Altrimenti faremo alla mia maniera.» Detto ciò Marvin si voltò e se ne andò, seguito dalla guardia.

Maureen rimase sola con le due lavoranti, aspettò che finissero di tamponarle l'olio sul corpo e le congedò. Dopodiché uscì dalla tenda e si incamminò lungo la spiaggia. Superata la prima baia, accelerò il passo. Le ali cominciarono a muoversi prima piano, poi sempre più velocemente. Qualche istante dopo, Maureen si staccò da terra. In pochi secondi volava già a diverse decine di metri di altezza. Si allontanò nella direzione opposta all'accampamento, che poteva ancora scorgere grazie ai numerosi fuochi che bruciavano sulla spiaggia, e iniziò a risalire la montagna per raggiungere le mura della città dove non c'erano ancora stati scontri.

Protetta dal buio della notte, si lasciò alle spalle le coltivazioni e proseguì fino a quando apparve qualcosa che non riuscì a decifrare subito. Al di là di una costa rocciosa del monte, si ergeva un complesso di costruzioni, templi, archi, mura e colonnati che definivano un labirinto di condotti, canali, strade lastricate di pietra che rivestivano le pendici come una grossa coperta marmorea.

Maureen non aveva mai visto niente di simile. A un tratto le parve di distinguere una figura femminile che camminava più in alto, ai piedi della muraglia, che era il confine superiore di quella torre sdraiata sulla montagna.

Pensò che fosse la sua occasione. Non aveva molto tempo, e da sola non avrebbe ottenuto niente. Planò e atterrò sulla strada che la donna stava percorrendo, una decina di metri di fronte a lei.

Questa, vedendola davanti a sé, si bloccò.

«Non ti voglio fare niente» disse Maureen. «Non devi avere paura. Ho solo bisogno che mi aiuti a trovare delle persone.»

La donna non rispose, lo sguardo fisso, l'espressione attonita.

«Le ali?» chiese Maureen. «Non è più strano per te di quanto lo sia per me, ma non posso raccontarti la mia storia, non c'è tempo.»

«Perché, altrimenti lo faresti?» domandò l'altra, spiazzandola.

«Questo che c'entra? Dimmi cosa sai di due ragazzi che si chiamano Alec e Maj. Dove li posso trovare?»

«Sei arrivata tardi, se ne sono andati.»

«Quindi li conosci?»

«Be', qui li conoscono tutti, ma sono partiti quando è arrivato l'esercito... in molti se ne sono andati... sono tornati a Europa e...» la donna per qualche ragione esitò e si lanciò un'occhiata attorno. «È buffo, io che volevo andare via sono rimasta.»

«Sei sicura che siano andati via?» la incalzò Maureen.

«Abbastanza sicura, sì.»

Per un istante Maureen chiuse gli occhi e immaginò Alec su quella stessa strada. Pensò a cosa gli avrebbe detto se lo avesse incontrato, e cosa avrebbe detto lui, rendendosi conto di come le loro vite ora appartenessero a mondi diversi, avvertì la distanza prima di tutto in se stessa, tra la ragazza che era stata e ciò che era diventata. Scoppiò a piangere.

«Perché piangi?» le chiese la donna.

Maureen alzò lo sguardo verso di lei. Aveva sì e no quarant'anni, occhi grandi e sofferenti, capelli lisci e neri che le ricadevano dritti attorno al viso. «Perché ho distrutto la mia vita e sono diventata un mostro.»

L'altra si avvicinò. «Seguimi.»

Maureen la scrutò stranita e poi lasciò che le prendesse la mano. Sentì il palmo caldo e la presa sicura. «Chi sei tu? Dove mi vuoi portare?»

«Sono una poetessa. Sono esperta di mostri» disse sorridendo. «Ma normalmente sono invisibili e vivono dentro di me. Forse è da lì che vieni anche tu.»

«Da dove?»

«Non ci si incontra mai per caso» spiegò la poetessa. «Le persone che incroci sul tuo cammino nascondono sempre un pezzo della tua anima e della tua storia.»

«Non capisco cosa intendi.»

La donna sorrise e la fissò con gli occhi pieni di lacrime. «Come può essere un mostro una creatura che può volare?» le domandò con un filo di voce. «Vieni, ti mostro la città.»

Assieme alla poetessa, Maureen vide la Polis, le strade deserte, le case colorate tutte uguali, i cantieri dei quartieri in costruzione e l'Osservatorio al centro della piazza principale. La donna le raccontò il sogno che si nascondeva dietro quella città, le parlò di Lando e di Alec, suo figlio. A Maureen parve di ascoltare una storia di tempi passati, sepolti dalla storia.

«Le radici della gioia affondano sempre nel dolore» disse la poetessa. «Ma non puoi chiudere la gioia in un castello, per quanto grande possa essere.» Poi allargò le braccia, come se volesse comprendere l'intera Polis in un unico grande abbraccio. «C'è molta gioia dentro di te, io la vedo.»

«Io non vedo più niente.»

«Perché nessuno ti ha mai aiutata a farlo.»

«Che vuoi dire?»

La donna inspirò con forza, mentre le lacrime cominciavano a rigarle le guance, senza che però il suo viso cambiasse espressione. «Ho trovato l'amore mio, era nascosto sotto un guscio di cenere, ha il colore del fuoco e il sapore del sangue, non mi guarda, ma sa tutto di me.»

Maureen ascoltò quelle parole senza capire, ma rimase incantata dal ritmo lento e dalla melodia di quella voce.

«Non abbandonare il tuo dolore, perché è lì che dimora la tua gioia.»

Poi una luce brillò nel cielo, decine di strisce di fuoco sbucarono oltre le mura della Polis e precipitarono tra le strade deserte in una sequenza di esplosioni che fece tremare il terreno. Da ogni parte cominciarono a comparire le figure mostruose dei nuovi soldati, i corpi deformi e muscolosi, i volti contratti in espressioni di odio e rabbia. Era la fine della Polis.

# 34

Erano da poco passate le undici di sera e Alec stava ancora lavando le pentole nel retro della cucina dell'osteria dove lavorava. Un piccolo televisore sgangherato gracchiava in sottofondo, mostrando i soliti notiziari che trasmettevano notizie sulle iniziative dell'Oligarchia contro la povertà e la delinquenza.

*Per far fronte alla situazione di crisi in cui versa il Paese, l'Oligarchia ha stanziato ingenti fondi per avviare i nuovi cantieri che sorgeranno nella penisola italica e che daranno lavoro a più di trentamila operai.*

Erano trascorse due settimane da quando Alec e Maj si erano stabiliti a Londra. Avevano lasciato la casa di Marcus il giorno successivo al loro arrivo, la mattina presto, a bordo di una nave mercantile che trasportava petrolio grezzo nelle raffinerie oltremanica.

*Una pari somma verrà investita a favore dell'esercito e dei nostri ragazzi che combattono perché Europa possa continuare a essere forte e sicura.*

Alec scosse la testa. Sapeva decifrare quelle informazioni, sapeva cosa implicavano: la deportazione di migliaia di famiglie al sud in uno stato di semischiavitù con una paga appena sufficiente per sopravvivere, e una nuova ondata di reclutamenti per far sì che i giovani conoscessero l'esercito, prima delle idee del Movimento.

All'improvviso il televisore si oscurò. Alec si asciugò frettolosamente le mani sul grembiule e corse ad alzare il volume. Un attimo dopo, lo schermo si illuminò di nuovo, mostrando il volto di una donna che negli ultimi giorni era diventata famosa in tutta Europa grazie alle interferenze che riusciva a trasmettere all'interno dei canali ufficiali dell'emittente oligarchica. Era inquadrata a mezzo busto, in modo che si vedesse la ferita da cui era stato tolto il microchip dell'anima.

*Molti quartieri di Londra sono stati liberati, ma anche a sud, nelle città grattacielo, si sono create comunità autonome. Non è iniziato oggi tutto ciò. Sono trent'anni che sopravvivono gruppi indipendenti, ma l'Oligarchia lo ha sempre nascosto. È giunto il momento di combattere per un nuovo mondo, una nuova democrazia. Unitevi al Movimento e prendete in mano le vostre vite.*

«Ehi, tu, hai finito?» gli chiese l'aiuto cuoco, un tipo sulla trentina.

Con un cenno del capo Alec indicò la pila di pentole sporche accatastate a terra e continuò a strofinare una padella.

Il ragazzo si appoggiò al muro con la schiena e accese una sigaretta. «Sei stanco?»

«No.»

«Lo sembri.»

«Tra poco ho finito» tagliò corto Alec, che di norma cercava di evitare qualsiasi conversazione.

«Non dai l'impressione di essere contento di fare questo lavoro» continuò l'aiuto cuoco, soffiando il fumo della sigaretta tra loro. «O forse non è solo questo lavoro che non ti piace...»

«Il lavoro mi va benissimo» disse Alec.

«Be', certo, meglio qui che in raffineria, quelli se la passano male... ma la vita è comunque la stessa: si va a casa, si mangia qualcosa, ci si butta sul letto, si guarda un po' la televisione per vedere come vivono i ricchi e quanto siamo disgraziati noi...»

Alec gli lanciò un'occhiata di traverso, in modo da osservare la sua espressione mentre faceva questo discorso ambiguo, ma il ragazzo sfoggiava un sorriso composto, che non lasciava trapelare nulla dei suoi pensieri.

«A te questa vita non piace» concluse bruscamente.

«Che ne sai tu di cosa mi piace?» Alec prese a lavare le pentole più velocemente, l'atteggiamento del suo collega non lo convinceva affatto.

«Ehi, non fare quella faccia, non sono una spia, dicevo così tanto per fare due chiacchiere» continuò l'altro. «E comunque non c'è nulla di male a essere un po' insofferenti... io di soldatini felici dell'Oligarchia non ne conosco, non qui, in questo quartiere, forse magari da dove arrivi tu...»

«Non sono insofferente.»

«Già, già» borbottò l'aiuto cuoco, sbuffando una nuvola di fumo. «Da dove vieni, tra l'altro? Non ce l'hai mai detto.»

«Non credevo fosse importante.»

«Non ho detto che è importante, ero solo curioso, arriva uno nuovo, è già inserito nel piano lavoro, parla con l'accento del sud, il capo non mi informa e lo prende con noi, ero ovviamente un po' curioso.»

Alec smise di lavare le pentole e si asciugò ancora le mani sul grembiule. «Devo andare ora» disse, poi fece per aprire la porta che dava sulla cucina, adiacente al locale affollato di ragazzi e ragazze che bevevano.

«Aspetta» lo bloccò l'aiuto cuoco, poggiandogli una mano sulla spalla.

«Che c'è? Che vuoi?» reagì Alec, svelando un nervosismo che avrebbe preferito dissimulare.

«Io ho visto la tua faccia l'altro giorno, quando sono entrate quelle guardie... Ti vedo quando passano i notiziari in televisione, tu non sei come loro.»

Alec rimase in silenzio.

«Tu senti che c'è qualcosa che non va... che questo mondo potrebbe essere diverso...»

«Perché mi dici queste cose?»

«Ascolta, ci sono tante persone come te, come me e... tutto sta accadendo qui, sei nel posto giusto e, se vuoi, posso mostrarti un'alternativa, qualcosa per cui combattere, non perderai il lavoro, per ora solo qualche notte di sonno.»

Alec si voltò, guardò l'espressione fiduciosa del collega, intuì il suo entusiasmo nascosto sotto la maschera di lavoratore annoiato, quella che mostrava in giro per non destare sospetti. Non si era accorto di niente, fino a quel momento, anche se sapeva che ogni giorno entravano nel Movimento migliaia di ragazzi, soprattutto da quando c'era una guida.

Tutti la chiamavano semplicemente «La voce».

Per Alec era Laura.

Attraverso le interferenze nelle frequenze dell'Oligarchia diffondeva informazioni sui quartieri liberati, sulle mosse dell'esercito, e da qualche giorno aveva cominciato anche a far circolare immagini delle terre a sud delle Alpi, dei villaggi distrutti per far posto ai nuovi cantieri della città Paradiso.

«Io non sono nessuno» ribatté Alec. «Non sono come le guardie, non sono come te, voglio solo fare il mio lavoro e stare in pace.» Detto ciò si girò e se ne andò. Uscì dal locale e si incamminò lungo la via illuminata dalle vetrine di alcune osterie, animate da ragazzi, uomini e donne di ogni età. L'odore del nepente misto a quello della birra riempiva l'aria.

Costeggiò il fiume per qualche centinaio di metri, fino al vecchio ponte di pietra che collegava le due parti della città. Tutti lo chiamavano il ponte di Londra, ma in realtà la strada tra le due torri era crollata e l'edificio veniva utilizzato, assieme ai palazzi circostanti, come dormitorio. Con pochi soldi si poteva ottenere una branda e un po' di cibo, ed era lì che lui e Maj si erano sistemati; in una piccola stanza grande poco più di un letto matrimoniale, con una finestra che affacciava sul Tamigi. C'era anche un bagno, separato da una parete di legno. Al suo interno erano stati ricavati una doccia con una piccola cisterna che andava riempita manualmente, e un water. Nel complesso, nonostante lo spazio ristretto, era una dimora dignitosa.

Quando Alec entrò nella camera sentì lo scroscio dell'acqua della doccia. «Maj, sono io» si annunciò, ma lei non rispose. «Maj, sono tornato.» Si tolse la giacca e la buttò a terra, poi si affacciò sul bagno.

Lei si stava lavando, la testa era ancora insaponata, il corpo nudo brillava nella luce tenue di una candela.

«Ehi, Maj, sono qui» disse Alec alzando la voce.

A quel punto lei si voltò di scatto e aprì gli occhi coperti di schiuma. «Alec, mi hai fatto prendere un colpo!» esclamò.

«Non mi sentivi, ti ho chiamato tre volte.»

Lei cacciò la testa sotto il getto e si sciacquò rapidamente i capelli. Chiuse il rubinetto, prese il lenzuolo che usava come asciugamano e se lo avvolse attorno al seno. Uscendo dal bagno, si fermò un attimo davanti ad Alec e gli diede un bacio sulla bocca. «Bentornato. Com'è andata oggi?»

«Bene.»

Maj si sedette accanto alla finestra. C'erano poche stelle quella notte, in compenso la luna era quasi piena e illuminava di riflessi argentei il fiume.

«Sembri di buon umore» disse Alec.

Lei si voltò verso di lui e sorrise. «Lo sono.»

Alec se n'era accorto ormai da un po'. Da quando erano arrivati a Londra, Maj sembrava un'altra persona. Per qualche ragione, quella vita di miseria la rendeva felice. Si muoveva in quella catapecchia come se fosse la più lussuosa villa che avesse mai visto, andava volentieri a lavorare, e quando tornava aveva sempre un sacco di cose da raccontare, sulle donne con cui aveva parlato, su una chiacchierata che aveva origliato tra due sorveglianti della catena di montaggio. Era curiosa di tutto ciò che accadeva attorno a lei, e questa sete di sapere sembrava aver cancellato il passato.

Maj tirò le tende, anche se nessuno avrebbe potuto vederli. Soffiò sulla candela lasciando che fosse solo la luna a rischiarare appena la stanza. «Mi sei mancato oggi» mormorò.

Alec sorrise e si guardò i vestiti macchiati d'olio. Le diede un bacio leggero sulla bocca e andò in bagno, mentre Maj si sdraiava sul letto. I due materassi erano stesi sopra una base di legno fatta con assi di imballaggio che avevano recuperato in uno scalo sul fiume. Le lenzuola erano vecchie tende, ma ogni cosa era stata pulita con cura.

Quando Alec tornò, si infilò sotto le lenzuola accanto a lei, a pancia in giù, puntellandosi sui gomiti, così da osservarle il viso illuminato dalla luna. «Perché sei felice?» le chiese.

«Tu non lo sei?»

«Io sono felice di essere con te, ma tu... non lo so, da quando siamo a Londra mi sembri diversa. Pensavo che sarebbe stata dura per te, in queste condizioni...»

Maj non rispose subito, lanciò un'occhiata attorno, comprendendo con un solo sguardo la camera intera. «Ci ho pensato in questi giorni. Ero al lavoro e guardavo le altre donne alla catena di montaggio, erano stanche, le facce scure, tristi, e invece io ero felice, e non aveva senso.»

Un soffio di vento freddo la fece rabbrividire. Alec sentì il tremore della sua pelle sul palmo della mano che teneva appoggiata sulla sua pancia.

«È che mi sembra di essere nata ieri» riprese Maj. «Ho visto la vita per la prima volta qui, e lo so che forse non mi basterà, che poi vedrò la realtà anche io con occhi stanchi ed esausti, ma adesso mi godo il mondo, non lo avevo mai visto.»

Alec le diede un bacio, e per un attimo era di nuovo sulla barca appena salpata dall'Inferno, nel momento in cui si era reso conto che lei era la stella che illuminava il suo cammino.

«Ma tutto questo non avrebbe senso senza di te...» disse ancora Maj, pronunciando quelle parole a pochi centimetri dalle labbra di lui.

Fecero l'amore unendo pensieri e sensazioni, l'entusiasmo di Maj per la vita vera che aveva appena scoperto, il desiderio di Alec di vivere quell'amore lontano dal suo passato, lontano dalle delusioni, dalle paure, dal pensiero del futuro. I rumori che provenivano dalla strada si mischiavano allo sciabordio continuo del fiume e ai suoni delle esistenze che scorrevano attorno a quella stanza: passi e voci che nelle scale del dormitorio diventavano tutt'uno con l'odore di fumo, riso e nepente.

Forse Maj aveva ragione, pensò Alec. Forse quella era la vita vera.

Un'ora più tardi erano ancora abbracciati.

Maj si tirò a sedere appoggiando la schiena al cuscino, contro il muro. «Ogni tanto mi chiedo se facciamo bene a stare qui, senza fare niente...»

«In che senso?»

«Lo sai cosa intendo. Lo vedi ogni giorno, ci sono migliaia di persone che si stanno muovendo, gente come noi, li vedi anche tu i graffiti per strada, il ragazzo con le braccia aperte sei tu... parlano tutti di te...» Maj non finì di esporre il suo pensiero, non ce n'era bisogno.

Alec ripensò al dialogo di poche ore prima con l'aiuto cuoco che voleva convincerlo a entrare nel Movimento. «Non hanno bisogno di me. Ci sono già molti leader nel Movimento.»

«Perché dici così?»

«Maj, lo sai, io... io non so più cosa sia giusto fare. Questa è una guerra che non possiamo vincere. Per ogni vittoria del Movimento ce ne sono cento dell'Oligarchia, e intanto altre persone vengono arrestate, e portate all'Inferno...»

«Ma noi siamo usciti dall'Inferno.»

«Già, ma adesso l'Oligarchia lo sa, non uscirà più nessuno da lì.»

«Alec, non possiamo fermarci ora. Dopo tutto quello che abbiamo fatto, dopo tutto quello che tu hai fatto.»

«Il Movimento ha già i suoi leader.»

«Non ci sono leader, Alec, ci sono quartieri liberi, gruppi che si autogovernano, la gente parla, per strada si sentono queste storie, ma tutti aspettano te.»

«E l'Oligarchia aspetta soltanto il momento giusto per fargliela pagare. È stata un'illusione, il Purgatorio, la Polis, i sogni di mio padre...»

«Questa non è la Polis, Alec, perché parli così? Quand'è che hai cambiato idea? Quand'è che sei... che sei diventato un altro? Io non ti riconosco più.» Maj abbassò lo sguardo. «Tu mi hai portato qui» disse sottovoce. «Altrimenti adesso sarei ancora in Paradiso, assieme a persone che non hanno mai sofferto, non hanno mai visto niente del mondo, con le famiglie degli oligarchi e degli ufficiali dell'esercito. Tu mi hai aperto gli occhi. Perché adesso vuoi chiudere i tuoi?»

Alec strinse le labbra, quelle parole lo toccavano sul vivo, puntavano il dito sulle sue contraddizioni, sulle delusioni, sulla sua vita che aveva perso un senso e una direzione dopo che, per un attimo, con il padre, in Purgatorio, aveva intravisto un futuro migliore. «Per me ora ci sei solo tu» rispose. «Non voglio perderti, non voglio perdere quello che abbiamo. Lo hai detto prima, questa è la vita vera, questa catapecchia, il lavoro, nemmeno io lo odio, perché penso che posso avere tutto questo assieme a te, e non lo so cosa dobbiamo fare tra una settimana, tra un mese, ma adesso io non sono pronto.»

Maj annuì appena. «Ma poi lo sarai?»

«Non lo so... non lo so.»

Lei accennò un sorriso, poi gli diede un bacio e si alzò dal letto. «Devo prepararmi» disse. «Ho il turno di notte.» Raccolse da terra i jeans scuri, indossò la maglietta nera e una larga felpa con il cappuccio.

Ad Alec per un attimo ricordò Maureen quando, finito il lavoro al Casinò, si metteva quegli stessi abiti che le permettevano di passare inosservata per le vie della città. La seguì con lo sguardo mentre finiva di vestirsi. Aveva barattato gli stivali neri della divisa infernale con scarpe più basse e comode. Dei suoi indumenti di amazzone aveva conservato solo la cintura in pelle.

La strada per arrivare alla fabbrica costeggiava per un lungo tratto il Tamigi, passando di fronte a un vecchio edificio in mattoni rossi con un'alta ciminiera che svettava accanto al corpo principale. Quella zona era piena di aderenti al Movimento, e da qualche settimana le pattuglie dell'Oligarchia non si erano più spinte fin lì. Il governo oligarchico sembrava attenersi a una prudente linea difensiva, ma la verità era che nessuno sapeva dire con certezza cosa stesse accadendo, quali fossero le risorse effettive del Movimento o se esistesse una rete tra i comitati che erano sorti spontaneamente nei quartieri.

Maj svoltò l'angolo e lo vide. Joseph era appoggiato al muro, le mani in tasca, un cappotto voluminoso e un cappello appeso alla fibbia della cintura. Era fermo nel punto in cui si erano dati appuntamento e dove, da una settimana, si vedevano ormai quotidianamente.

«Hai fatto tardi» fece lui. «Mi stavo preoccupando.»

«Ho avuto un contrattempo.»

«Niente di grave?» chiese staccandosi dalla parete e incamminandosi sulla strada che costeggiava il fiume.

Maj lo seguì. «No, direi proprio di no, che dobbiamo fare?»

«C'è della gente con cui devi parlare, gente che arriva dal Paradiso, che sa di te.»

«Perché devo farlo?»

«Perché ci serve il loro appoggio, e tu sei la persona giusta.»

Maj guardò Joseph e ripensò alla prima volta che l'aveva contattata, una mattina, fuori dalla fabbrica. Le aveva detto che Marcus ed Elena non ne sapevano niente, che quelli del Movimento avevano chiesto di lei, perché c'erano persone pronte a unirsi alla causa anche dai quartieri Paradiso e da alcune città grattacielo alla periferia di Europa. La storia della figlia dell'oligarca sopravvissuta all'Inferno aveva fatto il giro di tutte le province, Maj era diventata la prova tangibile della vulnerabilità dell'Oligarchia, della possibilità di scrivere una storia diversa da quella che veniva imposta fin dalla nascita.

«Come sta Alec? Quando gli parlerai?» domandò Joseph.

«Ci sto provando, ma non è facile.»

«Capirà anche lui che non si può tirare indietro, le persone con cui hai parlato in fabbrica intanto sono venute, hanno fatto il tuo nome, sei stata brava.»

«Grazie. Notizie di Laura... della voce?»

«No, per adesso solo noi sappiamo chi è. Nelle mani del Movimento sarebbe uno strumento invincibile, l'unico capace di radunare tutti i ribelli di Europa.»

«Tu ci credi veramente?» chiese Maj.

«In che senso?»

«Credi veramente che possiamo farcela? Che possiamo vincere questa battaglia?»

«Non me lo chiedo nemmeno» disse Joseph e sorrise.

Maj si stupiva sempre di come lui potesse essere allegro quando parlavano di certi argomenti.

«Tu smetteresti di lottare per ciò in cui credi se fossi convinta di non avere possibilità?» chiese Joseph.

«Non lo so, non ci ho mai pensato.»

«Fallo adesso. Immagina di essere sicura che perderemo, va bene? Rinunceresti a opporti all'Oligarchia che uccide i nostri amici, sfrutta il popolo, difende i ricchi e i privilegiati e mantiene il potere con la forza delle armi?»

«No.»

«Ecco, io non so quante possibilità abbiamo, ma se non combatto non lo saprò mai. Accetterò la sconfitta e basta.»

Maj guardò di nuovo il suo sorriso e in quel momento gli fu grata di aver pronunciato quelle parole, di averle offerto un'altra visione del mondo, un'occasione di sognare un futuro per sé anche in mezzo alla guerra e al dolore. Il futuro era la sua casa, era l'unico luogo in cui avrebbe potuto abitare. Come poteva Alec non rendersene conto? Come poteva non capire che, dopo aver perso il Paradiso, lei aveva bisogno di un nuovo mondo in cui credere?

# 35

Maureen giunse al quartiere portuale nascosta dal buio della notte, volteggiando bassa sopra le vecchie case dei pescatori, seguendo il reticolo dei vicoli sporchi e oscuri. Atterrò sul tetto piatto della casa di Marcus e rimase accucciata alcuni minuti, affinché i muscoli si rilassassero e potesse piegare le ali dietro la schiena, per coprirle con il mantello nero che aveva legato attorno alla vita. Poi scese le scale di ferro che portavano alla porta di ingresso al secondo piano.

Le bastò bussare un paio di volte, per udire subito dei passi.

«Guido? Sei tu?» chiese la voce di Marcus dall'interno.

Maureen non rispose.

«Entra, svelto» disse ancora Marcus e la porta si aprì di colpo. Aveva l'aria nervosa, lo sguardo lucido ma sfuggente. Attendeva Guido da ore e la fretta e l'ansia si erano trasformate in imprudenza, spingendolo a quel gesto. «Maureen?»

«Ciao, Marcus.»

«Cosa ci fai qui?»

Maureen entrò nella stanza. L'uomo si scostò per farla passare.

«Dove sono loro?»

«Perché lo vuoi sapere?»

«Non ti fidi di me?»

«Non lo so.»

Maureen sorrise, come se si fosse aspettata quella reazione. Poi fece qualche passo guardandosi attorno. Sui fornelli c'erano pentole e piatti impilati. A terra, accanto al camino, due materassi. «Chi altro vive qui?»

«Nessuno.»

«Ho bisogno di parlare con Alec.»

«Questo non è possibile, lo sai.»

Maureen si avvicinò a Marcus e lo guardò fisso negli occhi. Nonostante fosse alta solo pochi centimetri più di lui, sembrava molto più imponente. Il suo corpo era cambiato dal giorno dell'operazione, i muscoli del collo, le spalle e il busto erano gonfi per l'esercizio e gli anabolizzanti. «Dimmi dov'è Alec» ordinò decisa.

«Vattene» fu la risposta di Marcus, alla quale lei reagì con un violento spintone che lo fece cadere a terra.

«Scusami.»

«È meglio che ognuno segua la sua strada, dammi retta» disse l'uomo rialzandosi e indietreggiando verso il muro.

«Sono assieme?»

«Certo che sono assieme, ma non sono qui. Adesso vai via, non tornare più.» Marcus afferrò il fucile appoggiato accanto al divano e lo puntò contro la ragazza, ma lei scattò in avanti e prese la canna, strappandogli l'arma dalle mani e gettandola a terra. «Dov'è Alec?» gli chiese stringendogli il bavero della giacca e sollevandolo da terra.

Lui cominciò a respirare affannosamente e a tossire.

«Che sta succedendo qui?» domandò una voce alle loro spalle.

Entrambi si voltarono verso la porta.

«Lascialo stare o ti ammazzo! Chi sei? Cosa vuoi?»

Maureen si girò verso il nuovo arrivato, che la osservava impassibile puntandole contro una pistola. Non l'aveva riconosciuta. «Sparo tra un secondo» la minacciò. «Vattene ora, chiunque tu sia.»

«Guido, è Maureen» disse Marcus con voce strozzata.

Il ragazzo corrugò la fronte e allentò appena la stretta sul calcio dell'arma, mentre indugiava con lo sguardo sul volto tirato della ragazza, sulle vene del collo in rilievo, sul rosso acceso della sua pelle, un tempo scura e lucida. «Maureen?»

Lei lasciò andare Marcus, che cadde a terra, poi si voltò verso Guido. «Ciao» gli disse, ma lui non ricambiò il saluto.

La osservava confuso, senza riuscire a capire cosa stesse accadendo in quella stanza.

«Vuole sapere dov'è Alec!» urlò Marcus. «Stai attento, non è più la persona che credi!»

Il ragazzo abbassò definitivamente l'arma e fece qualche passo in avanti senza togliere gli occhi dalla ragazza che aveva sognato ogni notte dal giorno in cui avevano fatto l'amore. Cercava, sotto quel viso gonfio e quel corpo spigoloso, la giovane dolce e sofferente che aveva conosciuto e di cui si era innamorato. «Cosa ti è successo?» le domandò.

Maureen fece un lungo sospiro. «Ciao, Guido.»

«Sei davvero tu?»

Lei sorrise e annuì, sentendo di nuovo quella distanza dentro se stessa che rinasceva ogni volta che la vita la metteva di fronte al suo passato. «Non credevo... che ti avrei più rivisto» disse, il tono della sua voce era cambiato, ora era calmo e sofferente.

«Sono tornato, grazie ad Alec e Maj.»

«Loro dove sono?»

«Non le rispondere» intervenne Marcus, che nel frattempo aveva raccolto il fucile da terra e adesso lo stava puntando contro la ragazza.

«No, aspetta» disse Guido. «Lasciaci parlare.»

«Non fare sciocchezze. Lei è cambiata, è pericolosa.»

«C'è un posto dove possiamo stare soli?» chiese Maureen.

Guido si guardò attorno, incrociò lo sguardo di Marcus che scuoteva la testa, che lo supplicava di rifiutare quella proposta. «Vieni con me» rispose e uscì dalla porta.

Maureen lo seguì su per le scale fino al terzo piano e da lì sul tetto piatto sul quale c'era una vecchia cisterna di cemento. L'aria fresca della notte era mitigata dal vento tiepido che proveniva dal mare. La luna illuminava il molo e le imbarcazioni, così come la città alle loro spalle, con le palafitte dell'area portuale e, più in lontananza, le città grattacielo.

Guido e Maureen erano in piedi, uno di fronte all'altra.

«Vivi qua?» domandò Maureen.

«No, sto a casa mia.»

«Hai una casa?»

«Quella dei miei genitori. Quando sono tornato, sono andato a cercarli con mio fratello, ma loro non c'erano, sono morti due anni fa.»

«Mi dispiace.»

«È successo» disse Guido e abbassò lo sguardo a terra. «Ho chiesto a una vicina, lei non mi ha riconosciuto... sono morti di dolore quei poveretti, mi ha detto così.»

«E ora cosa fai?»

«Che faccio?» ripeté lui, mostrando l'accenno di un sorriso inaspettato. «Quello che ho sempre fatto: vivo nelle pieghe di questo sistema...» Poi estrasse dalla tasca una busta piena di nepente. «A Marcus lo regalo, glielo devo, è stato lui che ci ha procurato le nuove identità. Al porto invece ho un buon giro d'affari.»

«E tuo fratello? Non sapevo che avessi un fratello.»

«Vive con me, è nei piani lavoro, adesso è ai cantieri navali. È lì che si spacca la schiena, ci siamo come... invertiti? Va be', non ha importanza.»

«Guido, io so che...»

«Non ho mai smesso di pensarti» la interruppe lui. «Devo essere pazzo per continuare a provare... quello che sento per te. Mi hai quasi ucciso, ma non sei stata tu, questo lo so. È stato l'Inferno.»

«Ogni giorno rifletto su ciò che ho fatto... se potessi tornare indietro, non avrei più paura, è stato sciocco avere paura, se avessi saputo quello che mi aspettava...»

«Non è stato sciocco, è stato normale.» Guido avanzò di qualche passo e si fermò a pochi centimetri dal volto di lei. Solo ora, a quella distanza, si rendeva conto di come non solo il suo corpo fosse cambiato, ma anche il suo odore e il suo sguardo. Alzò una mano e con le dita le sfiorò la guancia, risalendo sul naso e sulla fronte.

Lei chiuse gli occhi e strinse le labbra rabbrividendo.

«Cosa ti hanno fatto...» sussurrò Guido, con la sua mano bagnata dalle lacrime.

Maureen scrollò leggermente la testa. «Sono un mostro.»

«No» disse lui. «Io vedo la stessa ragazza che ho conosciuto all'Inferno. Mi sbaglio?»

A quella domanda lei non rispose, ma cominciò a raccontare. «Mi avevano detto che eravate morti, ero disperata, non avevo scelta. Ho accettato di essere il loro burattino. Poi... ho scoperto che Alec e Maj erano vivi, da qualche parte. Quella notte sono scappata, sono venuta qui, per dire tutto a Marcus, speravo che lui potesse fare qualcosa. Un giorno ho rubato una pistola nella casa dove vivevo, in Paradiso. Ho tentato di uccidere l'oligarca, ma lui è stato più veloce, mi ha colpita e sono svenuta. Quando mi sono risvegliata... avevo queste.» Maureen indietreggiò. Con una mano slacciò le corde che le fissavano il mantello, rimanendo con un corpetto di cuoio che le copriva il seno. I muscoli degli addominali erano scolpiti in maniera innaturale, i pettorali duri cancellavano le forme femminili, mentre attorno alla cassa toracica si intravedeva la massa artificiale da cui partivano le protesi. «Sono diventata un mostro» ripeté e lo allontanò da sé spiegando le ali, che rimasero qualche istante tese e vibranti. La sua espressione si trasformò in una smorfia di dolore. Dopodiché prese una mano di Guido e se la portò al petto e poi su, fino al collo, stringendola come un ricordo che si vuole conservare intatto nella memoria. «Non si può tornare indietro» disse con la voce rotta dal pianto. «Non riavremo mai indietro il passato.»

«Possiamo fare quello che vogliamo.»

«No, ti sbagli, io non posso.»

«Perché no? Andiamocene da qui, troveremo rifugio da qualche parte.»

«Non posso, Guido, non posso allontanarmi... queste ali sono le mie catene, ho bisogno di medicine, ho bisogno dei dottori dell'Oligarchia, per qualsiasi cosa... Io non vivrò a lungo, nessuno di noi vive a lungo.»

«Cosa intendi?»

«Quelli che hanno fatto l'operazione. Hanno preso uomini, donne, anche giovani, gente senza speranza o piena di illusioni, e li hanno trasformati in mostri, come me, il nuovo esercito dell'Oligarchia, la milizia dell'Inferno.»

«Ma si potranno togliere queste ali...»

«No.»

«Ci sarà il modo, Maureen, possiamo fare tutto, basta che tu non torni da loro, da Marvin... usciamo di qui e ce ne andiamo, andiamo via, scappiamo.»

Gli occhi della ragazza si riempirono di lacrime. «Da sempre sognavo queste parole... qualcuno pronto a darmi amore, e adesso che ce l'ho davanti... non posso prenderlo.»

«Puoi, invece» ribatté Guido. Poi le diede un bacio sulle labbra.

Lei chiuse gli occhi e per un attimo le parve di essere di nuovo la semplice ragazza di Europa che non chiedeva nulla dalla vita, perché non credeva che alla vita si potesse chiedere qualcosa.

Lui la tirò a sé congiungendo piano le mani dietro la sua schiena, e sfiorando i muscoli innaturali dei dorsali, la base rigida degli innesti, simili a due lance conficcate nella schiena.

«Lascia che io diventi un ricordo» sussurrò Maureen. «E tu lo sarai per me; cancellerò ciò che è accaduto dopo, tranne la prima volta in cui abbiamo fatto l'amore all'Inferno, tutto quello che mi hai fatto provare.»

«C'è troppo dolore nei miei ricordi» disse Guido. «Non ti posso mettere lì.»

«È il posto giusto per me, invece. Anche perché quando morirò sarà l'unico posto...»

Guido scosse la testa e inspirò con forza. «Perché sei venuta qui?» le chiese. «Cosa avresti fatto se non mi avessi incontrato?»

«Volevo parlare con Alec.»

«Alec non è qui.»

«Lo so, ed è un bene, lo stanno cercando, e lo troveranno, di questo puoi star sicuro. Per questo ho bisogno di sapere dov'è, potrò metterlo in guardia io stessa, so cos'ha in mente l'Oligarchia.»

«Non so se è prudente» replicò Guido. «Nemmeno noi possiamo contattarlo, è ben nascosto.»

«Lo troveranno lo stesso, è meglio che lo trovi io per prima. Dimmi dov'è.»

In quell'istante Guido intravide una luce diversa nei suoi occhi. Capì che la persona che aveva davanti non era più la ragazza di cui si era innamorato. Ora gli stava stringendo con forza le spalle e lo guardava con un'espressione ferma e impassibile, quasi innaturale.

«Dimmi dov'è, per favore.»

«Maureen, ascoltami, gli parlerò, ma è meglio che tu ora...»

«Dimmi dov'è!» urlò lei buttandolo a terra.

Un colpo di fucile esplose alle sue spalle: era Marcus.

«Tu non c'entri con questa storia!» gridò Maureen, ma il suo volto era deformato dalla rabbia, la voce profonda e rabbiosa.

Marcus avanzò minacciosamente, puntandole addosso l'arma. «Vattene adesso, o ti ammazzo!»

La ragazza guardò Guido a terra, che la osservava attonito.

«Maureen, questa non sei tu.»

«Certo che lo è» gli rispose Marcus, il dito pronto sul grilletto.

«Ditemi dove sono, dove li avete nascosti» li incalzò la ragazza tentando di controllare il tono della voce.

«Perché fai così?!» urlò Guido. «Cosa ti è successo? Torna quella che eri un secondo fa, Maureen, solo questo. Tu non sei così.»

«Quello era il passato, io adesso sono un'altra persona... ed è meglio che me ne vada.» Poi salì sul parapetto e si lanciò, dando un primo e potente colpo d'ali e sollevandosi rapida nel cielo.

Guido si rialzò, l'aria confusa di chi si è svegliato da un sogno che non riesce ancora a distinguere dalla realtà. Marcus gli si avvicinò e gli poggiò una mano sulla spalla.

Il rumore di una sirena li fece voltare entrambi verso il porto, dove nel frattempo era comparsa una grossa nave mercantile che si avvicinava al molo troppo velocemente per attraccare. L'imbarcazione andò a sbattere contro lo scheletro di ferro del porto coperto, investendo anche gli altri natanti. Si udirono urla e imprecazioni, mentre la sirena non accennava a smettere. Lungo la banchina si erano distribuiti almeno un centinaio di hovercraft, e decine di uomini armati erano scesi a terra.

«Attenzione!» urlò una voce amplificata da un gracchiante megafono. «Questo porto è ora occupato dal Movimento, il quartiere da questo momento è libero e non risponde più all'Oligarchia!»

# 36

Nella piazza antistante la Cattedrale di San Paolo era radunato un centinaio di persone, tra cui alcune sentinelle del Movimento, che attendevano dalle prime ore del mattino un messaggio della voce.

Maj era arrivata da pochi minuti assieme a Joseph, gli occhi già rapiti dalla proiezione, che mostrava la consueta sequenza di immagini di morte dell'Inferno: uomini sbranati dai cerberi, divorati dalle fiamme o travolti dalla bufera. Ricordava bene la prima volta in cui le aveva viste, nella piccola chiesa del quartiere dei lavoranti in Paradiso, ma qui, sulla maestosa facciata della cattedrale, la sconvolgevano molto di più.

«Che effetto ti fa adesso vedere queste scene?» le chiese Joseph, come se avesse letto nei suoi pensieri.

«È strano. Mi prenderesti per pazza se ti dico che sono contenta di essere stata all'Inferno?»

«No, ti prenderei per una che è capace di guardare la propria vita e capire perché le sono successe certe cose.»

Maj sorrise. «Ma com'è fatta la tua testa? Perché sai sempre la cosa giusta da dire?»

«Perché sono molto intelligente» scherzò lui, poi tornò serio. «E perché sono convinto che nella vita ci siano dei momenti bui, che sono necessari per farci comprendere delle cose. Se ci rifletti è sempre così, chi cammina dritto senza guardarsi attorno prima o poi muore, chi si guarda attorno, invece, rischia grosso, ma magari trova la propria strada.»

«E il tuo momento buio qual è stato?»

«Forse non c'è ancora stato, non mi piace sopravvalutare le mie piccole tragedie. Quando la mia famiglia ha saputo che ero entrato nel Movimento, sono dovuto scappare: mio padre mi ha minacciato, ha detto che mi avrebbe denunciato lui stesso, lui e mio fratello sono guardie dell'Oligarchia, puoi capire che non gli andassero a genio le mie scelte. Ma in fondo è giusto così, forse un giorno capiranno, forse, se veramente cambierà qualcosa, potremo vederci di nuovo.»

«Non è una tragedia così piccola, in fondo.»

Joseph alzò le spalle e accennò un sorriso. «Ti ammiro» le disse. «Pensa se tutti fossero come te.»

«Come me?»

«Coraggiosi, intelligenti, sensibili, tenaci... e anche belli, perché no?»

Maj sorrise e scrollò il capo. «Io sono così?»

«Certo che sì!» esclamò lui. «Sei bellissima, e ho come l'impressione che tu non te ne accorga nemmeno.»

«Non so cosa dire, mi metti in imbarazzo.»

«Scusa, hai ragione, ma volevo che lo sapessi. Quando il Movimento mi ha mandato a cercarti, pensavo che avresti rifiutato, invece mi hai stupito, eri emozionata e tranquilla, si vedeva che stavi pensando ad Alec ma anche a te stessa e, quando hai accettato di aiutarci, lo hai fatto come se fosse un gesto naturale.»

«Non sono come dici. Magari solo un pochino» lo interruppe Maj.

«Allora significa che vedo un po' più di quello che c'è.»

«Già, perché?» domandò Maj con tono secco, girandosi per fissarlo negli occhi.

Lui accolse quello sguardo, l'espressione venata da una sfumatura di accusa, con un silenzio composto, rotto un attimo dopo dal fischio della sirena che preannunciava l'interferenza.

La facciata della cattedrale si tinse di una luce azzurra. Mentre un ronzio cresceva in sottofondo, la telecamera si mosse verso una montagna, inquadrò il bosco che ne ricopriva le pendici, una spiaggia, il mare.

Lo schermo divenne buio, intanto nella piazza si sollevavano brusii ed esclamazioni di stupore. Poi il fruscio si trasformò nel rombo dei motori di un aereo. Il suono rimbombava ovunque attraverso gli impianti di amplificazione, sembrava quasi reale. Tre jet militari comparvero nell'inquadratura, la telecamera li seguì verso il monte, dove sganciarono decine di bombe, che scoppiarono generando incendi.

Sulla facciata si materializzarono, in rapida sequenza, le immagini di una città in fiamme: uomini, donne e bambini fuggivano sotto il bombardamento. Per le strade non c'erano guardie né soldati, ma creature mostruose, simili ai centauri dell'Inferno, avevano un fisico umano, ma più sviluppato e muscoloso. Nel cielo si distinguevano alcuni esseri alati, parevano arpie, però più grandi, con arti antropomorfi. Quando la macchina da presa ne inquadrò una da vicino, nella piazza si levarono urla di orrore. Erano corpi di donne deformati innaturalmente.

*Questo è il vero volto dell'Oligarchia*, disse una voce, un attimo prima che sullo schermo comparisse il volto di Laura.

*Una città libera in mezzo all'oceano distrutta da chi ci dovrebbe governare, da chi teme che le persone possano cominciare a decidere in che mondo vivere. I profughi sono arrivati in questi giorni a Europa per unirsi al Movimento; è il momento di scendere in strada e chiedere un governo libero eletto dal popolo.*

Il monitor si oscurò per alcuni istanti. Per una frazione di secondo si rivide la montagna del Purgatorio e infine l'interferenza si interruppe completamente.

Joseph guardò Maj in attesa di una conferma, in effetti quelle scene corrispondevano ai racconti che lei e Alec avevano fatto il giorno del loro arrivo a casa di Marcus. «Quello era il Purgatorio?» domandò strizzando gli occhi per trattenere la visione della montagna che fino a quel momento aveva solo potuto figurarsi nella mente.

«I cittadini della Polis sono tornati, e tra loro potrebbe esserci anche Lando...»

«Hanno trovato Laura, prima di noi.»

«Probabilmente sono sempre rimasti in contatto... voglio parlare con Alec.»

Attorno a loro tutti gridavano, commentavano ciò che avevano visto, nel frattempo dai portoni dei palazzi la gente si affacciava e usciva in strada. La Polis distrutta dall'esercito dell'Oligarchia era stata mostrata su tutte le cattedrali di Europa, suscitando ovunque urla e clamore.

In quel momento la terra cominciò a tremare, una semplice scossa che fece vibrare l'asfalto per pochi istanti. Poi un'altra più potente, che aprì una lunga crepa nella facciata della chiesa. Nella piazza si diffuse immediatamente il panico.

Per mezz'ora le scosse di terremoto si susseguirono a distanza regolare, i palazzi iniziarono a crollare implodendo sulle fondamenta, e nelle strade si aprivano profonde fenditure che inghiottivano cose e persone. La gente tentava di scappare imboccando le strade laterali, ma gli elicotteri dell'Oligarchia pattugliavano dall'alto le vie d'accesso e sparavano sulla folla, che cercava di abbandonare il quartiere fuggendo verso il fiume.

Dopo dieci minuti, non era rimasto in piedi nemmeno uno degli edifici che circondavano la piazza. A terra c'erano uomini e donne, molti solo feriti, ma non si contavano i cadaveri rimasti sotto le macerie.

Maj si accorse di una bambina che doveva avere più o meno otto anni. Era in piedi, immobile, sola, e si guardava attorno smarrita. «Ehi, piccola, ti sei persa?» le chiese.

Lei la guardò senza riuscire a parlare.

«Vieni con noi» le disse Maj, ma quella continuava a fissare un punto alle loro spalle.

Maj si accorse troppo tardi di cosa stava guardando. All'improvviso si ritrovò schiacciata al suolo da un corpo che le era piombato addosso colpendola con forza. Riuscì a divincolarsi, ritrovandosi di fronte a una creatura che non riconobbe subito. Aveva il corpo di una donna, le gambe e le braccia sottili, con tutti i muscoli concentrati nella parte alta del busto, là dove c'era l'innesto delle ali. La testa era piccola come quella di un bambino, ma l'espressione mostruosa, un sorriso tirato che sembrava una ferita aperta.

Dietro di lei, nel frattempo, si erano radunate decine di altre creature simili, rimanevano sospese a pochi metri da terra, con le grandi ali spiegate. Da terra invece si avvicinavano uomini dai corpi possenti, la carne grigia che si attorcigliava sul petto e sul collo, rivelando chiaramente muscolature artificiali.

Maj si sentì afferrare per un polso, un attimo prima che l'angelo mostruoso si abbattesse di nuovo su di lei. La creatura la mancò, rimbalzando al suolo, ma proseguì il volo verso la bambina, che agguantò con gli arti ossuti. La trascinò con sé sopra le macerie che ricoprivano la piazza.

«Maj, dobbiamo andarcene!» esclamò Joseph, prendendola per un braccio.

«No, aspetta, non possiamo lasciare qui questa gente» ribatté lei, osservando le decine di feriti che si trascinavano per le strade o che scavavano a mani nude tra le macerie.

«Ora dobbiamo andare da Alec, non puoi più rimandare, devi dirgli come stanno le cose.»

«No» rispose Maj, che aveva ancora negli occhi lo sguardo spaventato della piccola.

Joseph la tirò a sé, costringendola a guardarlo. «Queste persone saranno al sicuro se ce ne andiamo da qui. Ti hanno trovato, Maj, stanno cercando te.»

La ragazza lo fissò allibita, senza riuscire a mettere in discussione le sue parole. Non c'era il tempo e forse, ormai, non aveva importanza. «Va bene, andiamo.»

«Qui vicino c'è la vecchia metropolitana.»

Si allontanarono verso l'estremità della piazza e imboccarono una scala in parte coperta dalle macerie, proseguendo poi in una galleria buia.

«Sei sicuro che sia la direzione giusta? Come fai a conoscere questa strada?»

«Fidati.»

Dopo un centinaio di metri, si ritrovarono a camminare lungo binari abbandonati in un tunnel maleodorante, al cui interno scorreva un rigagnolo melmoso. La tenue luce che rischiarava l'ambiente proveniva da grate sul soffitto. Sbucarono infine in una stazione dove c'erano centinaia di uomini e donne accampati in tende e baracche di lamiera.

«È qui che vivo» disse Joseph. «Per questo conosco la strada.»

«Ma... perché? Io credevo che avessi una casa...»

«Ce l'ho... ma te la farò vedere un'altra volta. Forza, andiamo, da qui possiamo risalire in superficie.»

Di nuovo all'aria aperta, arrivarono al fiume poco distante. Il Tamigi si era trasformato in una cascata tumultuosa per effetto del terremoto, ma gli argini avevano retto e, tenendosi lontani dagli edifici caduti, i due ragazzi riuscirono a raggiungere la vecchia fabbrica.

Una volta dentro, scoprirono però che non c'era nessuno. Le grandi sale dalle ampie vetrate che si affacciavano sul corso d'acqua erano deserte. A terra, tracce di sangue e proiettili.

«Sono già passati» disse Maj.

«Aiutatemi, vi prego» sussurrò una voce flebile, che però echeggiò nello stanzone deserto.

Un ragazzo era sdraiato a terra, il corpo insanguinato. Corsero da lui.

«Che è successo?» chiese Joseph, mentre Maj gli apriva piano la giaccia.

«Sono stati qui» rispose il ragazzo ansimando. «Sono... erano... non erano uomini.»

«L'esercito? Le guardie? Quante erano?»

«Non loro» disse il ferito, i cui occhi erano spalancati, come se stessero rivedendo ciò che era accaduto poco prima. «Sono mostruosi, non li controllano nemmeno loro, sono uomini, ma anche bestie, hanno ammazzato chi capitava, gli altri li hanno portati via le guardie, stanno rastrellando la città...» Il ragazzo si bloccò per riprendere fiato, poi tentò di guardarsi attorno, ma si accorse di non riuscire a muovere il collo.

«Adesso ti portiamo via» lo tranquillizzò Maj.

«Ho sentito che parlavano» continuò l'altro. «Mentre li trascinavano via, io ero a terra, credevano fossi morto. Al porto ci sono le navi pronte a partire per l'Inferno, dovete fermarli, hanno preso intere famiglie, anche bambini.» Tossì sputando sangue e, quando vide gli schizzi rossi, sorrise appena e annuì. «Io ho fatto la mia parte» concluse. Dopodiché lasciò andare la testa all'indietro e chiuse gli occhi. Un secondo dopo non respirava più, ma sulle labbra gli era rimasto quel sorriso fiero.

Maj pensò che, nell'incomprensibilità della morte, quella era una piccola stella in mezzo al buio, una freccia che indicava la direzione. «Dobbiamo parlare con Alec, subito» disse, alzandosi in piedi.

Joseph la guardò, sembrava aver capito le sue intenzioni. «Il ponte di Londra non è lontano, ma non sappiamo com'è messo il quartiere.»

«Andiamo e basta. A questo punto non ha senso aspettare.»

Uscirono dalla fabbrica da un accesso secondario, nel seminterrato. Nel cortile sul retro non c'erano corpi, sebbene a terra fossero visibili macchie di sangue e sulle pareti alcuni fori di proiettile. L'Oligarchia colpiva in silenzio, mimetizzando la repressione nel caos della città. Nella strada che costeggiava il fiume regnava una calma irreale, un silenzio rotto solamente da uno scricchiolio, quello dei palazzi che, dopo il terremoto, ritrovavano il proprio equilibrio. Ogni tanto un'esplosione faceva voltare i due ragazzi, in tempo per vedere nuvole di polvere che si innalzavano nel cielo.

«Dove vogliono arrivare?» chiese Maj.

«Non lo sanno neanche loro.»

Giunsero in fretta al ponte di Londra. All'ingresso della torre c'era il custode che sonnecchiava nella sua guardiola come se nulla fosse. Quando gli passarono davanti, lui nemmeno se ne accorse. Lungo le scale c'era il consueto via vai di persone: gente che tornava dal lavoro, odore di spezie e olio fritto che impregnava l'aria. Apparentemente non sembrava essere cambiato nulla per loro.

Maj entrò per prima nella loro stanza.

Alec era di spalle, affacciato alla finestra. Non appena udì la porta aprirsi, si voltò. «Maj, sei già tornata? Va tutto bene?»

In quel momento anche Joseph varcò la soglia.

«Che ci fai tu qui? Perché siete assieme?» chiese Alec.

«Sta succedendo un casino» spiegò lei. «E ci sono delle cose... che non ti ho detto.»

Alec squadrò Joseph dall'alto in basso, e poi tornò a concentrarsi su Maj.

«L'Oligarchia sta distruggendo il centro della città, hanno provocato altri terremoti, c'erano tutti i ribelli nella piazza di San Paolo, è arrivato l'esercito e... hanno fatto migliaia di prigionieri, famiglie intere, adesso sono al porto, ma porteranno tutti all'Inferno.»

Alec ascoltò stranito quelle parole che in parte, però, già conosceva, perché le aveva sentite all'osteria. «Perché eri lì? Che sta succedendo, Maj? Cos'è che non mi hai detto?»

«È da un po' che sono entrata nel Movimento» ammise lei.

«Tu, nel Movimento? Perché? Perché non mi hai detto niente?»

«Perché tu non ci credevi più... ho provato a parlarti, ma non ne volevi sapere.»

«E allora mi hai mentito? Mi hai tenuto nascosto una cosa simile...»

«Ho incontrato Joseph alla fabbrica sul fiume, andando al lavoro, è arrivata gente dal Paradiso che si sta unendo al Movimento, serviva qualcuno che parlasse con loro, qualcuno che avesse visto l'Inferno e il Paradiso, quelle persone adesso mi conoscono... scusa.»

«Non ti devi scusare» ribatté Alec.

«Mi avevano dato il compito di cercarla» intervenne Joseph. «Ha fatto grandi cose, grazie a lei ora abbiamo l'appoggio di uomini potenti, che possono sostenerci con soldi e mezzi di trasporto, in molti hanno cominciato ad aprire gli occhi.»

Alec non replicò e tornò ad affacciarsi alla finestra.

Maj non sapeva interpretare quell'atteggiamento. Non capiva se era deluso da lei perché non gliene aveva parlato, o se era semplicemente scosso da quello che aveva scoperto. «Volevo parlarti» disse. «Ma non volevo rovinare quello che c'era tra noi. Io sto bene con te, mi sembra di essere rinata, ma nella mia vita adesso c'è anche questo, c'è un obiettivo, non so come altro chiamarlo. Ho qualcosa per cui combattere, e devo farlo, per me, per mio padre, per le amazzoni che mi hanno salvato la vita all'Inferno. Permettimi di lottare anche per te.» Poi lo raggiunse accanto alla finestra e si fermò a un passo da lui. «Il mondo ti sta aspettando» aggiunse sottovoce. «Tutti ormai sanno che sei stato tu a dare inizio al Movimento, io posso convincere la gente del Paradiso, quelli che vogliono vedere la verità, ma Europa sta aspettando te, un tuo cenno. Tu puoi cambiare le cose, prima che sia troppo tardi.»

# 37

Alec e Maj stavano percorrendo lo stretto corridoio che girava attorno all'ultimo piano della fabbrica. Attraverso le vetrate, potevano osservare il Tamigi e la città, con le sue chiese e i pochi grattacieli del centro che si innalzavano in mezzo a una distesa di baracche.

Joseph camminava qualche passo avanti, ma continuava a voltarsi, quasi avesse il timore di perderli di vista.

Il camminamento svoltò a sinistra, segno che erano giunti al termine del lato lungo della struttura, e si allargò in una balconata più ampia che si affacciava all'interno dell'edificio, dove era raccolto almeno un migliaio di persone. Dalla posizione in cui si trovavano, i ribelli riuniti laggiù non potevano scorgerli.

«Siamo arrivati» disse Joseph.

«Chi li ha portati qui?» chiese Alec, scrutando i volti di quelle persone le cui voci creavano un'onda sonora che si innalzava e rimbombava contro le pareti.

«La rete» rispose una voce femminile.

Era Laura. Il suo viso era cambiato dall'ultima volta in cui si erano visti, lo sguardo era più cupo, l'espressione più ruvida, la morte del fratello era un'ombra ben visibile sulla sua persona. Ma negli occhi brillava ancora quella luce, la prima cosa di lei che aveva colpito Alec quando si erano incontrati nel bosco, alla base della montagna del Purgatorio.

Alec le si avvicinò e la abbracciò con forza, anche Maj fece altrettanto.

«Ce l'hai fatta» disse il ragazzo, alludendo ai messaggi che era riuscita a trasmettere inserendosi nelle frequenze dell'Oligarchia.

«Non so se ce l'ho fatta, ma è già qualcosa» ribatté lei. «E comunque è solo l'inizio.»

«C'è anche mio padre?»

«Lando è tornato, ma non è qui. Gli hovercraft dei profughi hanno attraccato più a nord, ma raggiungeranno il porto di Londra non appena daremo l'ordine.»

«Dov'è mio padre?» chiese Alec.

«Ha detto che doveva parlare con una persona. Credo che sia andato da tua madre. Lui non può combattere questa guerra, almeno non da cieco.»

«La combatterò io» affermò sicuro Alec.

«Era quello che speravo di sentirti dire.» Laura si affacciò dalla balconata e poi dondolò la testa a destra e a sinistra, come se non fosse soddisfatta di quel raduno. «Deve arrivare ancora molta gente, ma prima che la rete funzioni come si deve serviranno ancora giorni di lavoro.»

«La rete?»

«L'ho scoperta quando ho cominciato a diffondere i video inserendomi nelle frequenze dell'Oligarchia. Per caso ho intercettato un altro canale, e all'improvviso mi sono comparse sul palmare centinaia di immagini, testi, messaggi di ogni tipo, anche cose molto lontane nel tempo. La maggior parte era indecifrabile, ci ho impiegato un po' a capire in cosa mi ero imbattuta.»

Il volume delle voci nella sala della fabbrica crebbe di colpo.

Joseph si sporse appena, quanto bastava per scorgere le facce di quelle persone rivolte verso l'alto. «Sanno che siete arrivati» disse. «È meglio cominciare.»

Alec guardò la folla e poi Laura, che annuì.

«Vi spiegherò tutto. Attraverso la rete potremo comunicare presto con tutta Europa, potremo coordinare il Movimento, ma soprattutto i membri potranno organizzarsi tra loro.»

«Ma che cos'è?»

«La utilizzavano prima, ovunque, era il vecchio sistema di trasmissione di immagini e testi, poi sostituito dall'Oligarchia con la frequenza unica.»

«Ma come possiamo usarla? Chi ha accesso?»

«Chiunque, per ora. Dovremo fare in modo che ci sia almeno un computer per ogni gruppo consolidato di ribelli. E costruire dei ripetitori.»

«Ma l'Oligarchia potrà comunque vedere quello che ci scriviamo, potrà intervenire.»

«Non è un problema, perché l'Oligarchia è una, mentre i cittadini sono milioni.»

«Forza, parleremo dopo» intervenne Joseph. «Vi aspettano.»

Alec e Maj si guardarono e si presero per mano. Poi si avvicinarono al bordo della balconata.

Improvvisamente nella sala calò il silenzio. Dalle porte laterali dell'edificio continuava ad affluire gente. Alec fissò quella folla unita, ne percepì l'energia, l'entusiasmo, e capì che quello era l'inizio di ogni cosa. Era la forza di un gruppo solido che voleva creare un mondo, un'idea. Così come la paura e il terrore avevano permesso la nascita dell'Oligarchia adesso, davanti a sé, scorgeva il seme di una nuova società e sapeva che lui avrebbe potuto annaffiarlo.

Si girò verso Maj e poi, senza lasciare la sua mano, sollevò piano le braccia invitandola a fare lo stesso. Quello che era stato il simbolo dell'opposizione all'Oligarchia veniva così rafforzato dalla loro unione, una doppia croce che fece esplodere la sala in un boato di applausi e urla. Per dieci minuti Alec e Maj rimasero immobili, mentre la fabbrica continuava a riempirsi. Quello che aveva detto Laura era vero: il Movimento ora non aveva una sola voce, ma ne aveva migliaia, che presto avrebbero potuto comunicare tra loro.

«Cosa facciamo?» chiese Alec. Non c'era modo di rivolgersi alla gente lì riunita, ma in fondo non era necessario. La cosa fondamentale era che gli abitanti di Europa, quelli che volevano un mondo diverso, libero dall'oppressione dell'Oligarchia, si guardassero tra loro, scoprendo di non essere soli.

Sulla balconata erano intanto arrivate altre persone, uomini e donne che attendevano di parlare con lui.

Uno di loro gli si fece incontro. Aveva la barba lunga e ad Alec per un attimo parve un volto noto. Solo quando gli strinse la mano lo riconobbe. Era Primo, il capo degli anarchici che aveva conosciuto all'Inferno; di lui sapeva che era stato amico del padre e che ne aveva stima.

«Mi sembra che tu mi abbia riconosciuto» disse Primo.

Alec annuì.

«Abbiamo molto lavoro da fare» continuò l'uomo. «Spero che saremo buoni compagni.»

«Primo è stato l'unico in grado di guidare il Movimento» spiegò Joseph. «Lo seguono in molti a Londra.»

«Saremo certamente... buoni compagni» replicò Alec, la sua voce vibrava di un'emozione nuova.

«Siamo fuggiti dall'Inferno quando Dite è stata distrutta» gli raccontò Primo. «Ora lì non c'è più nessuno. Anche le ultime amazzoni se ne sono andate, c'è stato un grande esodo grazie alla diserzione di guardie e soldati. Per alcuni giorni siamo riusciti a scappare in tanti, a bordo di hovercraft e mezzi di fortuna.»

Alec si sentì travolgere da tutte quelle informazioni, dopo che per molti giorni si era convinto di essere ormai fuori da quella storia. «Cosa... cosa devo fare io?» chiese.

Primo si voltò verso le altre persone riunite attorno ai due. «Loro ci aiuteranno in questa fase, c'è chi arriva dal Paradiso, chi dalle città grattacielo, c'è molta gente che ha creato gruppi forti anche più a sud, nei quartieri dove vivevi tu.»

Alec si girò di nuovo verso la folla, vide i volti sorridenti, ne percepì l'entusiasmo.

«Dopo la repressione degli scorsi giorni, l'esercito è stato costretto a ritirarsi» disse Primo. «Il centro di Londra è libero, ma hanno fatto migliaia di prigionieri. Sono al porto sull'altro lato del fiume, appena fuori dalla città. Dovremo partire da lì.»

«Cioè?»

«Dai prigionieri. Dobbiamo mandare un messaggio forte a tutti. Non ci saranno ostaggi, ma solo vincitori. E sarà il popolo a trionfare, non più i ricchi, non più i potenti. Chiunque è nato su questa terra avrà gli stessi diritti.»

Uno dopo l'altro gli uomini e le donne lì riuniti si avvicinarono e si presentarono a lui e Maj. C'erano ufficiali dell'esercito, governatori delle città grattacielo, uomini di potere che controllavano strade e infrastrutture, imprenditori delle miniere e delle fabbriche energetiche sul canale della Manica, ma anche gente del Paradiso che possedeva molte risorse e aveva deciso di schierarsi con il Movimento.

«Siamo al vostro servizio» disse un vecchio ufficiale con la barba liscia e candida. Indossava la divisa dell'Oligarchia ma, al posto dello stemma con il cerchio infuocato, aveva una croce nera che spiccava sopra il bianco lucido dell'uniforme.

Alle sue spalle, attraverso ciò che restava di una grande vetrata che ricopriva un arco largo e basso, Alec vide il Tamigi invaso da schiere di hovercraft, ma sul loro fianco il simbolo dell'Oligarchia era stato coperto con vernice bianca e nera. Il segno della pennellata era visibile nei contorni irregolari di quello che era diventato l'emblema del Movimento. Il gesto di Alec, il giorno in cui aveva fermato la parata, aveva trovato una sua naturale espressione in quella croce stilizzata.

Più tardi, quella notte, all'interno della fabbrica che era stata eletta sede ufficiale, Alec, Maj, Primo, Laura e altri uomini, alcuni appartenenti alle alte sfere dell'esercito e ai gruppi di potere economico più importanti, stavano mettendo a punto la strategia iniziale di quello che sarebbe diventato il primo governo democratico di Europa.

«Dobbiamo permettere a tutti di avere una casa» stava dicendo Laura. «Ci sono centinaia di palazzi abbandonati, bisognerà lavorare per portare i servizi essenziali e riabilitare i vecchi quartieri.»

«Il problema vero rimane la sicurezza e la criminalità» intervenne il vecchio ufficiale. «Il Movimento non spazzerà via i delinquenti e gli sciacalli.»

«Il problema vero è il pane» ribatté una donna, governatrice di una città grattacielo del sud. «Dobbiamo riempire le pance di questa gente.»

«Possiamo fare accordi con gli allevatori a nord» propose qualcuno. «Ma dovremo aprirci una strada a sud al più presto, per le coltivazioni.»

«I territori sotto le Alpi sono troppo pericolosi» disse l'ufficiale. «È zona dell'Oligarchia. Ma ci sono delle isole che potrebbero essere più facili da controllare. E la gente di lì non ha mai sopportato l'Oligarchia, si uniranno facilmente a noi se daremo loro un'alternativa.»

«Cosa intendi?» domandò Primo.

«Che possiamo liberare un'isola intera, abbiamo forze a sufficienza, e creare un avamposto che sarà anche la nostra base produttiva per generi alimentari essenziali, farina, cereali, un po' di frutta e verdura, patate. Cose semplici e facili da trasportare.»

«Aspettate» disse Joseph. «C'è un notiziario.»

Tutti si voltarono verso lo schermo in un angolo della sala. A differenza del solito però non c'erano né giornalisti in primo piano davanti alle immagini, né scritte in sovrimpressione. Si vedeva solamente un porto, ripreso in piena notte; il video poteva essere in diretta. Apparvero due grandi navi ai lati dell'inquadratura e in mezzo, sulla banchina, centinaia di persone. Erano i prigionieri.

La telecamera li inquadrò più da vicino, soffermandosi su volti di bambini, donne spaventate e uomini feriti. Alle loro spalle, oltre una rete metallica, c'erano i nuovi soldati. Esseri dal viso taurino e dai gonfi muscoli artificiali, creature alate con corpi di ragazzi, esili ma con grossi pettorali che si fondevano con le protesi, e tra loro le guardie con i mitra spianati. Quelle immagini silenziose si interruppero subito per lasciare spazio al servizio meteorologico.

Joseph spense il televisore.

«È un messaggio per noi» fece Primo.

«Potrebbe essere una trappola» commentò Alec.

«Lo è di sicuro» intervenne l'ufficiale. «Ma, se partiamo da questo presupposto, non sottovaluteremo il nostro nemico.»

«Quando dobbiamo muoverci?» chiese Alec.

«Le navi per l'Inferno sono pronte a salpare. Dobbiamo agire adesso.»

# 38

Alec non aveva idea di dove li stessero portando. C'era un vuoto nella sua mente: era stato colpito e poi si era risvegliato legato e incappucciato, a bordo di un elicottero. Lì le immagini della battaglia avevano cominciato a riaffiorare nei suoi ricordi.

La grande nave infernale che colava a picco sotto i colpi dei ribelli.

Gli edifici del porto in fiamme.

E poi uomini, donne e bambini che scappavano, coperti dal fuoco amico che teneva lontano i nuovi soldati.

Più di duemila prigionieri erano stati liberati.

Ma altrettanti erano morti.

Di fronte alle centinaia di persone travolte e calpestate dagli hovercraft oligarchici, Alec aveva avuto la sensazione che il tempo si fosse fermato. Dopo, il buio.

Il rumore delle pale dell'elicottero si affievolì progressivamente e Alec venne fatto scendere. Aveva il sospetto di essere stato sedato, perché si sentiva intontito e aveva un sapore amaro in bocca. Fuori pioveva. Camminò sull'asfalto bagnato, senza poter vedere nulla, fino a una porta. Udì i cardini cigolare, quindi il silenzio di uno spazio chiuso.

Lì lo slegarono e gli tolsero il cappuccio, ma lui non riuscì a vedere chi lo avesse liberato perché, quando fu in grado di mettere a fuoco la realtà attorno a lui, la porta si stava chiudendo alle sue spalle. Seduta a terra, con le braccia strette alle ginocchia, c'era Maj. Dovevano averla condotta lì prima di lui. Non appena lo vide, lei scattò in piedi, gli andò incontro e lo abbracciò.

«Maj! Stai bene?»

«Sì, tu come stai?»

«Intontito, ma bene» rispose Alec guardandosi in giro.

Si trovavano in una stanza quadrata, spoglia. Su uno dei lati c'era una finestra, attraverso la quale si vedeva la città dall'alto. La poca luce che filtrava proveniva dai palazzi accanto. Alec si spinse fino al vetro, e Maj lo raggiunse.

«Dove siamo?» domandò lui, sebbene i suoi occhi continuassero a correre alle immagini delle centinaia di prigionieri caduti sotto il fuoco dell'esercito.

Gli edifici che si scorgevano da quella posizione non gli ricordavano nessun quartiere di Europa. C'erano case e costruzioni basse, con ampie vetrate e balconi decorati. La strada era lastricata e rischiarata da lampioni, con panchine e aiuole fiorite che abbellivano i marciapiedi.

«Siamo in Paradiso?» chiese ancora Alec.

«Non credo, no.»

«Cosa abbiamo fatto...» sussurrò lui, scuotendo la testa e coprendosi il volto con le mani. Poi indietreggiò fino alle due sedie in pelle nera al centro della stanza e si lasciò cadere sopra. C'era un'unica porta di metallo chiusa, ed era quindi fin troppo chiaro che non potevano fare altro che aspettare che i loro carcerieri si facessero vivi. «Non eravamo pronti...» Nella sua mente riaffiorarono le scene del salvataggio, le creature mostruose che travolgevano i prigionieri, i soldati che sparavano sulla folla.

«Abbiamo fatto il possibile» disse Maj, la voce roca di chi aveva pianto.

«No, abbiamo commesso un errore. Sapevo che non avevamo nessuna possibilità. Quanta gente è morta? Quanti ne abbiamo fatti morire?»

Maj gli appoggiò una mano sulla spalla ma lui si ritrasse. «Sarebbero morti lo stesso, all'Inferno. Era lì che li stavano portando, forse qualcuno si è salvato grazie a noi.»

«Potrebbe essere solo l'inizio.»

«L'inizio di cosa?» domandò lei.

«Di una grande guerra, una guerra che noi non avremo la forza di combattere.»

In quel momento la porta della stanza si aprì. Entrarono due guardie con le divise dell'Oligarchia e si piazzarono ognuna a un lato dell'ingresso. Dopo pochi istanti arrivarono due uomini, avevano più o meno settant'anni, i capelli bianchi, i corpi magri ma robusti, e indossavano tuniche simili, ma con colori diversi: una oro, l'altra argento e amaranto. Alec non li aveva mai visti. Maj, invece, li conosceva bene.

«Buongiorno, Maj» la salutò quello che pareva più anziano.

Lei non rispose.

«È passato così poco tempo» continuò l'uomo. «E sono cambiate così tante cose.»

«Cosa avete fatto a mio padre?» chiese Maj secca.

Alec si girò verso di lei confuso, e a quel punto li riconobbe.

«Tuo padre ha fatto la fine inevitabile che si è scelto. Nessuno di noi lo avrebbe voluto, è sempre stato il migliore, migliore di Kronous, che ci ha portato in questa situazione.»

«In quale situazione?» intervenne Alec.

«Nella situazione in cui non esiste più un governo, non esiste una guida nella guerra civile che distruggerà questo Paese, se non ci sbrighiamo a fare qualcosa. Non dovrei essere io a raccontarvi quello che sta accadendo...»

«Avete ucciso migliaia di innocenti» ribatté Maj. «Non è una guerra civile questa, è la vostra guerra contro il popolo.»

«Ti sbagli. L'esercito non ci risponde più, le truppe comandate da Kronous non obbediscono ai nostri ordini, così come molte altre si sono ribellate e unite al Movimento. In un certo senso è stato Kronous stesso a creare questo stato di cose, come se l'avesse voluto, o previsto.»

«Dov'è lui ora?» chiese Maj.

«È morto, l'ha ucciso suo figlio.»

«Marvin? Marvin l'ha ucciso? Perché? E lui dove si trova adesso?»

«Non ha importanza. Non è qui. Kronous avrebbe voluto fare di suo figlio un dio, e di te la sua sposa. Ma gli eventi non sono andati secondo i piani. Le protesi e la muscolatura artificiale, che avrebbero dovuto garantirgli una forza sovrumana, sono state rifiutate dall'organismo. L'operazione non ha funzionato... Gli interventi successivi sono solo serviti a distruggergli il cervello, a renderlo folle, instabile... non più in grado di governare Europa e i suoi abitanti.»

«Perché ci state dicendo tutto questo?» domandò Maj. «Cosa volete da noi?»

«Nulla. Siamo noi che abbiamo qualcosa da offrirvi» rispose l'altro oligarca. «Puoi riavere la libertà, se la desideri. Avrai una casa, potrai vivere in un quartiere Paradiso, avrai indietro la tua vita. Ti interessano ancora queste cose, Maj?»

«Perché?»

«Se accetterai, dovrai scomparire.»

«Che significa?»

«L'operazione che non ha funzionato con Marvin, ha invece avuto successo con Maureen. Il popolo la riconosce già come la sua dea; il Movimento non le crede ancora, ma la gente comune è con lei... e non stiamo parlando di qualche migliaio di ribelli. Ora hanno bisogno di un messaggio e di una guida forte, sicura, potente... non di un tizio qualunque che salva dei prigionieri e ne fa morire altrettanti...» L'oligarca fissò Alec, ma né lui né Maj avevano capito dove volesse andare a parare con quei ragionamenti. «Avrai la tua libertà, Maj. E tu, Alec, sarai, assieme a Maureen, la guida della rinata Oligarchia. Porrete fine al conflitto civile. Inizierete un nuovo corso per la civiltà europea.» Poi tacque.

Alec e Maj si scambiarono un'occhiata.

«Torneremo presto, e vi chiederemo cosa avete deciso. Non pensiate di avere una valida alternativa.»

Detto ciò, gli oligarchi uscirono dalla stanza, seguiti dalle guardie. La porta si richiuse alle loro spalle, lasciando i ragazzi soli, con il peso di una scelta che nessuno dei due aveva mai immaginato di dover affrontare.

# 39

Il pallone aerostatico volava basso tra i picchi innevati delle Alpi. Aveva superato le vaste pianure delle province francesi, sorvolando le zone collinari, dove si concentrava la maggior parte degli accampamenti di profughi che erano scappati dalla penisola italica. Di mezzi come quello se ne vedevano a decine in primavera e all'inizio dell'autunno, quando il tempo era mite. Trasportavano merci e medicinali negli agglomerati più piccoli sulla costa occidentale della Francia e poi più a est, dove sorgevano poche ma popolatissime città grattacielo. Era il sistema più sicuro per evitare le bande di briganti e permetteva di raggiungere con container carichi di merci i luoghi non serviti dalle strade principali.

Avevano atteso per una settimana che le condizioni meteorologiche fossero adatte, prima di intraprendere l'attraversamento dell'arco alpino. Erano riusciti nell'impresa in una giornata di sole e poco vento, e adesso volavano veloci verso le colline verdi del Meridione. Nella stiva c'era almeno una cinquantina di ribelli del Movimento, armati e addestrati per la missione di salvataggio.

«Eccola» disse Joseph, indicando un blocco di costruzioni cinte da mura di cemento. I tetti di tegole rosse affioravano dai camminamenti tra le torri, assieme ai campanili e alle guglie di una grande cattedrale, situata al centro del complesso. Attorno alla muraglia c'erano ancora ruspe, gru, grandi buche e recinzioni, come se ci fossero nuovi cantieri.

«Bene» disse Primo. «Stiamo correndo un grosso rischio.»

«Grosso, ma necessario» ribatté Joseph.

Primo sospirò mentre l'uomo alla guida, davanti a loro, spingeva in avanti la leva di comando per far abbassare il velivolo. Guardando la terra avvicinarsi, Joseph pensò alla sua famiglia: alla madre, certo in cuor suo che lei potesse capirlo, al padre e al fratello, che il destino aveva voluto rendergli nemici. Si chiese cosa avrebbe fatto se li avesse trovati di fronte a lui, in uno scontro, entrambi armati e pronti a ucciderlo. Decise che quella non era più la sua famiglia. Un giorno, forse, avrebbe rivisto la madre, ma per adesso i suoi parenti erano altrove. Così gli ritornarono in mente Beth, Elena, Marcus, la casa che lo aveva accolto quando era fuggito dalla città grattacielo. Era lì che sperava di poter tornare.

Il quartiere portuale ormai era stato liberato dai ribelli. Era sotto il controllo delle pattuglie che avevano disertato l'esercito e, fino all'estremità del quartiere Gotico, tutto il territorio era considerato zona libera. L'area paludosa, in cui c'erano centinaia di palafitte disabitate, veniva considerata da chiunque la frontiera ideale, ma c'erano anche altri posti franchi, nel continente come oltremanica.

La dura reazione dell'Oligarchia a Londra, dove erano stati uccisi migliaia di prigionieri, aveva prodotto un inaspettato effetto positivo: la gente aveva potuto vedere video e immagini di quella carneficina, attraverso i primi nodi della rete creata dal Movimento. Il governo oligarchico si era trovato improvvisamente accerchiato dal dissenso popolare, che si era tradotto in grandi manifestazioni in tutte le aree urbane, da Londra fino alla penisola iberica.

L'unica zona esclusa dalle proteste era l'Italia. E questo per una ragione molto semplice. Lì, in mezzo alla vasta pianura del nord, stava sorgendo la città Paradiso. Il Movimento aveva scoperto che Alec e Maj erano tenuti prigionieri in quel luogo.

Il pallone aerostatico prese a planare quando la città Paradiso distava soltanto un paio di chilometri. Superò le mura sotto gli sguardi curiosi delle guardie. Non era un mezzo militare, ma adibito al trasporto merci, e doveva comunque annunciarsi prima di entrare in città.

Quando atterrò nella larga piazza, tre hovercraft si erano già schierati e due pattuglie attendevano gli ospiti inaspettati con i mitra spianati.

Per alcuni minuti nessuno si mosse. Poi un hovercraft avanzò piano.

In quel momento due forti esplosioni fecero crollare le torri che delimitavano una parte della muraglia, sotto cui si aprivano due grandi archi chiusi da portoni di acciaio e cemento. Altri boati seguirono in rapida successione, finché di quel tratto di mura non rimase che un cumulo di macerie. Gli hovercraft del Movimento vi passarono sopra velocemente.

Le pattuglie a difesa degli ingressi del centro abitato non fecero in tempo a rispondere al fuoco, venendo investite dalle raffiche degli elicotteri che per giorni avevano atteso nascosti nei boschi a nord.

La superiorità numerica del Movimento era netta. In pochi minuti le truppe oligarchiche furono sconfitte e rese inoffensive. Mentre i ribelli stabilivano nuove postazioni di controllo, un elicottero con a bordo Joseph e altri tre uomini decollava per poi atterrare sopra il tetto della grande cattedrale al centro della città, dove erano stati rinchiusi Alec e Maj.

Joseph saltò giù per primo, raggiunse la vetrata e la distrusse con due colpi di pistola. I due ragazzi erano lì, in piedi, in allerta già da alcuni minuti, da quando avevano udito le esplosioni. Maj per prima andò incontro a Joseph. Alec la seguì un attimo dopo. Due uomini, accanto al velivolo, attendevano impazienti che i tre tornassero, per ripartire il prima possibile.

«Fermo, Alec, aspetta!» urlò una voce.

Lui si voltò e scorse Maureen, attraverso i frammenti colorati del rosone. «Maureen...»

«Aspetta, non andare.»

Lui si girò verso Joseph e Maj, che erano appena saliti sull'elicottero, poi tornò a guardare Maureen. «Tu... tu, perché sei qui?»

«Alec, ascoltami, ora non c'è tempo per raccontarti tutto quello che vorrei, però state facendo uno sbaglio. Tu, voi, tutti, l'Oligarchia vi distruggerà, non state vincendo.»

«Che vuoi dire?»

«Se ve ne andate adesso, il piano degli oligarchi fallirà, e allora sarà Marvin a decidere le sorti di Europa. C'è un nuovo continente pronto a fornirgli il suo appoggio, vi annienteranno e avremo un'Oligarchia peggiore della precedente.»

«Perché mi dici adesso queste cose? Che cosa ti aspetti che faccia?»

«Vieni con me. Assieme possiamo mettere fine a tutto questo. La gente ci seguirà, sarà l'unione del Movimento e della nuova Oligarchia. Possiamo far finire la guerra, possiamo aiutare il popolo e costruire il mondo che abbiamo sempre sognato.»

Alec fissò Maureen e per un istante gli parve di scorgere gli occhi che lo avevano incantato, quelli che riuscivano a cancellare la miseria delle strade di Europa e che gli facevano venire voglia di lottare per un'esistenza più giusta, solo perché lei potesse guardarla. «Maureen... tu mi stai chiedendo qualcosa che... io non posso credere che sia possibile... io...» Si voltò verso il velivolo.

Dal portellone Joseph e Maj lo osservavano, si erano accorti di quello che stava accadendo, ma non potevano sentire le parole di Maureen.

«Io amo Maj» disse Alec.

«Lo so. Ma questo non ha importanza adesso.»

Alec lanciò un'occhiata a Maureen, poi corse via. Stava per saltare sull'elicottero, quando si fermò per girarsi un'ultima volta, ma lei non c'era più.

«Che è successo?» chiese Joseph.

«Maureen voleva...» rispose Alec, ma non riuscì a terminare la frase, perché i suoi pensieri lo stavano anticipando.

«Alec, forza, salta su!» lo esortò Joseph tendendogli la mano.

Ma lui in risposta guardò Maj. I loro occhi si agganciarono per pochi istanti. «Scusa» fece Alec.

«Cosa?»

«Non posso venire, non posso partire con te.»

«Cosa stai dicendo? Vieni, dobbiamo andarcene!» esclamò Joseph, spostandosi poi sull'altro lato del velivolo, perché sul tetto dell'edificio avevano cominciato ad ammassarsi le guardie.

Alec e Maj rimasero soli, in un attimo sospeso in mezzo agli scontri.

«Io ti amo, Maj, ma tutto questo non è possibile, il futuro che abbiamo in mente non è possibile.»

«Alec...» mormorò lei, senza trovare le parole per continuare.

Nel cielo intanto erano comparsi i rinforzi dell'Oligarchia, decine di elicotteri si avvicinavano rapidamente.

«Scappate, mettetevi in salvo. Io non posso venire!» urlò Alec.

L'elicottero ebbe uno scossone e si sollevò da terra. Maj tese la mano verso Alec, che riuscì appena a sfiorarla in quello che non era un addio, ma la fine di qualcosa di molto più grande.

Mentre il mezzo si allontanava nel cielo, Maureen era riapparsa sul tetto della cattedrale. Alle sue spalle, erano comparsi i due oligarchi. Li attendevano.

«Sono pronto» disse Alec. «Andiamo.»

# 40

Quando Maj aprì gli occhi, una mattina di fine febbraio, qualcosa in lei era cambiato.

Quel mondo che per anni le era stato completamente sconosciuto le si mostrava ora con il volto complice di un amico. Il pavimento di cemento grezzo su cui era steso il suo materasso. La cucina con semplici mobili segnati dal tempo e dall'usura. La finestra a quadri che nel frattempo era stata riparata con pannelli di legno che rendevano la stanza più buia, ma anche più calda.

Maj si tirò a sedere e ascoltò il dolore risvegliarsi assieme a lei. Lo scoppiettio della legna che ardeva la fece voltare verso il camino. Lì, c'erano Elena e Beth che preparavano la colazione. Avevano messo un pentolino di metallo a scaldare su un treppiede accanto alle braci. Il vapore si sollevava dalla superficie dell'acqua, diffondendosi in parte nella stanza e in parte nella cappa del camino.

La pioggia batteva insistente sulla vetrata e la strada appariva sfocata, un'immagine confusa che trasformava case e luci in macchie di colore.

Maj si alzò e andò in bagno. Le pareti erano state riverniciate e Guido aveva ricoperto il pavimento con vecchie piastrelle che formavano una sorta di mosaico disordinato. Aveva anche recuperato uno specchio da un rigattiere del porto. Aveva una ricca cornice dorata, crepata in più punti, e il vetro era qua e là opaco.

Maj si lavò la faccia con l'acqua fredda e raccolse i capelli dietro la nuca con un nastro rosso che le aveva regalato Beth. Apparteneva alla bambola che le faceva compagnia quando era più piccola, l'unico ricordo della casa andata distrutta. Quando uscì dal bagno, Marcus era appena rientrato a casa. Era fermo sulla porta, il braccio destro piegato con la pipa in mano.

«Venite, presto!» esclamò Joseph, inginocchiato davanti al televisore.

Lo schermo mostrava una ripresa aerea delle città grattacielo sullo sfondo del cielo grigio di Europa. Nell'inquadratura si vedeva un elicottero nero con il simbolo dell'Oligarchia dipinto su un lato. Il rumore delle pale aumentò di colpo, mentre lo zoom ingrandiva l'immagine del velivolo che si abbassava tra i palazzi fino a fermarsi in una piazza gremita di persone. Al centro c'erano due statue, quella di un anarchico con la spada legata in vita e le braccia aperte, e quella di un'amazzone alata.

Il mezzo atterrò su una piattaforma di legno e in quel momento una giornalista cominciò a parlare sottovoce, quasi con timore.

*Questo giorno verrà ricordato nella storia. Questo è l'inizio del nuovo corso. Sarà ricordato come il giorno in cui...*

La voce si interruppe, le pale dell'elicottero smisero di girare e il portellone laterale si aprì. Nella piazza calò il silenzio, si abbassarono gli striscioni, i volti di tutti erano immobili, in attesa.

*Cittadini di Europa, vi presentiamo...*

Il volto radioso, una mano alta a salutare la folla, l'altra che stringeva quella di lei. Alec e Maureen scesero dal velivolo. Lui sollevò la spada, lei spiegò le ali. Le grida dei cittadini esplosero in un'onda che investì i due giovani e sembrava sollevarli da terra.

*Alec e Maureen, i nuovi oligarchi.*

MENTRE EUROPA È MARTORIATA
DALLA GUERRA TRA I RIBELLI GUIDATI DA MAJ
E L'OLIGARCHIA, ALEC È ALLA RICERCA DI UN
SEGRETO NASCOSTO IN UN LONTANO PASSATO.
UN SEGRETO CAPACE DI CAMBIARE
IL DESTINO DEL MONDO...

## PARADISO

l'epica conclusione dei
**CANTI DELLE TERRE DIVISE**

Le vite di Alec e Maj hanno preso strade diverse. Lui è un oligarca disposto a tutto pur di realizzare un piano tanto folle quanto ambizioso. Lei invece combatte quotidianamente per difendere la libertà dei cittadini di Europa. Sembrerebbero destinati a non incontrarsi più, finché una preziosa mappa non li farà riavvicinare, per partire alla ricerca del Paradiso. Da Roma ad Atene, da Instabul a Gerusalemme, fino alle vette innevate dell'Himalaya, il viaggio di Alec e Maj li condurrà alla scoperta di un luogo che potrebbe rivelare delle inquietanti verità...

Finito di stampare nel mese di aprile 2016
presso Grafica Veneta – via Malcanton, 2 – Trebaseleghe (PD)

Printed in Italy

RCS Libri

ISBN 978-88-17-08622-6